Épuras do social
Como podem os intelectuais trabalhar para os pobres

Joel Rufino dos Santos

Épuras do social
Como podem os intelectuais trabalhar para os pobres

São Paulo
2004

© Joel Rufino dos Santos

Diretor Editorial
Jefferson L. Alves

Assistente Editorial
Ana Cristina Teixeira

Gerente de Produção
Flávio Samuel

Revisão
Cláudia Eliana Aguena

Capa
Eduardo Okuno

Editoração Eletrônica
Lúcia Helena S. Lima

Dados Internacionais de Catalogação na Publicação (CIP)
(Câmara Brasileira do Livro, SP, Brasil)

Santos, Joel Rufino dos
 Épuras do social – Como podem os intelectuais trabalhar para os pobres / Joel Rufino dos Santos. — São Paulo : Global, 2004.

 Bibliografia.
 ISBN 85-260-0957-5

 1. Exclusão social 2. Intelectuais - Aspectos sociais 3. Pobres I. Título.
II. Título: Como podem os intelectuais trabalhar para os pobres.

04-6726 CDD-305

Índices para catálogo sistemático:
1. Exclusão social : Sociologia   305

Direitos Reservados

**GLOBAL EDITORA E
DISTRIBUIDORA LTDA.**

Rua Pirapitingüi, 111 – Liberdade
CEP 01508-020 – São Paulo – SP
Tel.: 11 3277-7999 – Fax: 11 3277-8141
e-mail: global@globaleditora.com.br
www.globaleditora.com.br

Colabore com a produção científica e cultural.
Proibida a reprodução total ou parcial desta obra
sem a autorização do editor.

Nº DE CATÁLOGO: **2570**

Para os pensamentos novos, é preciso gente que trabalhe com as mãos.
Brecht

*Para Anita Heloísa Mantuano e Gisela Magalhães,
um vazio enorme.*

PREFÁCIO

Sintética e universal como o estilo de Graciliano Ramos é a frase do próprio "velho Graça" para definir Jdanov, o pai do realismo socialista: "É um cavalo". Sim, intelectuais podem ser cavalgaduras, mas também "cavalos" no sentido afro-litúrgico de cavalo-de-santo, de pessoa que serve de suporte para a "montada" de um deus. A analogia funciona até mesmo para o ato da leitura: Joel Rufino nos assegura a certa altura deste magnífico *Épuras do Social* que "ler bem Macunaíma é assimilar o seu código, se tornar 'cavalo' daquele preto retinto filho do medo da noite, prontos para fazer o que ele quiser na sua onipotência de orixá".

Para o mais comum dos intelectuais, entretanto, a divindade pode ser a musa inspiradora ou, no caso dos militantes de esquerda, o povo. Em sua fase clássica de militância, a intelectualidade de esquerda aspirava a uma espécie de comunhão ideológica, quase mística, com as massas, com o povo. Povo, vamos nos entender, não é uma população, mas um princípio, e a sua ideologia é o conjunto sistemático das significações daí deduzidas.

Sem esse princípio, que é também uma categoria política, não se pode sequer pensar em regime republicano, nem na força comum da democracia, que é a soberania popular. O corpo popular é o coletivo que substitui, no território da Nação moderna, o corpo individual do príncipe. Por isso, o poder de Estado sempre joga com as ficções intelectualizadas de atribuição de soberania ao povo, visto como uma essência de liberdade garantida por leis e direitos, para tentar legitimar o seu arbítrio político.

Joel Rufino não se pergunta aqui sobre nenhum regime formal, nem qualquer abstrato princípio de estruturação dos habitantes de um território, mas sobre uma figuração muito concreta do povo, que são as imagens e a realidade da pobreza. Pobres, diz ele, "são os despossuídos, não de qualquer posse, mas de território, de casa, de emprego (embora não de trabalho), de local (embora não de lugar), de família (embora não de nome) e enfim do próprio corpo (no caso dos escravos e servos da Colônia e Império). São, em suma, um estado nômade e vagabundo (...) Pobre é quem se vira (já o miserável não tem essa capacidade) e isso demarca um lugar preciso, quantificável na estrutura social".

Intelectual, por sua vez, é aquele que trabalha com idéias, logo seria, em princípio, qualquer pessoa. Restringindo-se o sentido, "intelectuais são os que fazem desse trabalho seu ofício, como os escritores; ou profissão, como os profissionais liberais – e esta expressão se consagrou por oposição a profissionais manuais, os escravos". Finalmente, intelectual é o membro de uma corporação antiga: "Os intelectuais na prática (e no imaginário) se filiam à sua corporação e não à sociedade como um todo. Esses membros da corporação (ou confraria) é o que o senso comum chama de intelectuais desde pelo menos a Revolução Francesa (o universalismo enciclopedista). Nesse sentido se poderia dizer que intelectual, como o *champagne*, a *haute couture*, a *baguette*, é uma invenção francesa, assim como o *artista*, no século anterior, fora italiana".

Não é difícil inferir daí que o poder do intelectual consiste em *representar*, em produzir atos de linguagem socialmente reconhecidos e visíveis. Mas o que tem a ver o pobre com ele? Bem, para começar o primeiro costuma ser objeto de representação do segundo. A luta pela representação pode assumir foros lingüísticos, literários, consuetudinários, mas é sempre de natureza política. Toda classe no poder constrói um regime de visibilidade representativa de si mesma. Na pequena galeria dos pobres da literatura (Negrinho do Pastoreio, Blau Nunes, Bocatorta e outros), constata Joel, "nenhum deles se representou a si, mas foi representado por esse outro que chamamos de intelectual, são criaturas suas".

Parece-me que Joel se centra numa fase em que o intelectual ainda detinha algum poder como senhor de uma razão universal que, nas políticas da esquerda, deveria produzir o máximo de conscientização possível junto à agitação desenfreada das paixões revolucionárias. Hoje, como se sabe, intelectual iluminista e militante político são progressivamente neutralizados pela organização total capitalista. No horizonte da globalização, entendida como forma totalizante (mercado e vida social) do capitalismo mundial, todo valor, inclusive o valor da produção de idéias e da representação culta, tende a ser controlado por um sistema de trocas, sem qualquer outro compromisso além de sua positividade técnica.

Há linhas de fuga, porém, é o que nos demonstra este *Épuras do Social*. Aqui, o conceito de pobre (além da pobreza materializada) também "se vira", isto é, converte-se em algo muito próximo ao que pensa, por exemplo, Antonio Negri, um intelectual de altos e baixos, mas interessante. Para Negri, "a pobreza é, de fato, aquele lugar desmedido no qual a questão biopolítica está, absolutamente, posta. É aí que o corpo, em sua nudez, é submetido à experiência da inovação na borda do ser, que a linguagem é aberta à hibridação na urgência de reconhecer o comum". Pobre, sustenta ele, "é a eternidade nua da potência de ser".

Joel é menos esotérico do que Negri, e sua escrita, em nada pobre, tem a surpreendente potência do comum, o que a torna inequivocamente política. Para ele, o intelectual ainda pode algo, sim desde que mancomunado com o povo. Suas idéias básicas: os pobres não são uma classe, mas um *estamento* da ordem do povo; os pobres produzem seus próprios intelectuais; os intelectuais da ordem do povo são um *vir-a-ser*, uma potência a se realizar pela mútua destruição do *intelectual avançado de classe* e do *intelectual dos pobres*, categorias muito bem delineadas neste texto. E da idéia gramsciana do dirigente (especialista político), livre do partido que o concebeu, Joel concebe a linha de fuga: o seu *trabalhador da cultura*, aquele que se dispõe a estimular "processos culturais autônomos" e, assim, a trabalhar para os pobres. Só que estes, agora, devem ser categorizados como sujeitos na História. Mais uma vez, Negri: "Uma das maiores perversidades da filosofia cristã consiste em considerar o pobre não como sujeito, mas como objeto de amor".

Épuras do Social é livro de pensamento, mas nada de vago filosofismo, de afirmativas sem lastro histórico-cultural. Para dizer o que de fato diz, Joel revisita o que chama "intelectuais de minha afeição": Cipriano Barata, Raul Pompéia, Mário de Andrade, Lima Barreto, Milton Santos, Adoniran Barbosa, Arthur Bispo do Rosário, Cartola, Carolina Maria de Jesus, Paulo da Portela e outros não tão afeiçoados, a exemplo de Rui Barbosa. E o faz, na maior parte das vezes, narrativamente, como os melhores dos analistas contemporâneos da sociedade e da cultura, a exemplo de Richard Sennett. Com este trabalho, Joel é sério candidato ao título de "trabalhador da cultura ampliada", como o são, ou foram, incompletamente, Mário de Andrade e Ariano Suassuna.

Muniz Sodré

ÉPURAS DO SOCIAL

A geometria descritiva é uma ferramenta, um recurso gráfico para resolver problemas tridimensionais com ajuda da geometria plana. As projeções que faz de entes espaciais, visando a resolver aqueles problemas, obedecem ao sistema cilíndrico ortogonal – um sistema em que o centro de projeção (lugar do observador) está no infinito.

Épura, uma categoria elementar, é, sumariamente, a representação de qualquer figura tridimensional pela sua projeção num único plano. Se consegue isso pelo rebatimento do plano vertical sobre o horizontal, o que cria aquele plano único – denominado épura.

Extrapolações de categorias e conceitos de uma disciplina para outra quase nunca funcionam. Analogias não são, contudo, extrapolações e podem esclarecer o que parecia obscuro no interior de outra disciplina próxima ou distante. Os entes sociais são também tridimensionais (são, ao mesmo tempo, socioeconômicos, políticos e culturais). Um ponto de vista cultural (o sistema cilíndrico ortogonal, dito impróprio ou infinito) permite a sua representação em dois planos (o social, correspondendo ao horizontal da geometria descritiva; e o cultural, correspondendo ao vertical). O plano vertical (o da cultura) tem-se tornado mais visível nos últimos anos – sobretudo com o aparecimento da tecnocultura – parecendo anterior ao horizontal (o do social):

Figura 1

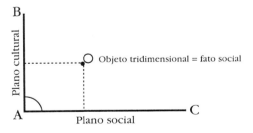

É, contudo, uma ilusão: o plano anterior (vertical), como qualquer plano, não é real, não passa de recurso de nossa mente para ver o que de outro modo não veríamos. Ele nos permite enxergar dimensões e detalhes do objeto (este sim real) que não apareciam no plano horizontal, nada mais. Resta, contudo, uma carta na manga, capaz de mostrar o objeto (figura) simultaneamente em todas as suas dimensões e detalhes, afastando a ilusão de que um precede o outro: a épura. Se girarmos o plano vertical em 90° para a esquerda *(figura 2)*,

Figura 2

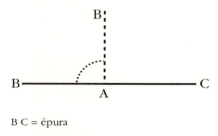

B C = épura

ele se tornará um com o horizontal, formando a épura do objeto. Nessa situação final *(figura 3)*, já não há anterioridade de qualquer plano em relação ao outro. Eles podem, enfim, aparecer como único e os objetos (entes sociais) como integrais. Essa epurização dos entes e fatos sociais é que abre novas condições para a intervenção dos intelectuais na luta social – e foi o que me levou ao título deste livro.

Figura 3

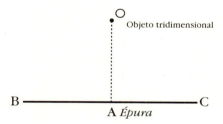

A *Épura*

SUMÁRIO

PREFÁCIO   9

ÉPURAS DO SOCIAL   13

HISTÓRIAS   17

1. OS POBRES   23

2. OS INTELECTUAIS   75

3. O PLANO ANTERIOR   159

4. COMO PODEM OS INTELECTUAIS TRABALHAR PARA OS POBRES   209

HISTÓRIAS

Quando nasci, minha família já era remediada. Mas viera de uma pobreza grande: a primeira viração de meu pai, na Olinda do começo do século, foi catar caranguejo para vender no Recife. Provavelmente aí conheceu minha mãe, favelada de Casa Amarela. Para se *classificar*, ainda que por baixo, meu pai assimilou diversas lições: não beber, estudar à noite, entrar para igreja batista – onde acabou pastor. Ele sempre detestou a Bahia, que achava imunda e cheia de macumbeiros. Não nos considerávamos exatamente pobres. Nem negros (ou pretos, ou crioulos) embora fôssemos todos escuros, em graus variáveis. Esses qualificativos se aplicavam sempre aos "outros", aos do fim da rua. Minha mãe deve ter dito mais de uma vez: somos pretos de alma branca. Não me lembro. Mas lembro que me disse uma vez (eu teimava em sair com um pé de calça remendado): "A única diferença entre um menino preto e um branco é se o preto sai remendado. Não vai". Foi a sua maneira de dizer: não se deixe aprisionar por essa condição que chamamos de negro (ou preto ou crioulo).

Minha família trabalhava para os *ricos* (e entre esses haveria talvez intelectuais) porque de outra maneira morreria de fome. Meu pai vendia caranguejo e comia caranguejo – e é provável que se apaixonou por minha mãe ao vender caranguejo para a família dela. Morando em palafitas, a sua merda despejada no mangue era comida de caranguejos. Os caranguejos se comiam a si próprios, no final de contas – o que também pode ser dito dos apanhadores de caranguejo como meu pai. (Essa autofagia foi chamada por Josué de Castro "ciclo do caranguejo".) Se poderia dizer, assim, que os pobres trabalham para os ricos porque necessitam de nutrientes, não exatamente de comida. Quem só quer comer não precisa trabalhar para ninguém. Meu pai começou a trabalhar para os ricos quando se empregou na marinha mercante. Então passou a gastar seu salário com proteínas, carboidratos, gorduras, vitaminas. Quando comprou seu primeiro Walita, um liqüidificador que se ouvia na esquina, fazia para nós uma composição de aveia, banana e maçã que era seu orgulho de provedor.

– Obrigado, mas nada tenho a dizer a vocês.

Em maio de 1988, alguém me levou a uma favela de São Luís. Para chegar à associação de moradores, atravessei uma pinguela sobre a lama. Cruzei com crianças barrigudas, tuberculosos tossiam. O fedor me acompanhou. Éramos esperados por quatro ou cinco mulheres, duas com filhos no peito, um velho de olhar desaforado e barba suja.

Fui apresentado e emudeci. Na juventude, tinha subido morro no Rio, mas aquilo superava tudo. Queria ir embora, cocei a nuca, consegui dizer:

– Obrigado, mas nada tenho a dizer a vocês.

No silêncio comprido, meus olhos se encheram de lágrimas. O velho do fundo falou:

– Deixe de ser bobo. Se você estudou tem de saber alguma coisa que sirva pra nós.

Em *O círculo de giz caucasiano*, Brecht faz dizer a uma personagem:

– Eu não tenho bom coração. Quantas vezes terei de te dizer? Eu sou um intelectual.

Desde aquele dia em São Luís colecionei, perversamente, fatos e idéias sobre a inutilidade dos intelectuais, o primeiro traço da sua ruindade de coração.

No antigo presídio do Hipódromo, São Paulo, onde estive de 1973 a 74, cantávamos, de olhos úmidos, *A internacional, La mujer del perro Franco, Apesar de você...* Presos de todos os tempos cantam aquelas músicas, variando a parte local, ungüento para feridas de guerra.

– *Não há salvadores supremos, nem César, nem burguês, nem Deus...*

Almira, tráfico de drogas, oito anos, me pegou na galeria:

– Me apresenta esse César Neburguês aí, da música. Ele já levou ferro [foi julgado] ou tá na manha?

Trinta anos depois, a interpelação de Almira (sinto sua mão no meu braço) me incomoda. Então nossa luta era de um bando (dos que cantavam aquelas músicas) contra outro bando (dos cães de fila da ditadura)? Com Almira perdi a pena de pobre, que só pode conduzir à caridade ou à pretensão infantil de se colocar no lugar dele, substituí-lo na luta social. Vem dessa pena o preconceito de que pobre por definição é infeliz. Esses dilemas não são novos e desde que existem intelectuais – profissionais de idéias – são fonte de angústia e alienação[1].

---

1 Alienação como o *ipanemismo*, em moda nos anos 70, exaltação do "humor" de Ipanema, do "espírito democrático" de Ipanema, da "harmonia racial" de Ipanema, atrozes ironias, pois o que caracteriza Ipanema é justo o contrário: o *apartheid* social e racial.

Histórias

Em 1968 ou 69, São Paulo, conheci o ex-marinheiro Cláudio que, entre outras façanhas, tomou sozinho armas de um quartel do Exército. Caçado, eu o vi mais de uma vez *cobrindo ponto* disfarçado com um *Diário Popular* no sovaco. Ficamos amigos, mas quando apresentados ele me fulminara:

— Você escreve história, eu faço história.

Cláudio Ribeiro foi dirigente da Vanguarda Popular Revolucionária (VPR), sobreviveu ao massacre da sua organização e, anos depois, tendo assassinado a mulher, foi condenado e fugiu. Era indomável.

Erico Verissimo, ao contrário de Cláudio, creditava grande valor à profissão intelectual. Em *Solo de clarineta* conta que, menino em Cruz Alta, sertão do Rio Grande do Sul, uma noite o pai, médico, dono de farmácia, o despertou. Um homem fora baleado e devia ser operado. O pai lhe deu um lampião, se vacilasse com a luz o sujeito morria. Quando o liberou, Erico caiu desmaiado. O autor de *Incidente em Antares* usava essa lembrança como alegoria da função intelectual: alguém tem de iluminar as entranhas do moribundo para que os outros (governo, classe operária, sociedade civil, a ONU, o Superman) o operem. Roland Barthes escreveu, em 1953, que a única forma efetiva de ação política de um intelectual é analisar mitos, desmistificá-los pela ironia — o que coincide com a intuição de Verissimo. Mas sempre achei pouco.

Em 1967 fui preso e interrogado por um major do Exército que servira na "inteligência" aliada durante a Segunda Guerra. Se chamava Kleber Bonecker, e, descansando de tapas e gritos, quis me explicar qual era a sua missão:

— Você é negro puro, eu sou branco puro, por isso somos capazes e inteligentes. A maioria dos brasileiros, infelizmente, porém, é mestiça, sangue fraco, maria-vai-com-as-outras, pouco inteligente. Resultado: de vez em quando o país sai dos trilhos. Compete ao Exército repô-lo no caminho certo. Feito isto, voltamos aos quartéis.

Esse singelo discurso anos 60 de um torturador militar marca o encontro dos paradigmas neoliberal e tecnoburocrata, cuja primeira base institucional, entre nós, foi a Escola Superior de Guerra (1949). Muito já se disse dessa réplica brasileira do War College, mas o essencial é que, além de fabricar uma ideologia de Segurança Nacional (a Ordem e Progresso dos positivistas), pôs em circulação social, mais ou menos a partir de 1964, o tecnoburocratismo que seduziu nossa classe dirigente. Com a redemocratização (1982), foi-se a armadura militar e ficou o corpo tecnoburocrata. Pois o que chamamos tecnoburocracia não passa na verdade de uma "contaminação" da política pela ordem militar, a sua colonização pelos conceitos, termos e estratégias do estamento tecnocientífico-militar, visando, em última instância, a transformar todos os problemas de política em problemas de administração.

Na época – mas só na época – a fala de Bonecker me pareceu paranóica. Na ponta da cadeia, a do serviço sujo, estavam sujeitos como ele, convictos de uma biologia tosca; na outra ponta, sujeitos "civilizados", convencidos da necessidade de "militarizar" a sociedade civil. Na prática, a cadeia serviu para converter os métodos e estratégias do estamento militar em parâmetros da acumulação capitalista.

Não se deve entender, nesse contexto, militarização como "tomada de poder pelos militares" ou mesmo a tentativa de transformar o país em caserna. Essa foi a sua fase visível, a catadura de terror de Estado, o seu circo de horrores – o seu lado Bonecker. Havia o lado, digamos, Roberto Campos, um dos muitos políticos-intelectuais a ascender com o golpe de 64. Campos confessou certa vez:

"A opção política que nos convém é na realidade a opção consagrada pela Revolução de 64, é a democracia de participação com um Executivo forte. O modelo próprio é o da reconciliação, pois que nossa sociedade, pelo menos em algumas regiões, já transitou da fase da modernização para a da industrialização"[2].

Ora, "executivo forte" e "reconciliação" (como expressão preferencial da "democracia de participação") só puderam se instituir com o regime militar: o gerente "moderno" foi criatura do soldado e vice-versa. Mas ainda não é esse o sentido profundo da militarização da sociedade civil que nos interessa. A organização militar fornece continuamente (no Brasil, a partir dos anos 70) *experts* militares para a sociedade civil (entendida como extensão do Estado) "e, através deles, difunde um modo de eleger, decidir e implementar políticas microorganizacionais pertinentes ao modelo microorganizacional militar"[3]. O principal manipulador de

---

2 Apud SODRÉ, Muniz. *O social irradiado*, São Paulo: Cortez, 1992, p. 21.
3 ADERALDO, V.M.C. *A Escola Superior de Guerra – um estudo de currículos e programas*. Rio de Janeiro: IUPERJ, 1978, apud SODRÉ, Muniz, op. cit., p. 29.

informações atual, o computador, foi "descoberto" em laboratórios universitários com fins militares.

Mas não é esse ainda também o fundo da questão. Faltaria destacar a natureza militar do discurso tecnoburocrático – progresso infinito, competência, clareza de objetivos estratégicos etc. Essa a *constante positivista* das nossas elites dirigentes, avatar do comtismo daqueles militares que fizeram a República (1889). Augusto Comte: "O amor por princípio, a ordem por base, o progresso por fim". Claro, o positivismo de Roberto Campos não é o de Benjamin Constant, o de Getúlio Vargas ou o de Luís Carlos Prestes, em que progresso era sinônimo de industrialização. É o do progresso infinito das telecomunicações – não por acaso o regime militar se empenhou em montar a infra-estrutura de que necessitavam (Embratel e Intelsat). A televisão, cem anos depois, realiza o sonho positivista: a glória atual do Faustão não seria possível sem Bonecker e Roberto Campos. O amor por princípio, a ordem por base, o progresso por fim.

Esse caráter militar do gerenciamento capitalista contemporâneo é mais fácil de ver no Primeiro Mundo, em que as trocas entre os setores militar e civil se dão por meio da alta ciência e tecnologia, do que no *Terceiro*, onde os militares parecem tacanhos e alheios aos negócios. Aqui, porém, funcionaram, desde o fim da Segunda Guerra Mundial, diversos canais de comunicação entre caserna e empresas: a transferência de oficiais superiores para o mercado empresarial; a diplomação de executivos pela Escola Superior de Guerra; a transferência para a administração civil de pacotes de métodos e *know how* da administração militar; a criação de empresas estatais de base gerenciadas por oficiais; a formação de consórcios com parceiros militares e civis etc. Dos cinco presidentes-generais, pelo menos um, como se sabe, representou a "gestão econômica" (Ernesto Geisel)[4]. Além disso, como já se notou, a tecnoburocracia tem, na sua origem e no seu fundo, uma dimensão teológica – seu Deus é a Organização[5].

---

4 Os outros teriam representado, pela ordem, a "intelectualidade" (Castelo Branco), a "caserna" (Costa e Silva), a "comunidade de informação" (Médici e Figueiredo).

5 CHAUÍ, Marilena. *Cultura e democracia*. São Paulo: Cortez, 7ª ed., 1997, p. 50. "O mundo burguês é um mundo laico e profano, um mundo desencantado de onde os deuses se exilaram, mas a ideologia burguesa conserva os traços de uma visão teológica do real onde a Providência inteligente e boa dirige o mundo *ex machina*, elege os justos e pune os injustos segundo os desígnios que são seus e não dos escolhidos nem dos condenados. No mundo burguês a Providência chama-se: racionalidade."

Este livro, por sob a passagem do tempo, é um diálogo com Cláudio Ribeiro, Erico Verissimo, o velho desaforado de São Luís (cujo nome esqueci), Almira, do Hipódromo, meu pai, do mangue de Olinda, e Bonecker. É também, de passagem, uma crítica ao filisteísmo, como os socialistas alemães do entre-guerras denominaram a idéia ou comportamento pequenos diante de uma tarefa grandiosa. Não vejo outro termo para designar a confusão sem mérito entre cultura e instituições de cultura que fazem, quase invariavelmente, nossas autoridades – ministros, secretários de estado, superintendentes, diretores etc. Estive muito tempo envolvido com eles, sei como pensam. O institucionalismo é paralisante, nada do que se passa fora é visto como relevante. O filisteu burocrata acredita, candidamente, que se não há, por exemplo, orçamento para os órgãos de cultura, a cultura vai mal; se os teatros estão caindo aos pedaços, não há teatro. Acaba por dirigir sua ação para a instituição, o órgão, o departamento, a secretaria etc., tornando, desse jeito, o Estado – "o mais frio dos monstros frios", no dizer de Nietzsche – mais forte e ineficiente, levando água ao moinho dos que querem desmontá-lo[6]. Afogado em projetos e orçamentos – em papéis – o filisteu burocrata acabará acreditando que trabalha pela cultura confinando-a, por exemplo, em Casas de Cultura, na verdade casas de detenção da cultura[7]. Aqui também conversarei com a companheira (título muito caro e antigo) Anita Mantuano, morta quando parecia vencer a luta contra os filisteus na Secretaria de Cultura do Estado do Rio de Janeiro (2000).

---

6 Há aqui um paradoxo: reforçar verdadeiramente o Estado é dirigi-lo para fora e não para dentro.
7 Em Fortaleza, Salvador e Recife, ironicamente, "casas de cultura" foram alojadas em antigas prisões.

1
OS POBRES

*"Habitada por gente simples e tão pobre
Que só tem o sol que a todos cobre
Como podes Mangueira cantar?
Pois então saiba que não desejamos mais nada
À noite a lua prateada, silenciosa..."*
Cartola

"Aqui em Cabo Frio tem casa, tem palacete, palácio, mas é casas bem organizadas, é a força da riqueza e a força da engenharia. Mas eles vêem aqui é a força da pobreza. Eu quero é que eles se admirem é a força da pobreza".
Seu Gabriel

*"Aqui faz muito calor
No Nordeste faz calor também
Mas lá tem brisa:
Vamos viver de brisa, Anarina."*
Manuel Bandeira

Angústia

— Só se dirigem a mim para dar ordens.

Luís da Silva, pobre-diabo da Maceió de sessenta anos atrás, funcionário da Diretoria da Fazenda, das nove ao meio-dia, das duas às cinco, vive o trabalho como osso que vai roendo com ódio. Aos 35 anos parece ter 60. Vida estúpida, vida de sururu, 500 mil-réis de ordenado, um percevejo, um níquel social:

— Só se dirigem a mim para dar ordens.

Seu vício arraigado é o cigarro, acende um no outro; sua diversão o café, onde nem sempre pode ir para não encontrar Moisés, o judeu da prestação. (Moisés, contudo, é ambíguo: "judeu", prega a revolução baixinho e tem os bolsos cheios de folhetos incendiários.) À noite, entre tristezas e raivas, Luís da Silva escreve artigos encomendados para jornais, que lhe completam o orçamento[8], vende versos[9], coloca em sebos obras que editoras lhe mandam pedindo parecer[10], dá consultas a jovens literatos. Seu avô se chamara Trajano Pereira de Aquino Cavalcante e Silva; seu pai, Camilo Pereira da Silva; ele, Luís da Silva, simplesmente. A redução do nome, no curso de três gerações, foi a redução da própria pessoa.

A "forma" de *Angústia*, terceiro romance de Graciliano Ramos, 1936, é torturada e assincrônica: o narrador, na primeira pessoa, conta sua vida entre idas e vindas, viaja numa memória imprecisa, dolorida, insone[11]. A história se passa logo após a Revolução de Trinta, instante em que uma revolução bolchevista aparecia como possibilidade no horizonte de muitos intelectuais e pequeno-burgueses espalhados pelo país. Luís da Silva sonha com o novo tempo para compensar frustrações: Julião Tavares, o grã-fino nojento que lhe tomou a noiva, será enforcado; Marina, que o trocou por Julião, deixaria de pintar as unhas e iria trabalhar no asilo das órfãs. A ele, talvez lhe cobrassem ter escrito por necessidade: "Camarada Luís da Silva, você escreveu um artigo defendendo o imperialismo". "Não escrevi não. Sou lá homem para defender o imperialismo?".

Uma das virtudes de Graciliano como escritor realista é nunca chegar à realidade diretamente, o que lhe permite acrescentar àquela um *plus-real* – ele fulminou, aliás, o mentor do realismo socialista, Andrei Jdanov: "É um cavalo"[12]. Os sofrimentos de Luís da Silva, introduzindo à realidade social da Maceió da metade do século, põem a descoberto, de passagem, outros sofrimentos, à primeira vista invisíveis e cujo relato, por contraste, ressalta a realidade da personagem principal. Sob sua aparente frieza, Graciliano é um romancista de pobres: fixa-os, recorta-os na sua pobreza, com precisão clássica – clássico de um mundo de morte, como escreveu Otto Maria Carpeaux – mas também com misericórdia. Além disso, levanta o véu de outra história do Brasil (como na sua lembrança dos arranca-rabos do avô de Luís da Silva com o ex-escravo Do-

---

8 "Os chefes políticos do interior brigam demais. Procuram-me, explicam-me os acontecimentos locais, e faço diatribes medonhas que, assinadas por eles, vão para a matéria paga. Ganho pela redação e ganho uns tantos por cento pela publicação". Graciliano Ramos, *Angústia*, São Paulo: Círculo do Livro, s/data, p. 37.

9 "Antigamente eram estampados em revistas, mas agora figuram em semanários da roça, e vendo-os a dez mil reis". Idem, ibidem, p. 37.

10 "Esforçava-me para me dedicar às minhas ocupações cacetes: escrever elogios aos governos, ler romances e arranjar uma opinião sobre eles". Idem, ibidem, p. 74.

11 *Insônia* (1947) se chama, aliás, um dos livros de contos de Graciliano Ramos.

12 Denis de Moraes. "A verve do velho Graça", in *Revista Veredas*, ano 8, nº 85, janeiro de 2003.

mingos). Graciliano escreveu história querendo fazer somente literatura. Seus romances captam a extática do universo brasileiro, o surdo rumor dos vagabundos – o que foram, por exemplo, os bandeirantes, ou os *exaltados* da primeira metade do século 19 e tantas outras *massas* do nosso passado, senão vagabundos?[13]

Angústia é um desfile de pobres, a começar pelos amigos e vizinhos de Luís da Silva.

Seu Ivo, enquanto falavam de política, metia os olhos gulosos pelos vidros do guarda-comida:

"Seu Ivo não mora em parte nenhuma. Conhece o Estado inteiro, julgo que viaja por todo o Nordeste. Entra nas casas sem se anunciar, como um cachorro, dirige-se às pessoas familiarmente, sempre a pedir comida. Passa alguns meses numa cidade, some-se de repente; aboleta-se nas povoações, nas fazendas, na capital. Freqüenta as salas de jantar e as cozinhas. Quase não fala: balbucia frases ambíguas, aperreado, sempre na carraspana. Faz o que lhe mandam, recebe o que lhe dão, mas não agradece e não faz nada com jeito"[14].

Sinhá Vitória, a criada, nunca saiu de Maceió e tem o espírito cheio de barcos – sua mania são os classificados avisando da chegada deles à cidade. Voz áspera, desdentada, pescoço de pelancas engelhadas, pêlos no buço e duas verrugas escuras – é terrivelmente feia. Roubava o patrão, enterrando no quintal moedas que lhe ficavam nos bolsos. Um dia, precisando desesperadamente de dinheiro, é ele quem a roubará, por sua vez, desenterrando o tesouro (26 mil-réis em prata e 2 libras esterlinas). Emblemático que o patrão roube a criada para realizar um desejo sexual (espionar a ex-noiva no teatro com outro).

A cabocla Antônia, cheirando a menstruação, coxas marcadas de feridas, ingênua, meio selvagem, acredita em tudo que lhe dizem e tem grande necessidade de machos. Quando pega um, entrega-se inteiramente, faz filhos que vai largando na casa da patroa. Não escolhe, é uma rede. Todas as tardes, findo o serviço, arruma a louça, veste os trapos melhores, calça os sapatos de verniz e sai. Se arranja algum dinheiro, deixa o emprego e amiga-se. Erra sempre. Gasta as economias, volta ao

---

13 Célebre sentença de Joaquim Nabuco: "O problema das revoluções é que sem os exaltados não se pode fazê-las e com eles não se pode governar".
14 *Angústia*, p. 38.

trabalho, vai acumular novo pecúlio para sustentar novos amantes, novas decepções, novas feridas.

A memória de Luís da Silva também é povoada de pobres. Escarafunchado sobre si mesmo, não se livra deles. Tem seu Evaristo, homem de poucas palavras, trabalhador, dedicava-se a vários ofícios, era agricultor, redigia procurações e petições. Beirando os 70, começou a vender macacos. Andando, formava dois arcos: um detrás, as pernas, outro adiante, no peito. Na casinha em que se escondia no fim da Rua da Cruz o fogo se apagou, passava frio e fome com a mulher. Os moleques, vendo-os agarrados para se aquecer, supunham sacanagens. Um dia, como lhe dessem um pedaço de pão com má vontade, enforcou-se. Tem ainda os filhos bastardos de seu avô, quase todos virados cangaceiros com a Abolição: queimavam propriedades, violavam moças brancas, enforcavam homens ricos nos ramos das árvores.

Desses retratos de pobres, o mais intenso, porém, é o mais breve. Luís esbarra na cidade com uma grávida de pés sujos e inchados. A princípio acha graça. Depois a barriga disforme se impôs, resistindo ao pano desbotado que tentava contê-la. Luís, o pequeno-burguês, construirá, mais tarde, dessa mulher, um retrato mesquinho, imagina que varre a casa, lava as panelas e prega os botões, pare sozinha e se levanta três dias depois, vai tratar da vida. O homem para um lado, ela para outro. Quando cruzou com Luís, talvez estivesse na véspera de ter menino, talvez estivesse no dia, talvez já sentisse as entranhas se contraírem. Rebolar-se-ia dentro de algumas horas na cama dura, a carne cansada se rasgaria, os dentes morderiam as cobertas remendadas, o macho ausente, ninguém para ir chamar a parteira dos pobres. Um esbarrão na rua e eis que disparou a imaginação do percevejo social.

– Só se dirigem a mim para dar ordens.

Pobres domesticados ou rebeldes, mansos ou ferozes, vivos à sua volta ou arrancados ao fundo da memória de Luís da Silva, parecem ter algo em comum: antes de serem pobres foram nômades, desterritorializados. A miséria, escreveu alguém, é filha da estrada e da cidade. Fixar-se – numa casa, numa fazenda, num trabalho, num casamento – parece ser o primeiro requisito para ir deixando de ser pobre. Ou, numa fórmula melhor, subir de miserável a pobre. O próprio Luís da Silva fora nômade, dormira em banco de praça. Adquirira sua condição de pequeno-burguês (classe média baixa, se diria hoje) com a Revolução de Trinta, depois de gastar muita sola pelas repartições, indignidades, curvaturas, mentiras, na caça ao pistolão. Acabou por ganhar um lugar fixo, uma alma de parafuso fazendo voltas num mesmo lugar. Isso é uma promoção, garante proteínas, um teto. Fixando-se, passou a odiar vagabundos: sente todo o tempo que vão se aproximar, pedir, gemer, gritar, exigir, lhe tomar qualquer coisa.

A segunda fonte da sua angústia é que, curiosamente, entre esses pobres, Luís da Silva é menos pobre. Não conseguirá jamais se comunicar com aquela gente que se arrasta como bicho, remoendo pragas, morre em hospitais, em cadeias, debaixo de bondes, em rolos sangrentos de favela. Despreza-os e, no entanto, os inveja. Sobe a Ladeira Santa Cruz, percorre ruas cheias de lama, entra numa bodega, puxa assunto, bebe aguardente. Os vagabundos não têm confiança nele. Deseja contar que também foi um, curtiu fome. Vêem um sujeito de modos corretos, pálido, tossindo por causa da chuva? Alguns raros conseguiram emprego público como ele e olhavam com assombro os que ficaram embaixo – o engraxate, a mulher de chinelos com uma garrafa de querosene pendurada no dedo, o pedreiro gordo, o cabeludo do violão...

Mas eis o clímax dessa dificuldade: Luís se enfurece com uma inscrição no muro, "Proletários, uni-vos". Isto era escrito sem vírgula e sem traço, a piche. Aquela maneira de escrever comendo os sinais indignou-o. Queriam fazer uma revolução sem vírgula e sem traços? Numa revolução de tal ordem não haveria lugar para ele. Um homem sapeca as pestanas, conhece literatura, colabora nos jornais, e isto não vale nada? Pois sim.

Contudo, Luís também não se comunicará com os de cima. Conhecera uma alemãzinha, Berta, a primeira criatura bonita e limpa a que se encostou. Brochou: "Madame, um sujeito como eu pode agarrar-se a uma pessoa de sua marca?". Só lhe restará passear seu masoquismo de bonde, entre os bairros que o amedrontam (vivem lá mulheres que usam peles de contos de réis) e os que despreza (casas de palha, crianças doentes).

A forma de *Angústia*, enquanto forma, é inseparável do seu conteúdo: um ir e vir sem fim, capaz de entreter a personagem e convencer o leitor. Também poderia ser lido como alegoria do amor-ódio entre o burguês e o proletário. Luís da Silva costuma se compensar nu, sentado no chão do banheiro acanhado. Ali se dão as grandes revoluções da sua vida: faz um livro, notável, um romance. Cresce muito. Quando o chefe o repreender por causa da informação errada, compreenderá que se zanga porque o seu livro é comentado nas grandes cidades.

A primeira angústia de Luís da Silva, como disse, foi a redução do seu nome. A segunda, haver trocado a condição de pobre pela de funcionário público – tornando-se um carrapato social, uma alma de parafuso. Os pobres tinham decência. Se fosse pobre não precisaria de automóveis nem de rádios, viveria bem numa casa de palha, dormiria bem numa cama de varas, num couro de boi ou numa rede de cordas. Para que se habituou a ler papel impresso, a ouvir o rumor de linotipos? Ouviria ler apenas, inocentemente, *Os doze pares de França*.

Pois a terceira angústia, síntese das outras, se chamou Marina.

O enredo é de folhetim. Luís se apaixona pela vizinha Marina, bela e vulgar. Noivam. Surge Julião Tavares, rico, falastrão e patriota[15]. Marina troca Luís por Julião. Engravida deste último, aborta e é trocada por sua vez. Luís tocaia Julião na madrugada em que este volta da casa da segunda amante e o estrangula com uma corda que seu Ivo lhe oferecera na sua gratidão de bêbado pobre. Eis, enfim, revelada a serventia desse vagabundo: portar a corda fatal. Não deixa de ser alegórico o desclassificado dar ao *intelectual* a corda com que enforcará o burguês. Luís da Silva nunca decidiu se amava ou odiava Marina. Ela e Julião Tavares foram apenas a realidade que ao lhe entrar pelos olhos demoliu o seu pequeno mundo. Marina lia com preguiça a Biblioteca das Moças e invejava uma perua espanhola da vizinhança. Intelecto fraco, afetividade forte – não seria essa afinal a vida autêntica, privativa dos pobres? Ou Marina era apenas estúpida, uma repartição pública em forma de mulher?

Luís da Silva era um intelectual? *Tecnicamente*, não, pois lhe faltava profissionalização em algum setor ideológico (universidade, jornal, literatura) e "autonomia de classe", independência moderada com relação a interesses de grupos. Ele não se colocava como intelectual diante de pobres. Não passava de um pobre que fazia biscates intelectuais, remoendo sem cessar suas frustrações, vendo-as se transformar em angústia.

– Só se dirigem a mim para dar ordens.

Essa incursão a um dos meus romances preferidos teve a finalidade de apresentar ao leitor minha noção de pobres – aquela que tenho em

---

15 "Era um sujeito gordo, vermelho, risonho, patriota, falador e escrevedor. [...] Linguagem arrevesada, muitos adjetivos, pensamento nenhum". Idem, ibidem, p. 35.

vista ao formular a pergunta *como podem os intelectuais trabalhar para os pobres?* Eles seriam, numa palavra, a massa de desterritorializados que se movem no fundo de *Angústia*. Não acho, como tantos cientistas sociais, que pobre seja uma categoria imprecisa, embora reconheça sua pouca valia para a sociologia acadêmica. Esta só existe se o social existe, pobres não passa de conceito e a sociologia prefere, em geral, trabalhar com categorias precisas – classe, *status*, grupo de renda, estamento etc. Em defesa do seu código de análise, nega objetividade à idéia de pobres, que só pode ser aflorada pela literatura – como bem reconheceria, aliás, um sociólogo insuspeito como Pierre Bourdieu[16].

Pobres são os despossuídos, não de qualquer posse mas de território, de casa, de emprego (embora não de trabalho), de local (embora não de lugar), de família (embora não de nome) e enfim do próprio corpo (no caso dos escravos e servos da Colônia e Império). São, em suma, um estado nômade ou vagabundo – e é curioso como "se virar" designa geralmente, para os pobres, o ato de trabalhar. Pobre é quem se vira (já o miserável não tem essa capacidade) e isso demarca um lugar preciso, quantificável, na estrutura social[17]. Pobre é quem só tem amigos pobres. Pobre é quem mora em locais pobres (os *territórios de pobreza*) quase sempre sem água, esgoto e coleta de lixo.

Pobres seriam então os *excluídos* do jargão de esquerda?

Excluídos é um termo perigoso, um *trompe l'oeil*: sua finalidade não é só ocultar um fato real (a exploração econômica) mas convencer de que aquilo que se pôs no lugar (a exclusão) é verdadeiro, dispensando, desse jeito, o verdadeiro. Pois de fato é impossível excluir alguém da sociedade, ela não tem exterior. O artifício do *trompe l'oeil* é o recurso principal da história oficial: enquanto o objeto verdadeiro é ocultado, se levam gera-

---

16 "Por exemplo, Balzac sempre insistia que, ao descrever o ambiente em que viviam seus heróis, descrevia seus heróis, e que, ao descrever seus heróis, falava de sua situação de vida. Em Flaubert, isso é ainda mais claro: em *A educação sentimental*, ele descreve as diferentes refeições correspondentes aos diferentes meios, e, com isso, evoca os estilos de vida correspondentes. Ou seja, essa unidade das práticas é algo de que temos a intuição, que os romancistas haviam exprimido, mas que as ciências sociais não restituíram por várias razões [...]" BOURDIEU, Pierre. *O campo econômico. A dimensão simbólica da dominação*. Campinas: Papirus, 2000, p. 37.

17 No Rio da minha infância se distinguia viração de "batente", este era fixo, um degrau acima. Viração pressupõe também um certo amoralismo, como fez notar Silviano Santiago para a humanidade de *Sargento de Milícias*: "O ócio ao se contaminar pelo negócio perde o caminho linear da retidão moral". "Imagens do remediado", in SCHWARZ, Roberto (org.). *Os pobres na literatura brasileira*. São Paulo: Brasiliense, p. 33.

ções de estudantes a crer que ele está lá.[18] Por exemplo, o ponto escolar "Descobrimento do Brasil", ao apresentar o "índio" como diferente de nós, omitindo o que nos assemelha, produz um corte entre a experiência histórica dos povos indígenas e a nossa: os carregadores de pau-brasil (em troca de miçangas) deixam de ser os primeiros proletários do Brasil para serem "índios". Desse jeito, nenhum operário do ABC paulista (digamos) se sentirá ligado aos carregadores de pau-brasil. Na verdade, toda a história do Brasil é um "engana-olho": ao descrever os feitos administrativos e bélicos das camadas dirigentes, numa seqüência que conduz do Descobrimento à Nação, de Cabral à Praça dos Três Poderes, inventa uma progressão que a população não vê, não sente e, portanto, só pode apreender como ficção de mau gosto. O que para os manuais escolares é história do Brasil, para o povo é samba do crioulo doido[19].

O que se tentou excluir voltará como trabalho, civilização ou fantasma: a exclusão é impossível. O "excluído" não está, de forma alguma, fora da sociedade. Sua "exclusão" quer dizer inclusão como pobre, explorado, discriminado, *desejo sobrante*. Nas condições atuais do capitalismo, o *shopping center* global é o desejo não satisfeito (sobrante) que move a produção de massa: só havendo multidões que não compram (ou não pagam, ou só podem pagar pouco) se estimula, por tabela, o desejo dos que compram[20]. O uso acrítico do termo pode consolidar a idéia ingênua de que há duas sociedades brasileiras (a dos incluídos e a dos excluídos) quando na verdade a inclusão é função da exclusão, uma é a negação da outra, sua antítese. Essa é uma armadilha a que costuma conduzir o uso de categorias como "exclusão", "marginalização" e mes-

---

18 *Trompe l'oeil* é originalmente um artifício arquitetônico. Tem várias finalidades: dar o prazer da ilusão; ocultar um elemento indesejável; tranqüilizar o espírito pela crença na realidade da falsificação etc. Esta última, mais difícil de perceber, é a mais eficaz.

19 Negar até às últimas conseqüências (não através de uma "história dos vencidos", que também é história do Brasil) esse embuste bem poderia ser um programa de cultura de governos estaduais e municipais de esquerda. Voltarei a isto adiante.

20 Isto foi notado por Hermano Vianna (entre outros): "Com as massas do Primeiro Mundo cada vez ganhando mais dinheiro, uma loja como a Prada vai ter que aumentar constantemente e astronomicamente seus preços a cada estação se quiser manter o interesse de uma clientela que compra não produtos, mas sim exclusividade, aquilo que todo mundo não pode comprar. Pois sem exclusão, nada disso existiria: se uma roupa é usada por qualquer um, ela necessariamente – no regime de moda no qual vivemos – perde o seu charme. E assim por diante: se todo mundo puder comer nesse restaurante, dormir nesse hotel, viajar nessa primeira classe, todo esse mundo desmoronaria. É preciso deixar sempre gente de fora para a festa da sala VIP ser animada". *Folha de S. Paulo*, caderno Mais!, 21. dez. 2003.

mo "dualidade da economia brasileira", "dois Brasis" etc. (Nela caiu, por exemplo, Hélio Jaguaribe, em seu *Brasil, reforma ou caos*[21]: o "dualismo social" brasileiro é tratado ali como mero fato histórico, uma herança colonial. Se perde de vista sua persistente reciprocidade, pois na verdade o pauperismo da banda atrasada e miserável é criada e recriada sem cessar pela banda moderna e industrial. Se oculta que todo pauperismo é pauperização.)

No Brasil se desenvolveram, há pelo menos cento e cinqüenta anos, *grosso modo*, duas *economias*. A mais visível, modernizante, opera com proletários; a outra, arcaica, com semiproletários, por vezes dependentes da economia domiciliar. Ganhando menos por necessitar de menos e, no caso do ex-escravo, ter se acostumado com menos, foi na exploração do trabalho deles, mais barato, que o empresário brasileiro acumulou mais. Isso não aconteceu só no Brasil, apenas aqui a multidão de semiproletários apresentava certa unidade étnica, distinta dos senhores e/ou patrões: criando uma moldura cultural, a etnicidade consolidou os padrões estruturais das unidades semiproletárias[22]. O interesse objetivo (taxa de lucro) do empresário capitalista estará, pois, na conservação da *outra economia*, a domiciliar etnicizada: o racismo da sociedade brasileira contemporânea é, antes de tudo, como tantos já observaram, um código de alocação de mão-de-obra.

Na visão comum, essas duas *economias* são sucessivas, a arcaica (pré-moderna) vindo antes da moderna. Tal maneira de ver produziu diversas ilusões (por exemplo, a de que o racismo antinegro fosse desaparecer com a modernização capitalista). Na verdade, a existência de dois padrões de acumulação possibilita a reprodução da força de trabalho com vantagem para o empresário; o padrão arcaico (pré-moderno) treina aquela força de trabalho ao socializar no seu interior parte das tarefas ocupacionais, desonerando, desse jeito, os empresários e o Estado. A dualidade legitimou racial e culturalmente a distribuição de papéis econômicos[23]. Uma banda se alimenta da outra. Qualquer estratégia de modernização capitalista no Brasil – inclusive as propostas

---

21 Ver JAGUARIBE, Hélio. *Brasil, reforma ou caos*. São Paulo: Fundação Unesp, 1988, mimeo, e *Brasil, 2000 (Para um pacto social)*. Rio de Janeiro: Paz e Terra, 1986.
22 WALLERSTEIN, Immanuel. *Capitalismo histórico, civilização capitalista*, Rio de Janeiro: Contraponto, p. 27.
23 Idem, ibidem, p. 67.

pelos militantes anti-racistas[24] e pelo nacional-populismo – não passa, pois, de ideologia.

Exclusão, em se tratando de sociedade, é uma hipótese autocontrariada. Se pode desejar e mesmo praticar a exclusão de alguém, na *realidade* ele retorna. O *excluído* baterá eternamente à porta do seu *excluidor*, agora como *fantasma* ou *monstro*, desestruturando-o. A negação não suprime a coisa negada, mas apenas o negador. A literatura, por lidar com fantasmas e monstros – os seres que nos tiram o sono, desestruturam a alma, cavam o espírito, confundem a mente –, demonstra melhor que as ciências sociais, limitadas à razão argumentativa, a impossibilidade da exclusão.

Negrinho do Pastoreio

Lembremos a mais difundida das sagas sulinas.

Ela se passa no tempo em que os campos eram abertos, sem divisas nem cercas. Gado xucro, veados e avestruzes corriam então sem empecilhos. Certo estancieiro de maus bofes só olhava nos olhos três criaturas: o filho, o baio e o Negrinho. Um dia apostou carreira com um vizinho, o Negrinho como ginete. Perdeu. Encheu-se de ódio pelo menino, mandou amarrá-lo e lhe dar uma surra de relho. Levou-o depois ao alto da coxilha, transformando-o numa estaca de cavalo – que pastoreasse assim, com fome e sede, a tropilha de trinta tordilhos negros, o seu orgulho de proprietário. Tremendo de frio e medo, o Negrinho pensou em sua madrinha, Nossa Senhora, e dormiu. Os cavalos fugiram. Nova surra. Que fosse com um toco de vela campear o perdido. De cada pingo da vela nasceu no seu rastro uma nova luz. Acabou achando a tropilha, mas de novo dormiu e ela fugiu. O que fez o senhor? Mandou surrá-lo até à morte, amarrar o corpo besuntado de mel num formigueiro. Aquela noite, o estancieiro sonhou que ele era ele mesmo mil vezes. Ao terceiro dia quis ver o que sobrara do Negrinho. Chegando perto viu-o de pé sacudindo as formigas, a pele lisa e perfeita. Caiu de joelhos diante do escravo. O Negrinho, sem rédeas, montou no baio, chupou o beiço e

---

24 "Contudo, exatamente como no caso das lutas antiimperialistas [as lutas anti-racistas], elas raramente tiveram sucesso, a menos que tenham sido capazes de mobilizar os sentimentos que emergiram da luta de classes subjacentes em nome da apropriação de excedente produzido no interior do sistema capitalista". WALLERSTEIN, Immanuel, op. cit., p. 55.

tocou a tropilha a galope. Até hoje, quando se perde alguma coisa, o Negrinho acha. Basta acender uma vela no altar da madrinha dele. Se ele não achar, adeus[25].

Está aí o *excluído* de volta, agora como fantasma salvador: se ele não nos salvar, ninguém mais. Foucault chamou de "reativação imaginária" o retorno fantasmagórico do interno de instituições psiquiátricas, esse análogo do excluído:

"Estes são os sonhos através dos quais a moral, em cumplicidade com a medicina, tenta defender-se contra os perigos contidos, mas muito mal encerrados, no internamento. Esses mesmos perigos, ao mesmo tempo, fascinam a imaginação e os desejos. A moral tenta conjurá-los, mas algo existe no homem que se obstina em sonhar vivê-los, ou pelo menos aproximar-se deles e libertar seus fantasmas. O horror que agora cerca as fortalezas do internamento também exerce um atração irresistível"[26].

A história de um país é escrita, de fato, pelo cortejo de fantasmas que é a sua literatura e não pela sua história que, junto com a moral, *internou* em papéis amarelecidos os testemunhos das "classes perigosas". Os monstros que assombram hoje os habitantes "de bem" do Rio e São Paulo nos sinais, nos estacionamentos, embuçados na noite, são os excluídos da sociologia vulgar. Como fantasmas é que se incluem[27].

Tocamos aqui num tema problemático: o da especificidade e autonomia do conhecimento literário no conjunto das ciências sociais.

Na obra do próprio Simões Lopes Neto[28], afora os retratos de pobres gaúchos – tropeiros, andantes, agregados, peões de estância, em geral cholos e pretos – é o narrador, Blau Nunes, quem se encarrega de *desmoralizar* a história: "Para os olhos de Blau, o cerro ficou como de vidro transparente, e então viu ele o que lá dentro se passava"[29]. A história

---

25 Usei a versão culta dessa saga por J. Simões Lopes Neto, in *Lendas do sul*. Porto Alegre: Martins Livreiro, 1997.
26 Apud BATISTA, Vera Malaguti. *O medo na cidade do Rio de Janeiro: dois tempos de uma história*. Rio de Janeiro: Revan, 2004, p. 31. O texto de Foucault é *História da loucura*. São Paulo: Perspectiva, 1978, p. 354.
27 Isto não é defesa da "história dos oprimidos", apesar de tudo internadora dos pobres ao sujeitá-los a uma contra-aparição no plano ordenado (por documentos e monumentos) da história.
28 A obra de Simões Lopes Neto compreende basicamente *18 contos gauchescos* (Pelotas, 1912) e contos míticos utilizados em *Lendas do sul* (1. ed., Pelotas, 1913). Quem conta as histórias é Blau Nunes, alter-ego de Simões Lopes Neto.
29 "Com eles [as personagens de *Contos gauchescos*], é o mundo do trabalho que aparece: parar rodeio, domar, correr eguada, lenhar, courear, estaquear o couro, trançar. E são eles que, em tempo de guerra (caso de grande parte desses contos), sob o pano de fundo dos heróis históricos, mais exibem vitalidade. Caxias, Bento Gonçalves, Onofre Pires, D. Pedro II, para citar somente alguns dos grandes nomes da história gaúcha e brasileira que cruzam os *Contos gauchescos*, se apagam quando surge um negro Bonifácio, um índio Reduzo, um Juca Picumã,

gaúcha, desde os campos abertos, em que gado xucro passeava sem dono, foi analisada por historiadores e sociólogos – Raymundo Faoro, Fernando Henrique Cardoso, Antônio Hohlfeldt, Rubens Barcellos e outros[30]. O resultado é uma narrativa solene e esquemática em que o fundamental fica de fora. Alguém teria de olhar o avesso dessa narrativa, exibir a vida dos homens no eterno jogo de perde-e-ganha: para os pobres a história nunca passará de uma coleção de derrotas, eles só triunfam na ficção e na poesia. Cabe à literatura, portanto, e paradoxalmente, demonstrar que a vida não é só isso que se vê, esta a sua ciência específica – "o mundo do conhecimento é só um dos muitos mundos interiores. Junto a ele está o mundo da religião e o mundo poético e o mundo da *sagesse* ou 'experiência de vida'"[31]. A narrativa de Blau Nunes soa mais *verdadeira* que a descrição historiográfica, como se ele observasse – anotou Flávio Lourenço Chaves – a história "de baixo para cima"[32]. Neste sentido (isto é, do ponto de vista dos pobres), os livros de história são, portanto, dispensáveis. Do ponto de vista dos ricos (e do Estado que os protege) não servem para ensinar nada, o objetivo iluminista é uma farsa. Servem para criar consentimento dos pobres à ordem em que eles nunca deixarão de ser pobres.

O verdadeiro apagamento da memória não é o da memória historiográfica. Os currículos escolares maltratam a história, é verdade, mas o problema não é este. O "samba do crioulo doido" soa grotesco ao misturar fatos, pessoas e datas que *realmente* estão separados, mas são prova da sanidade mental do crioulo e, de outro lado, da doidice de quem acredita na ordenação de fatos, pessoas e datas a que chamamos história do Brasil. O denominador comum entre história e literatura, o que as justifica, independente de quaisquer outros atributos, é apenas a verossimilhança[33]. Na história, os pobres não se encontram como sujeitos, mas

---

um Blau Nunes que, paradoxalmente, são seres ficcionais". *Contos gauchescos e Lendas do sul*. Porto Alegre: Globo, 1949, p. 89.

30 FAORO, Raymundo. "Introdução ao estudo de Simões Lopes", in *Revista do Quixote*, Porto Alegre, nº 4, fev. 1949; CARDOSO, Fernando Henrique. *Capitalismo e escravidão no Brasil meridional*. Rio de Janeiro: Paz e Terra, 2. ed., 1977; HOHLFELDT, Antônio. "A história gaúcha em três lendas de J.S. Lopes Neto", in *Correio do Povo*, Caderno de Sábado, Porto Alegre, 5 maio 1979; e BARCELLOS, Rubens. *Estudos rio-grandenses*. Porto Alegre: Globo, s/data.

31 ORTEGA Y GASSET, José. *Ideas y creencias*. Madri: Revista de Occidente, 8. ed., 1959, p. 40.

32 NETO, Simões Lopes. *Regionalismo e literatura*. Porto Alegre: Mercado Aberto, 1982, p. 134.

33 "Dela [a literatura] difere [a história], no entanto, sobretudo por pressupor uma investigação anterior baseada em métodos e técnicas específicas compromissadas com a prova, senão de verdade, pelo menos, de verossimilhanças. Atingimos aqui um ponto relevante da efetiva proximidade entre ficção e história, vistas ambas como

como coisas, emblemas, espécie de lixo pedagógico para exaltação da ordem e progresso nacionais. A literatura é a única história do pobre – assim como a música popular, o enredo da escola de samba, a arquitetura e a decoração dos mocambos, o artesanato artístico, o futebol-arte, e a literatura oral – porque o institui como sujeito desejante. Não, porém, satisfatoriamente, já que na literatura culta – que o pobre não lê – ele não passa de figurante, sombra ao fundo, intruso que se mete na conversa, Seu Ivo espichando o olho para o guarda-comidas. Os sambas-enredo das escolas do Rio foram chamados sambas do crioulo doido porque o autor da blague, Sérgio Porto, não viu que são literatura e, como tal, *informam* sobre o crioulo e seu desejo. A literatura culta, escrita por não-pobres, apenas memoriza (pela fala, mas também pelo silêncio) as experiências dos pobres[34].

A psicanálise, nesse sentido, é um gênero literário. Em *O Moisés de Michelangelo* (1914), Freud diz ser o hábito da psicanálise "penetrar em coisas concretas e ocultas através de elementos pouco notados ou desapercebidos, dos detritos ou refugos de nossa observação". Isso tem a ver com a ancestral habilidade humana de caçar: perceber, interpretar e classificar as formas e os movimentos das presas fora do foco e do plano principais. A narração teria nascido, desse jeito, da decifração de pistas na sociedade de caçadores[35]. A literatura seria uma inscrição filogenética, o que talvez explique não haver sociedade humana sem alguma forma de literatura. Quem sabe também por isso os sistemas e regimes *desumanos* se baseiem, com facilidade, na história, o relato organizado do principal. Os próprios cristianismo e islamismo, religiões historicizantes, exigem a supressão das histórias individuais para instalar no seu lugar a história, genérica e sistemática – o barroco já foi apontado, aliás, por isso, como meta-história da América[36]. Marc Bloch, o medievalista francês, em crise diante da morte iminente (ele fora preso pela Gestapo como *maquis*) descobriu que a história só se justifica se for *dos homens*,

---

discurso". PINHEIRO, Katia da Matta, *Ficção e história no "Memorial do Convento" – fronteiras entre diferentes narrativas na obra de Saramago*. Niterói: Centro de Estudos Gerais, ICHF, UFF, 1994, p. 36.

34 Na língua italiana, memória de vida parece se distinguir com nitidez de história, é crônica – como em *Crônica de pobres amantes*, o clássico de Vasco Pratolini. O editor de Stendhal chamou de *Crônicas italianas* (1855) as novelas passadas, naquele país, em que o escritor entrelaçou história e ficção.

35 Ver GIZNBURG, Carlo. *Mitos, emblemas, sinais – morfologia e história*. São Paulo: Companhia das Letras, 1989.

36 É nesse sentido que o barroco, mais do que um estilo literário de seiscentos, ligado à Contra-Reforma, à monarquia, à catequese jesuítica, é uma constante artística, ou uma "vontade de forma", como queria Wölfflin.

no plural: "O bom historiador, esse assemelha-se ao monstro da lenda. Onde farejar carne humana é que está a sua caça"[37].

A psicanálise, como a literatura, é relato do secundário, quer dizer, do indizível. Ela busca transformar em palavra "os ruídos inarticulados do mundo"[38]. A partir de 1891, Freud acreditou que o psiquismo fosse um "aparelho da linguagem" e daí extraiu os paradigmas para a sua análise. Pela fala se vai ao sofrimento – não a fala *lingüística*, mas a literária que recolhe os "detritos ou refugos de nossa observação". O relato de seus casos clínicos tinha, deliberadamente, a forma romanesca. Eis também o que descobriu um autor de policiais, teórico da psicanálise: "A filosofia busca a verdade em sua univocidade e a psicanálise a verdade do inconsciente e do desejo. O romance policial é mais próximo da psicanálise. Também é construído de acordo com uma ordem específica, como os textos teóricos, mas nele há espaço para a ambigüidade"[39]. A fantasia é o denominador comum entre psicanálise e literatura – "quem acha vive se perdendo", diz um samba de Noel Rosa. Não conheço melhor alegoria desse fato que *Todos os nomes*, de José Saramago: pessoas comuns não constavam, obviamente, de arquivos históricos, mas de um arquivo geral de nascimentos e óbitos situado em algum lugar esquecido, mas mesmo neste desaparecerão entre fichas onde ninguém as encontrará, a não ser que um tarado obsessivo as fareje e cace pelos vestígios que deixou na vida, uma rua em que morou, um colégio em que se formou... Pobres amantes jazem em arquivos sem nobreza e sem honra: vidas esquecidas. A literatura é, pois, arquivo dos esquecimentos.

Também, nas circunstâncias atuais da nossa civilização, a *notícia* se tornou um arquivo de formas invisíveis e profundas da sociabilidade – que graças a ela se tornaram visíveis e vulgares. Há cinqüenta anos, pelo menos um grande escritor percebeu a natureza literária da notícia: Nelson Rodrigues. Sua série *A vida como ela é* não passa de utilização dramática de *fait-divers* colhidos na imprensa diária[40]. Nesse estágio

---

37 BLOCH, Marc. *Introdução à história*. Lisboa: Europa-América, s/data. George Duby considera a história um gênero literário, ver DUBY, G. e LARDREAU, G., *Dialogues*, Paris: Flamarion, 1989.

38 A expressão é de Joel Birman. "A *poiesis* do indizível – a femilidade e o sublime entre literatura e psicanálise", in *Globalização e literatura* (org. Luíza Lobo). Rio de Janeiro: Relume Dumará: 1999, p. 76.

39 GARCIA-ROZA, Luiz Alfredo, *O Globo, Prosa & Verso*, 20 out. 2001.

40 Colegas de Nelson, na redação de *Última Hora*, contam que sua *habilidade literária* era tanta que, indo ao banheiro, eles de brincadeira continuavam a história, Nelson, voltando, talvez sem se dar conta, prosseguia normalmente.

não só a notícia *tende* a substituir a literatura, como substitui o próprio fato social, que deixa de existir fora dela – o fato social perde a sua ontologia, já nada quer dizer. Se observa isto na difusão atual da "consciência estatística" – mesmo as pessoas incapazes de abstração *pensam* por estatísticas: "o doente está 30% melhor", "do que ele contou, 50% é mentira" etc. É como se todo o existente o fosse apenas por ser visível e a comunicação entre os existentes fosse a prova, o teste, da sua realidade. A prova da existência da maçã está em comê-la, disse Marx em algum lugar. No mundo que a comunicação criou, está em vê-la, num *outdoor*, num *écran*, e referendar essa co-visão com uma percentagem qualquer[41].

Alpargatas para Antônio Silvino

– Um lambe-sola, mas grito não levo.

À primeira vista os pobres da sociedade escravista (que durou 4/5 do nosso tempo histórico) teriam sido os escravos. Só que, além de a legislação tratá-los como coisas, "fôlegos vivos", *instrumentum vocale*, a própria condição de escravo era naturalização de um lugar social (o que parece estar por trás da conhecida sentença de Joaquim Nabuco sobre a impossibilidade de haver senhor bom: "O limite da crueldade do senhor está na passividade do escravo"[42]). Ninguém "tinha pena" deles *como* escravos, sua situação era indiscutível e indiscutida. Tiradentes, fugitivo no Rio, vendeu o seu para fazer caixa. Não formavam uma classe, havia escravos em várias "classes": artesãos, lavradores, comerciantes, operários e, até mesmo, escravos donos de escravos (vicários). Sua situação era, por isso mesmo, de completo isolamento: apenas eles sabiam de si, ao lutar eram exclusivamente responsáveis por sua luta, não indo esta além

---

41 "Como qualquer história, a notícia produz a unidade dos microaspectos que compõem um fato ou acontecimento (*issue* para os americanos), administrando a sua multiplicidade, assim como as suas repercussões sociais. Na rotineira notícia de um atropelamento, historiam-se os detalhes do acidente e se exercita um controle discursivo da reação social". SODRÉ, Muniz. *Reinventando @ cultura*, Petrópolis: Vozes, 1996, p. 133.

42 "O limite da crueldade do senhor está, pois, na passividade do escravo. Desde que esta cessa, aparece aquela; e como a posição do proprietário de homens no meio do seu sublevado seria a mais perigosa, e, por causa da família, a mais aterradora possível, cada senhor, em todos os momentos da sua vida, vive exposto à contingência de ser bárbaro, e, para evitar maiores desgraças, coagido a ser severo". NABUCO, Joaquim, *O abolicionismo*, Petrópolis: Vozes, 4. ed., 1972, p. 134-135.

de certo limite⁴³. Em Martins Pena – *Os dous*, *O inglês maquinista*, mas sobretudo *O cigano e o namorador* – se vê seu isolamento, a simetria própria à comédia (velhos *versus* jovens, serviçais *versus* amos e assim por diante) não se aplica a eles, não são o oposto de nada, a vida transcorre sem incorporá-los, mais ou menos como nas telenovelas de hoje⁴⁴. Mesmo o socialismo utópico, o ecletismo e o positivismo, que aportaram aqui pela metade do século 19, com idéias (às vezes meras noções) de Direito Natural, igualdade, liberdade etc., não só não se dirigiam a eles como não os incorporaram teoricamente – salvo excepcionalmente e fazendo eco a preocupações estrangeiras.

Branco pobre nunca quis saber de negro, escravo ou livre. Em relatos de viajantes, um Saint-Hilaire, um Spix & Martius, mesmo um Charles Darwin, que andou por aqui perto de 1830, se acham testemunhos desse desprezo. A mediação entre senhores e escravos era basicamente a violência, embora houvesse também certa margem de negociação – pelo sexo, pela submissão absoluta, pela religião etc. Violência do trabalho compulsório sem limite, salvo o do lucro, violência da equiparação da pessoa a coisa, da sua infantilização (de *infans*, que não tem fala), da tortura sistemática, efetiva ou suspensa sobre a cabeça como espada de Dâmocles. Para escapar a ela, como já se observou tantas vezes, o branco pobre se agarrava à outra mediação oferecida pelo escravismo: o favor. Branco pobre era o que podia usar o favor, de preferência consagrado pelo compadrio. Através dele se distanciava para sempre do escravo, negro ou índio⁴⁵, escamoteando a violência imanente ao escravismo.

---

43 "Apenas na medida em que não tinham capacidade de promover a ruptura total do sistema e em seu lugar criar outro mais progressista, deixaram de constituir uma classe revolucionária. Em outras palavras, suas lutas estavam privadas de perspectivas". FREITAS, Décio. *O escravismo brasileiro*. Porto Alegre: ICP, 1980. p. 164. E, em sentido oposto a este, MAESTRI FILHO, Mário José. *Escravidão, luta de classes*. Transição, Porto Alegre: mimeo, 1983.

44 Foi o que percebeu, entre outros, Vilma Arêas, "No espelho do palco", in SCHWARZ, Roberto. *Os pobres na literatura brasileira*. São Paulo: Brasiliense, 1983.

45 "Esta cumplicidade (senhor-branco pobre) sempre renovada tem continuidades sociais mais profundas, que lhe dão peso de classe: no contexto brasileiro, o favor assegurava às duas partes, em especial à mais fraca, de que nenhuma é escrava. Mesmo o mais miserável dos favorecidos, via reconhecida nele, no favor, a sua livre pessoa, o que transformava a prestação e contraprestação, por modestas que fossem, numa cerimônia de superioridade social, valiosa em si mesma" . SCHWARZ, Roberto. *Ao vencedor as batatas*. São Paulo: Duas Cidades, 1977, p. 18-19.

Os pobres

O que nos vem à cabeça ao pensar em pobre é um preto, mas esta associação tem pouco mais de cem anos[46]. Quando a escravidão começa a se decompor, aí por 1850, é que forros e libertos vão se tornando pobres, o mundo da pobreza escurece. Um historiador mostrou a importância futura dessa passagem do "bom escravo" a "mau cidadão"[47]. Quando o negro "ascendeu" à pobreza, os que lá estavam reagiram, aprendendo a tirar partido da sua única vantagem: não ser negro. Esse processo objetivo de identificação do branco pobre como não-negro tem um correspondente na intelectualidade: ela vai ancorar suas criações e suas análises num lugar também distante, em que o negro jamais se reconhecerá. Roberto Schwarz foi um dos poucos a percebê-lo: "Sendo (o favor) mais simpático do que o nexo escravista, a outra relação que a Colônia nos legou, é compreensível que os escritores tenham baseado nele a sua interpretação do Brasil, involuntariamente disfarçando a violência, que sempre reinou na esfera da produção"[48]. Menino leitor, durante algum tempo eu mesmo estranhei que só as personagens negras dos nossos romances fossem identificadas "racialmente" (o *negro* fulano, a *preta* sicrana). Acabei me conformando à idéia de que os romances brasileiros não eram escritos para meninos negros (não sem antes me rebelar contra o ditado que me atirava um velho parente nordestino quando me surpreendia lendo: "Preto não é de letras, é de tretas"). O branco é o lugar óbvio de onde se fala e se lê no Brasil.

– Um lambe-sola, mas grito não levo.

O branco pobre, que compensa seu fracasso tiranizando o negro, é *tema secundário* (talvez fosse melhor dizer espontâneo) do clássico *Fogo morto*, de José Lins do Rego. O velho seleiro José Amaro, olhos amarelos, barba crescida, tem um só pavor: que o tratem como negro[49]. É o pavor, aliás, de toda a escumalha "branca" que habita o mundo do açúcar, em transição, no final do século 19, do bangüê para a usina. Amaro aceita qualquer ordem, desde que não lha gritem "como se fosse um negro

---

46 As *Cartas chilenas* chamam de pobres aos pequenos sitiantes ("bisonhos roceiros", lavradores da terra"), aos "tendeiros" que vendiam cachaça e toucinho, aos oficiais mecânicos (sapateiros, alfaiates, balconistas de taverna, amas de expostos, tocadores de rabeca, profissionais do seco etc.) e aos vadios de qualquer cor.

47 Foi Clóvis Moura in *O negro: de bom escravo a mau cidadão?*. Rio de Janeiro: Conquista, 1977.

48 SCHWARZ, Roberto. "As idéias fora do lugar", in *Estudos CEBRAP* 3, p. 154.

49 Heloísa Toller, em *O poder rural na ficção*, compara Amaro com Wash Jones, do *Absalom, Absalom!* de Faulkner, "a gaunt gangling man malaria-ridden with pale eyes and a face that might have been any age between twenty-five and sixty". São Paulo: Ática, 1981, p. 96.

cativo"⁵⁰. Um peso enorme oprime sua existência: não possui terras e escravos, nunca possuirá. Seus dias passam sem graça e sem futuro, ao ritmo do martelo na sola, fustigado pelos gritos da filha demente. Desde que entra em cena, o leitor percebe que está condenado ao martírio final. Como pode viver assim, se sua única graça, sua identidade de pessoa humana, é não ser negro? Valoriza por isso o tratamento pessoal, ama os que lhe falam com educação, mesmo de cima. O coronel Lula se diverte testando sua humilhação: "Quem manda nesta terra, hein mestre Amaro?". A resposta é automática: "Quem manda é o senhor de engenho"⁵¹. Tudo, desde que respeitem a distância dele para o negro. Imprensado entre senhores e escravos, Amaro tem alguma chance de mudar seu destino?

– Um lambe-sola, mas grito não levo.

Já Capitão Vitorino é o homem trágico, quase levando ao limite o rompimento com a ordem. Quase, porque tem esperança no jogo político, que espera um dia endireitar.

– Cambada de cachorros. Eu sou Vitorino Carneiro da Cunha, homem branco, de respeito.

Desaforado, lutando contra tudo e todos, não é como Amaro, fadado ao destino. Vitorino cresce enquanto o bangüê declina:

– Sou homem para o que der e vier.

Apesar disso, não é Vitorino quem indica o caminho a Amaro, aquele não passa de um bufão desavergonhado – os meninos, na rua, o xingam de papa-rabo. Vitorino acredita em política. É Antônio Silvino, o cangaceiro, que enfrenta os ricos⁵². O nome de Antônio Silvino exerce sobre Amaro um poder mágico. Era o seu vingador, a sua força indomável, acima de todos, fazendo medo aos grandes.

Antônio Silvino (1875-1944) "bandido social" que teve seus minutos de glória, citados ele e Rio Preto por Hobsbawm⁵³, ao lado do inglês Dick Turpin, do francês Cartuche e do alemão (século 18) Schinder-

---

50 "É o que digo a todo mundo. Não agüento grito. Mestre José Amaro é pobre, é atrasado, é um lambe-sola, mas grito não leva". REGO, José Lins. *Fogo morto*. Rio de Janeiro: José Olympio, 1965, p. 82.
51 Idem, ibidem, p. 121.
52 Sintomático: naquela região, chamam riqueza de bondade, talvez reminiscência de *homens bons*, os proprietários rurais da Colônia.
53 "Entre os cangaceiros do Nordeste do Brasil havia aqueles que, como o famoso Antônio Silvino (1875-1944), ativo no poder (1896-1914), são lembrados principalmente por suas boas ações, e outros, como Rio Preto, que se tornaram conhecidos pela crueldade". Apud GOMES, Heloisa Toller. *O poder rural na ficção*. São Paulo: Ática, 1981, p. 133, nota 18.

hanne, de Diego Corrientes, o andaluz que, como Cristo, foi traído e preso num domingo e condenado à morte numa sexta-feira, do chinês Belin Khan, do pampeano argentino Mate Cosido, do calabrês (Aspramonte) Giuseppe Musolino, que enlouqueceu com 45 anos de cadeia, do "bandido" Giuliano, que Francesco Rosi transformou num clássico do cinema, de Jesse James que, com o irmão Frank, incendiou a imaginação de pobres caubóis do velho oeste. E de Lampião.

A história de Amaro é, em síntese, a da fabricação de um rebelde. Pode ser lida como a ascensão de um trabalhador sem-terra, da passividade à luta, na transição do escravismo à economia empresarial em nosso país. No começo, ei-lo imerso em seus sofrimentos. Deu para sair de noite e voltar como possuído, vira na rede, fala só, grita no sono; acordado, descompõe a mulher. A filha, mais do que ninguém, era seu fracasso. Um dia resolveu lhe curar os ataques histéricos com uma surra. Para fazer o bem era mau. Sua angústia andava em círculo.

Amaro invejava sem confessar os colaboradores do cangaceiro, um cego e um tangerino. Sua iniciação é quando lhe pedem para torrar dois frangos para o homem que mais admirava neste mundo. Dias depois teve sua prova de fogo, encomenda de meia dúzia de alpargatas de couro. Era trabalho concreto para o bando, muito mais sério do que torrar galinhas. Pôs toda a sua alma na tarefa. O cangaceiro lhe deu, então, nova tarefa: comprar e enviar uma manta de carne mais uma porção de cigarros e farinha. Desde esse momento, o humilhado branco pobre, cuja única ventura era não ser negro, descobre a força e o gozo da luta. Vitorino, o papa-rabo, conhecia esse gozo: os moleques o atormentavam mas era de luta. Não deixava, em qualquer hipótese, injustiça sem reparo, pobre sem intermediação. Suas armas eram a língua desaforada, a lei e as relações políticas. Tinha, pois, o gozo mas não tinha a força. Força era outra coisa: "Eu quero é rifle", dizia o tangerino-espião, ao sair da clandestinidade para se incorporar ao bando. "Isto sim que enche o peito da gente." Começa por esse tempo a correr que Amaro é lobisomem. Quanto mais crêem mais lhe aumenta o desejo de lutar. Amaldiçoado, se sentiu livre da ordem que o amaldiçoava. Que diabo andava por dentro dele para provocar pavor, encher o povo de medo? Sobrevém a sua expulsão da terra, um negro é o pivô.

A situação é recorrente em romances brasileiros: sempre assinalados, nunca óbvios, são os negros os fantasmas dos brancos. Dois se destacam em *Fogo morto*, Passarinho e Floripes. O primeiro é um cachaceiro ambulante e sujo que canta sentidos romances ibéricos, prestando pequenos serviços em troca de comida; nem de casa precisa, dorme sob árvores, agregado de pobres brancos como Amaro. Já Floripes é manhoso, puxa-saco, intriga para ser benquisto, dorme na casa-grande, agregado do coronel senhor de engenho. Ambos são negros *sozinhos*[54], derrotados. Floripes intriga o trabalhador livre Amaro com o senhor decadente Lula de Holanda e consegue que este expulse aquele da terra. Aqui, enfim, se apresenta o protagonista de *Fogo morto*: o latifúndio. O real lobisomem não é Amaro, isso é crendice popular. É o latifúndio, espécie de Piaimã devorador de gente. Os engenhos estão virando usinas. O Santa Fé, que expulsa o seleiro por conta das futricas de um negro oportunista, não fará a passagem, já sabemos, mas transferirá ao sucessor o sistema de dominação que subordina os homens em seu território. Contra isso não se tem saída, de fogo morto ou a vapor o mundo do engenho é fechado como o inferno: deixe na porta toda esperança quem aqui entrar. Portanto, só resta lutar, sabendo ao cabo que perderemos. Este o divisor entre aqueles homens e mulheres: os que lutam (como o papa-rabo, Antônio Silvino, o cego Torquato, o contrabandista Alípio) e os que não. Há, porém, diferenças entre aqueles, Vitorino papa-rabo (por exemplo) é um individualista, um irado bíblico, um D. Quixote (com muito de Sancho Pança), sem falar que tem a ilusão da política – o Nordeste pode ser salvo pelo voto. Vitorino fala, Amaro age. O dono da terra mandou que saísse? Estava no seu direito, cumpriria a ordem. Ocorre que Antônio Silvino lhe disse fique! Ali era a passagem para todo canto, o bando precisava plantar um espião na entrada da vila. O derrotado se descobria útil para a luta. Não uma luta social consciente, mas uma guerra entre ícones: o Senhor de Engenho (o bom e o mau), o Padre, o Negro (o coitado e o safado), o Cangaceiro (inimigo do senhor), o Tenente (carrasco do povo) etc. Nem faltou a Amaro o sacrifício da família: coincidindo de Marta, a filha histérica, ter uma forte crise na exata hora de cumprir uma tarefa, não hesitou.

Fogo morto (1943) é um romance de proposta, não visa somente a entreter[55]. Fechada a última página, uma pergunta nos persegue: qual a

---

54 Sartre escreveu, em algum lugar, que há dois tipos de pobre: o pobre sozinho e o pobre junto.
55 A classificação da literatura em "de entretenimento ou de proposta" é, entre outros, de José Paulo Paes. Ver *A aventura literária*. São Paulo: Companhia das Letras, 1990.

saída para os pobres da Paraíba? O romance termina com o aniquilamento dos rebeldes: Torquato, Alípio, mestre Amaro e, por tabela, o inofensivo Passarinho, apanhados pelo tenente Maurício (protótipo do torturador militar da última ditadura), serão seviciados na cadeia do Pilar, enquanto juiz e prefeito enfiam a viola no saco. Um voz se ergue em nome da lei: Vitorino, o papa-rabo. É a sua vez de apanhar. Libertados, cobertos de hematomas e humilhação, cada qual caminhará para sua morte anunciada. A proposta de Zé Lins, a que o livro nos deixou para aceitar, recusar ou corrigir, é a de que não tem saída para os pobres da Paraíba.

– Quem manda nesta terra, hein mestre Amaro?
– Quem manda é o senhor de engenho.

Quem bastante ingênuo para acreditar na saída de Vitorino o papa-rabo? Catapultado pela sua vitória na justiça, se elegeria prefeito do Pilar. As costas em chagas ardiam com arnica, mas uma petição sua libertara três inocentes. Os ricos pagariam impostos, corruptos e torturadores seriam punidos na forma da lei. Para ele, o tenente Maurício, os senhores de engenho e Antônio Silvino valiam a mesma coisa: bandidos.

Na última madrugada, enquanto o Papa-rabo sonhava, mestre Amaro caiu num choro doloroso, acompanhado por Passarinho. O negro bom saiu para tomar a fresca na beira do rio, quando voltou o mestre estava caído perto da tenda, a faca de cortar sola enterrada no peito.

Penso ser esta a proposta de Zé Lins: os pobres que querem lutar dão no delírio ou no suicídio, no ridículo ou no trágico. Mas há Alípio, que se fez no rifle, há Torquato, o cego que vê, há todo o bando de Antônio Silvino – estão lá como subproposta de *Fogo morto*: o que os humaniza é que são de luta, como era Vitorino e como Amaro quase foi. Lutar é, pois, se humanizar. Os demais personagens – o senhor rico e o senhor pobre, o juiz e o comendador, o negro bom e o negro ruim, a mulher medrosa e a mulher valente, a moça esperta e a moça inocente – todos estão alienados a uma instância determinada de dominação arcaica ou moderna. São todos instrumentos do bangüê ou da usina, do escravismo ou do capitalismo.

O coronel e o lobisomem

No romance brasileiro, o lobisomem pode ser lido como o símbolo, a metáfora do homem humano, não alienado à exploração. Em *O coronel e* *o lobisomem*⁵⁶, de José Cândido de Carvalho, se vê o pacto entre o amo (coronel) e seus servos (moradores do latifúndio) visando à manutenção da ordem no campo: o amo lhes dá proteção contra os monstros e eles lhe dão o fruto do seu trabalho. A própria forma (linguagem e estilo) do livro de Cândido ironiza o estilo pedante, desmistifica o *coronel*: a criatura humana é recriada pela criatura inumana. O monstro revela o real.

A função política da Guarda Nacional era a defesa da ordem escravista (depois oligárquica) e controle dos pobres. Os coronéis caçadores de onça e de lobisomem eram a sua propaganda, um fato maravilhoso que a cultura popular objetivou em verdade para consumo de pobres. A "garganta" (fama de valentia) promoveu Ponciano de Azevedo Furtado, natural da Praça de São Salvador de Campos dos Goitacazes, de alferes a coronel:

"*A bem dizer sou Ponciano de Azeredo Furtado, coronel de patente, do que tenho honra e faço alarde. Herdei do meu avô Simão terras de muitas medidas, gado do mais gordo, pasto do mais fino. Leio no corrente da vista e até uns latins arranhei em tempos verdes da infância, com uns padres – mestres a dez tostões por mês. Digo, modéstia de lado, que já discuti e joguei no assoalho do Foro mais de um doutor formado. Mas disso não faço glória, pois sou um sujeito lavado de vaidade, mimoso no trato, de palavra educada. Já morreu o antigamente em que Ponciano mandava saber nos ermos se havia um caso do lobisomem a sanar ou pronta justiça a fazer*"⁵⁷.

O termo coronel é anterior à Guarda Nacional (1840), vem das milícias de fins do século 18, mas na acepção de xerife e oligarca local se firma durante o longo apogeu da instituição (1850-1950), designando oficialmente o comandante militar de brigada ou de regimento municipal. Não era, como às vezes se pensa, privativo de fazendeiros, podia graduar comerciantes, advogados, médicos, burocratas, professores, industriais e padres, mas se fixou nos primeiros por serem eles o tecido conjuntivo da ordem oligárquica que hegemonizou o país até, pelo menos, o fim da Grande Guerra⁵⁸. O coronel se encarrega de dois serviços:

---

56 CARVALHO, José Cândido de. *O coronel e o lobisomem*. Rio de Janeiro: José Olympio, 1964.
57 Idem, ibidem, 3. ed., 1971, p. 9.
58 "Entretanto, o cerne do coronelismo não tem relação com o papel dos comandantes da Guarda Nacional, mas sim com os aspectos sociopolíticos do monopólio do poder por parte das classes dominantes e auxiliares, nos regimes monárquico e republicano no Brasil. Em suma, o coronelismo é um exercício do poder monopolizante por um coronel cuja legitimidade e aceitação se baseiam em seu *status* de senhor absoluto, e nele se fortalecem, como elemento dominante nas instituições sociais, econômicas e políticas, tais como as que prevaleceram durante o período de transição de uma nação rural e agrária para uma nação industrial". PANG, Eul-soo. *Coronelismo e oligarquias* (1889-1943). Rio de Janeiro: Civilização Brasileira, 1979, p. 20.

reprimir localmente os *lobisomens* e colher os votos que abasteciam a máquina de fazer políticos (legislativos e executivos), chamada Política dos Governadores. Os coronéis da roça colhiam votos para deputados federais e senadores que colhiam votos para presidente[59]. Era tão resistente a máquina que para desmontá-la foi preciso um levante nacional armado (outubro de 1930).

Tudo isto é sabido, tem enorme bibliografia. Não assim o *plano anterior* da dominação coronelística, que só a literatura torna visível: o lobisomem como objetivação simbólica[60] do contrato de servidão. O lobisomem "existe" para garantir a adesão dos pobres à ordem que os faz pobres: mais do que virtual é um ser tácito. ("Que diabo andava por dentro dele para provocar pavor, encher o povo de medo?", se pergunta mestre Amaro no instante em que começa a executar suas primeiras tarefas de luta contra os amos.)

Na sexta-feira em que Ponciano finalmente se encontrou com o *seu* lobisomem, a mula que o levava estremeceu da anca ao casco. Ele inquiriu dentro do regulamento militar:

– Quem vem lá?

Sujeito de patente, carecia de consentimento para travar demanda com lobisomem ou outra qualquer penitência dos pastos. Sabedora disso, a mulinha largou o casco na poeira. Não adiantou. Numa roça de mandioca adveio aquele figurão de cachorro, uma peça de vinte palmos de pêlo e raiva. A mulinha tentou barafustar por um carrascal, onde

---

59 "Não se 'fazia' eleição para governador e presidente sem os coronéis. Freqüentemente o juiz [eleitoral] encontrava um motivo conveniente para se afastar da sede; muitos deles moravam na capital do estado. Em sua ausência, os substitutos [suplentes de juiz] tomavam a si o cargo de supervisionar a eleição. O suplente era nomeado pelo governador, escolhido sempre entre os coronéis locais, e representava o coronel dominante. O suplente procedia às eleições por ordem do chefe político. Se fosse prevista uma eleição difícil, a violência irrompia muito antes do registro dos eleitores. Freqüentemente eleições eram canceladas por violentos confrontos; às vezes, o coronel dominante guardava o registro em casa, aberto apenas aos que o apoiavam. Quando essas manobras deixavam de surtir os efeitos desejados, o coronel recorria a outros meios: o registro de eleitores não-qualificados e a compra de votos tornaram-se procedimentos normais. A exigência de alfabetização não era observada de modo algum: assim, muitos amigos analfabetos, empregados e até mesmo pessoas pagas, importadas de outros municípios, eram colocadas na lista. Em Goiás, um padre missionário observou que um sertanejo chamado Clementino perdeu a ocasião de votar (a votação era feita por ordem alfabética), porque haviam lhe ensinado a escrever seu nome com a letra Q. Um 'Bastião' surgiu quando chamavam a letra B, apesar de seu nome legal ser escrito com S de Sebastião. Não era raro um José insistir em votar na vez do Z, já que era normalmente chamado Zé". Idem, ibidem, p. 35.

60 *Simbólico* é qualquer elemento que estabelece *distinção*: membros de um certo grupo reconhecem sem vacilar sua distinção quando representada (ou encarnada) precisamente nesse elemento. Quem diz distinção diz diferença, que é o elemento estabelecedor da cultura. O caminho é, pois, da diferença (domínio da cultura) à distinção (domínio do simbólico).

imperava toda raça de espinho. O monstro veio atrás. Roncava como porco cevado. A mulinha desabalou, Ponciano caiu como sabia cair, em posição militar:

"Digo, sem alarde, que o lobisomem bem podia ter saído da demanda sem avaria ou agravo, caso não fosse um saco de malquerença. Estando eu em retirada, pelo motivo já sabido de ser portador de galão e patente, não cabia a mim entrar em arruaça desguarnecido de licença superior. Disso não dei conta ao enfeitiçado, do que resultou a perdição dele".

Ponciano subiu numa figueira. Tanta chispa largava o penitente que um caçador de paca, estando em distância de bom respeito, cuidou que o mato estivesse ardendo. O coronel não ia denegrir a farda e deslustrar a patente, no alto da figueira estava, no alto da figueira ficou. O lobisomem começou a roer a árvore. Ponciano lhe meteu dois tiros. Viu o lobisomem pulando coxo, de pernil avariado, língua sobressaída na boca. *Na primeira gota de sangue a maldição desencantava,* como *é da lei* e *dos regulamentos* dessa raça de penitentes: eis o mundo da roça ordenado por leis e regulamentos. Quando Ponciano desceu, uma surpresa: o bichão ferido veio talqualmente um trem de ferro, bufando e roncando. O coronel bateu de novo em retirada (Ponciano nunca fugia). A criatura prendeu o pé num cipó, largou uma praga humana:

– Vai embargar a mãe!

Seu focinho nojento esquentava as partes subalternas do coronel em retirada. Foi demais. Ponciano se virou e o cobriu de murros, um último, não encontrando resistência de osso, foi parar na raiz das costelas. O lobisomem soltou um berro agoniado, Ponciano o sujeitou pela garganta:

– Estais em poder da munheca do coronel Ponciano de Azeredo Furtado e dela não saireis, a não ser pela graça de Nosso Senhor Jesus Cristo, que é pai de todos os viventes deste mundo.

O tratamento *vós,* Ponciano empregava sempre que queria marcar distância de coronelões do mato, sem estudo. Mas ainda falta uma cena. Mal dá a conhecer a sentença ("Do meu poder não saireis"), ele escuta, vinda de longe, saída das profundas, uma vozinha implorar:

– Tenha pena de mim, Coronel Ponciano de Azeredo Furtado. Sou um lobisomem amedrontado, corrido de cachorro, mordido de cobra. Na lua que vem, tiro meu tempo de penitência e já estou de emprego apalavrado com o povo do governo.

O lobisomem nos chegou pelas versões grega e latina, o licantropo e o versipélio. Em ambas – e em suas variantes, o *Volkodlak* (eslavo), *Werwolf* (saxão), *Wahrwolf* (germano), *Oborsten* (russo), *Hamrammr* (nórdico), *Loup-garou* (francês), *Lobisomem* (ibérico e hispano-americano) – a licantropia[61] é um castigo terrível, embora na origem romana do mito se admitisse a metamorfose voluntária. São Patrício (Inglaterra) transformou em lobo o rei de Gales e ordenou que São Natálio (Irlanda) virasse lobo sete anos. Na Rússia, era tradição que as alcatéias uivando nas noites de inverno fossem criminosos expiando culpas. A Inquisição queimou muito camponês por lobisomem[62]. No Brasil, porém, só se vira lobisomem por doença ("amarelão", anciióstomo, e "maleita", paludismo)[63] ou como punição moral (incesto entre irmãos, primos germanos e, por extensão, compadres). O primeiro caso é mais comum no Norte e Nordeste, o segundo no Sul[64]. Não é punição direta pela recusa à especialização do trabalho, mas indireta, pela transgressão da ordem familiar (incesto), indispensável a uma especialização do trabalho em que a unidade produtiva coincide com a unidade familiar – e essa peculiaridade, como lembrou alguém, é que explica, em última análise, as perversões sadomasoquistas da sociedade escravista. No caso da "punição" por doença (anemias), lobisomem é o signo, o estigma, da incapacidade de reposi-

---

61 CASCUDO, Luís da Câmara. *Geografia dos mitos brasileiros*. Rio de Janeiro: José Olympio, 2. ed., 1976, p. 148. Licantropia é do mesmo campo semântico de *lupercais*. Todo 15 de fevereiro (dia dos lupercais, Festa da Purificação no calendário cristão), da gruta onde Rômulo e Remo teriam sido amamentados pela loba, partia a cerimônia. Cães e cabras eram abatidos. "Os sacerdotes tocavam com as lâminas tintas do sangue oblacional na face dos moços. Seminus, apenas com um cinturão feito da pele do lobo, empunhando correias da mesma pele, sujas de sangue, os lupercais corriam uivando pelas ruas de Roma, açoitando os transeuntes. As mulheres vinham ao encontro da flagelação ritual porque afastava a esterilidade e os partos seriam propícios [...] Fevereiro era o último mês do velho ano romano. Fechava-se a marcha da vida com essa purificação sob a égide dos lobos" (p. 146).

62 "Nos registros de nossos parlamentos se encontra uma enorme quantidade de prisões condenando feiticeiros acusados e convencidos do crime de terem se transformado em lobisomens para cometer todo tipo de tropelias. Se ao menos tivessem sido queimados quando tinham a forma de lobo! Mas não. Sempre se esperava que tivesse largado a criminosa aparência e reassumido a forma humana". Gratien de Samur – *Traité des erreurs et des préjugés*, p. 111, Paris, 1843, citado por CASCUDO, Câmara, op. cit., p. 150, nota.

63 "Na sua opinião todos os homens muito pálidos, opilados, que eles (os sertanejos nordestinos) chamam 'amarelos' 'empombados' ou 'come-longes', transformam-se em lobisomens nas noites de quinta para sexta-feira. Para esse efeito, viram a roupa às avessas, espojam-se sobre o estrume de qualquer cavalo ou no lugar em que este se esponjou. Crescem-lhes logo as orelhas que caem sobre os ombros e se agitam como asas de morcegos. A cara torna-se horrível, meia de lobo e meia de gente. E os infelizes saem correndo pelas estradas loucamente a rosnar, cumprindo o seu fado". BARROSO, Gustavo. *Ao som da viola*. Rio de Janeiro, 1921, p. 703.

64 "Somando o material sobre o lobisomem poder-se-á esquemar sua origem na explicação popular. No Sul do Brasil o lobisomem é, em sua mais alta percentagem, o 'predestinado', o filho nascido depois de seis filhas ou o rebento de amores pecadores. No Norte do país é quase sempre hipoemia, paludismo, anciióstomos, hepatopatias". CASCUDO, Luís da Câmara. *Geografia dos mitos brasileiros*. Rio de Janeiro: José Olympio, 1976, p. 161.

ção de força de trabalho: lobisomem é o que ocupa a terra sem produzir – é o oitavo filho que nasce se os sete primeiros foram filhas (ou filho mais novo de sete homens), uma óbvia sanção à vadiagem. O sangue sob a forma de trabalho *precisa* ser apropriado pelo senhor. Essa privatização de um bem comum é que condena à danação os que não o possuem – os danados da sociedade escravista são aqueles a quem falta alguma coisa[65]. Os etnógrafos fazem notar que não há lobisomens femininos: as insubmissas ou imprestáveis só podem virar Mula-sem-Cabeça, Burrinha, Burrinha-de-Padre, Porca-de-sete-leitões e, mesmo assim, por transgressão moral (transar com padre). Câmara Cascudo relata que em Logradouro (Augusto Severo, RN), um seu parente distante, cheio de macacoas e truques, vivendo (começo do século 20) isolado num rancho de taipa, era tido como lobisomem. Ninguém o queria encontrar depois do sol posto. Tuberculoso, quando tinha hemoptises, coágulos sangrentos amanheciam rodeando seu barraco. Fazendeiros vizinhos, mesmo letrados, afirmavam que o sujeito vomitava o excesso de sangue absorvido nas correrias noturnas como lobisomem. A cota (conclui Cascudo) que devia retirar de homens ou de animais tinha limites. Passados estes, o estômago não suportaria a sobrecarga. Hemoptise de tuberculoso se converte, pois, em regurgitamento de lobisomem, condenação ao trabalho desnecessário à reprodução do capital agrícola. O sertanejo (esse é um mito exclusivamente rural) é ambivalente com o lobisomem: lhe dá pena (é um doente) e o fascina (não é capaz de trabalhar, tem pacto com o Mal e vive muito)[66]. Ao trabalhador se pede, antes de tudo, que não lhe falte sangue e que, ao contrário do escravo, constitua família, não seja

---

65 O Mapinguari (do tupi *mbaé-pi-guari*, que tem o pé torto, ao avesso) é um monstro que escolhe quase sempre os dias santos e o domingo para agir – caçador que encontrar matando caça nesses dias proibidos pela Igreja é homem morto. O Capelobo, o *lobisomem dos índios*, é um horrendo hematófago, focinho de tamanduá-bandeira em corpo de homem – nele se transformam os índios velhos, incapazes de se sustentar. O Pé de Garrafa e o Pé de Quenga só têm um pé, redondo. O Labatut, curiosa demonização de personagem histórica, o herói nacional Pedro Labatut, mercenário, que matou e torturou à vontade na Colômbia (1812), Bahia (1822-23), e Ceará (1832), Rio Grande do Sul (1845). Mãos compridas, corpo cabeludo, só tem um olho. O Quibungo, com um grande buraco nas costas, ele se abaixa, joga meninos lá dentro e os devora, é um negro maltrapilho, faminto, sujo, sem paradeiro e sem dono. No Brasil *profundo* há monstros para todo gosto – o Tutu-Marambá, o Bicho-Preto, o Gorjela, o Mão de Cabelo, Dom Maracujá... A todos *falta* alguma coisa, ou têm um aleijão, desumanizante. Fora da ordem, por natureza ou castigo, *trabalham* para manter na ordem os que trabalham.

66 "Todo sertanejo sabe que o lobisomem é um sujeito doente: sobretudo pálido, meio avesso ao trabalho, fatigado nos modos e meio misterioso nos movimentos. Não se alimenta bem. Vive quase de vento. Mas não morre facilmente. Dura a vida toda: setenta, oitenta anos. Por quê? A verdade anda escondida, ora se anda..." VIDAL, Ademar. *Lendas e superstições*. Rio de Janeiro: Ed. O Cruzeiro, 1950, p. 470.

incestuoso e não ponha no mundo excesso de mulheres. Quando essas expectativas da especialização do trabalho se objetivam no mito antiqüíssimo do lobisomem, desaparecem, se sublimam. Assim é o lobisomem *made in Brazil*.

Bocatorta

– O senhor quer saber como é o negro?

A maior curiosidade da fazenda do major Zé Lucas, Vale do Paraíba, começo do século 20, era o Bocatorta. Filho de escrava, nasceu disforme e horripilante. Nos últimos anos vivia sozinho, escondido no mato, de onde só saía à noite. Era bruxo, comia crianças. Vargas, o fiscal, deu uma descrição:

"*– O senhor quer saber como é o negro? Venha cá. Vossa Senhoria, 'garre' um juda de carvão e judie dele; cavouque o buraco dos olhos e afunde dentro duas brasas alumiando; meta a faca nos beiços e saque fora os dois; 'ranque' os dente e só deixe um toco; entorte a boca de viés na cara; faça um coisa desconforme, Deus que me perdoi. Depois, como diz o outro, vá judiando, vá entortando as pernas e esparramando os pés. Quando cansar, descanse. Corra o mundo campeando feiúra braba e aplique o peor no estupor. Quando acabar, 'garre' no juda e ponha rente de Bocatorta. Sabe o que acontece? O juda fica lindo!...*"[67].

Era o horror de Cristina, a herdeira da fazenda:

"*Houve tempo no colégio em que, noites e noites a fio, o mesmo pesadelo a atropelou. Bocatorta a tentar beijá-la, e ela, em transes, a fugir. Gritava por socorro, mas a voz lhe morria na garganta. Despertava arquejante, lavada em suores frios. Curou-a o tempo, mas a obsessão vincara fundos vestígios em su'alma*"[68].

Eis aqui os estereótipos mais comuns do negro na literatura brasileira: traidor (judas de carvão), disforme (feiúra braba, estupor) e violador (nos sonhos de Cristina).

O leitor não viu tudo, porém.

O caso do cemitério é que corriam rumores, atestados por padre Lisandro, de que uma "coisa" remexera à noite várias sepulturas, deixando rastros. Uma tarde, Eduardo (noivo de Cristina) cismou de conhecer o

---
67 LOBATO, Monteiro. *Urupês*. São Paulo: Brasiliense, 1962, p. 217.
68 Idem, ibidem, p. 218.

Bocatorta. Arrastou Cristina, a muito custo, e seus pais, o major Zé Lucas e Don'Ana. Entraram na floresta, que foi espessando. O medo fazia Cristina mais bela. O sombrio da mata enoiteceu de vez seu coração:

"*Não tinha feição de moradia humana a alfurja do monstro. À laia de paredes, paus a pique mal juntos, entressachados de ramadas secas. Por cobertura, presos com pedras chatas, molhos de sapé no fio, defumado e podre. Em redor, um terreirinho atravancado de latas ferrujentas, trapos e cacaria velha. A entrada era um buraco por onde mal passaria um homem agachado.*

– Olá, caramujo! Sai da toca, que estão cá o sinhô moço e mais visitas! gritou o major.

Bocatorta excedeu a toda pintura. A hediondez personificara-se nele, avultando, sobretudo, na monstruosa deformação da boca. Não tinha beiços, e as gengivas largas, violáceas, com raros cotos de dentes bestiais fincados às tontas, mostravam-se cruas, como enorme chaga viva. E torta, posta de viés na cara, num esgar diabólico, resumindo o que o feio pode compor de horripilante. Embora se lhe estampasse na boca o quanto fosse preciso para fazer daquela criatura a culminância da ascosidade, a natureza malvada fora além, dando-lhe pernas cambaias e uns pés deformados que nem remotamente lembravam a forma do pé humano. E olhos vivíssimos, que pulavam das órbitas empapuçadas, veiados de sangue na esclerótica amarela. E pele grumosa, escamada de escaras cinzentas. Tudo nele quebrava o equilíbrio normal do corpo humano, como se a teratologia caprichasse em criar a sua obra-prima"[69].

Voltaram mudos, horripilados, menos o velho Zé Lucas. Começou a chover. No outro dia, Cristina amanheceu febril, teve pneumonia, ao oitavo dia foi desenganada, no décimo, o sino do arraial anunciou o seu fim.

De madrugada, inconsolável, Eduardo foi ao cemiterinho da fazenda, beijar num último adeus o túmulo da noiva. Estava encadeado o portão. Silêncio, salvo o remoto uivar de um cão. Apoiou a testa nos varões e tentou localizar o carneiro de Cristina. Ouviu qualquer coisa. Parecia arranhar de chão em raspões cautelosos. Era o resfolego de uma criatura viva. Alucinação? O rumor estranho continuava, vindo de um ponto sombreado de ciprestes. Eduardo firmou a vista: qualquer coisa agachava-se na terra. Num relâmpago compreendeu tudo. Entrou como um louco na fazenda:

---

69 Idem, ibidem, p. 224.

— Estão desenterrando Cristina... Eu vi uma coisa desenterrando Cristina...[70]

Se armaram e foram dar cabo da "coisa". Quadro hediondo: Um corpo branco jazia fora do túmulo – abraçado por um vulto vivo, negro e coleante como um polvo. Com agilidade inconcebível, o monstro saltou o muro e fugiu. Perseguido, acabou afogado num lamaçal conhecido como Atoleiro. Lobato fechou a cortina na manhã seguinte: "Nada mais lembrava a tragédia noturna, nem denunciava o túmulo de lodo açaimador da boca hedionda que babujara nos lábios de Cristina o beijo único de sua vida".

Esse conto de Monteiro Lobato (1882-1948) ficou esquecido dentro de *Urupês*. O escritor tinha 30 anos, e às primeiras linhas se percebe a atmosfera século 19, os torneios de frase, os dizeres, a respiração, o andamento varanda-larga-de-fazenda. O Negrinho do Pastoreio é o monstro simpático, quase um santinho de procissão, mais fantasma que monstro – excluído volta com a chave das coisas perdidas. Já Bocatorta é o monstro monstruoso, bestial, muito feio, necrófilo – excluído, volta com a chave da sexualidade. Dois estereótipos dominantes do negro: dócil e selvagem, coitado e odiento, puro e sujo, criança e adulto, previsível e incontrolável, sem sexo e tarado, o fantasma consolador e o monstro destruidor, o humano (apesar de fantasma) e o inumano e assim por diante.

— O senhor quer saber como é o negro?

O primeiro Jeca Tatu (*Urupês*, 1918) é, como o Bocatorta, representativo do jovem Lobato – o pobre vegetalizado e o preto monstruoso. O escritor avançou, como se sabe, daquele primeiro tipo para outros dois, o Jeca Tatuzinho (1924) e o Zé Brasil (1947), produtos do seu namoro com o Partido Comunista[71]. Lobato apresentou a *realidade brasileira* às duas gerações seguintes. Em 1943 vendera mais de um milhão de exemplares da série Picapau Amarelo e fundou, sem favor, o nosso movimento editorial, socializando informações históricas, geográficas, de folclore, de matemática, de mitologia entre adultos remediados de todo país que o liam tanto, talvez mais, que crianças ricas e de classe média. Muito

---

70 Idem, ibidem, p. 229.
71 Marisa Lajolo: "Se suas primeiras baterias se assentam com intolerância patronal frente ao camponês, se esta intolerância é substituída pela solução paternalista para um problema de saúde pública, o texto final – o de *Zé Brasil* – aponta para uma análise da infra-estrutura, isto é, das condições de produção e das relações sociais por ela instauradas no Brasil de Lobato. [...] De Rui Barbosa a Luís Carlos Prestes, do jornal *O Estado de S. Paulo* ao folhetim da Editorial Vitória podemos encontrar uma tentativa de ruptura de um *sistema de circulação de leitura*". "Jeca Tatu em três tempos", in *Os pobres na literatura brasileira*, op. cit., p. 103-104.

diretor de colégio religioso fez fogueira de seus livros, *homens de bem* encheram jornais, em editorial, carta e apedidos contra o ateu crítico do ufanismo patrioteiro que o ensino da época chamava "educação cívica". Por meio dos almanaques Fontoura, promovendo a Ankilostomina e o Biotônico Fontoura, Jeca Tatuzinho falou a mais brasileiros do que qualquer autoridade de saúde jamais pretendeu.

Com tudo isso, Lobato não avançou na representação do preto pobre, como se houvesse neste uma componente inassimilável mesmo pelo intelectual avançado de classe. Avançado, realmente? Regressando de Washington, onde fora cônsul (1927-31), Lobato quis reproduzir no Brasil o modelo americano: progresso industrial e *habitus* tecnológico. Anos a fio permaneceu fascinado pela liberdade das mulheres e a autonomia das crianças que vira por lá, o fordismo e a força do conhecimento pragmaticamente concebido. Fazia o caminho inverso ao de Eduardo Prado, da geração anterior. Não se cansou de criticar autoridades obscuras, repressoras de idéias, e de confiar em indivíduos fortes, pioneiros e desinteressados. Fiel à intuição juvenil, sempre veria o brasileiro mais perto do Jeca (apesar da autocrítica do retrato duro e inconsistente que lhe traçara) do que do índio – o preto, como na América, não contava, exceto para o samba e o futebol. Bocatorta é o assinalado, o remanescente do *instrumentum vocale*, aquém do humano. No fim da vida, Lobato brigou pelos pobres através do Zé Brasil – protótipo do camponês espoliado pelo latifúndio e o imperialismo – mas o pobre negro não passaria em sua pena do estereotipado Bocatorta.

O nome do pobre

Excluído, como disse, é nome impróprio para pobre. Apesar da força retórica, traduz uma concepção idealista e vulgar do funcionamento da sociedade. *Vagabundo* é menos impróprio, embora na fala comum tenha conotação moral, designando a mobilidade geográfica que caracteriza o primeiro estágio da pobreza – com emprego e endereço fixos já não se é vagabundo.

Nos três primeiros séculos, o termo *vadio* cobria os que não trabalhavam e os que *trabalhavam para si*, isto é, que não eram recrutados pelo latifúndio exportador; e também por vezes o ladrão. O desembargador Teixeira Coelho ao se perguntar, em 1780, para que servem os vadios (nesse sentido de pobres), concluía que eram necessários à conquista de novos espaços como força de repressão a vadios (pobres) inconformados. Vadio é a condição do pobre no sistema colonial, vagabundo (ou desterritorializado) a sua circunstância. *Meninos de rua* são a condição mais próxima deles, na atualidade.

Já se tentou *despossuído* como sinônimo de pobre, pois o termo assinala a condição do trabalhador sob a escravidão (4/5 da história brasileira). Todo negro brasileiro atual descende de despossuídos, não só dos instrumentos de produção como do próprio corpo. Ele não provém, como é o caso do branco brasileiro, de servos da gleba ou artesãos expropriados do começo da Idade Moderna, o que talvez ajudasse a explicar certa diferença de estar-no-mundo entre um negro e um branco atuais[72], bem assim a maneira com que habitualmente se trataram os pobres nos últimos cem anos. Despossuídos seria, pois, bom sinônimo para pobres se os do nosso passado fossem os escravos, mas escravo era uma condição (ou uma *classe-condição*, uma vez que nem todo escravo pertencia necessariamente à classe trabalhadora), condição exclusiva e, por assim dizer, naturalizada. Os pobres daquele tempo não eram eles, mas a escumalha que se apertava entre senhores e escravos, inclusive negros libertos – Caio Prado os chamou de "camada ociosa e oscilante". Eram perigosos porque vagabundeavam livremente e mesmo quando realizassem trabalho – uma capinada extra, uma espionagem, guiar estrangeiro pelo sertão – mereciam a pecha de vadios: não geravam lucro como o escravo, este sim "bom trabalhador"[73].

Temos ainda *desclassificados*, talvez designação melhor para os homens livres pobres em nossa sociedade: pertencer a uma classe, mesmo à trabalhadora, já é um privilégio. Sua origem são as sobras humanas da agroindústria colonial de exportação, levadas de um lado para outro, transferidas de um tempo para outro – sobras humanas fora do padrão hegemônico de acumulação. Pobre reúne, de fato, as condições de vagabundo e desclassificado – do ponto de vista hegemônico seu atributo principal é a inutilidade. Até recentemente compunham o chamado "exér-

---

72 Esta é uma hipótese que só se provaria com uma prospecção histórica e psicossocial.

73 "Para vadios, tenha enxadas e foice, e se se quiserem deter no engenho, mande-lhes dizer pelo feitor que, trabalhando, lhes pagarão seu jornal. E, desta sorte, ou seguirão seu caminho, ou de vadios se farão jornaleiros". ANTONIL, André João, *Cultura e opulência do Brasil por suas drogas e minas*. São Paulo, 2. ed., s/data, p. 168.

cito industrial de reserva". Assinalando a passagem do pobre bíblico, por assim dizer, ao pobre histórico, humano, aí pelo século 12, um historiador anotou que "a miséria é filha da estrada e da cidade". "Os coitadinhos de Cristo" nos começos da era moderna, louvados pelo trabalho ingente e a humildade virtuosa[74], trezentos anos depois já serão, contudo, "classes perigosas". Em Portugal, a legislação contemporânea do Descobrimento era duríssima com vadios e mendigos válidos. Boa parte dos primeiros povoadores foi degredada para cá por crimes (sic) como fazer assuadas, quebrar portas (ou fechá-las de noite por fora), ou comprar colméias "para matar as abelhas", cuja periculosidade, de alguma forma, se relaciona com desocupação ou pobreza[75].

Desclassificado, contudo, não significa ser excluído ou marginalizado[76], pois o que vai se percebendo melhor hoje é que a sociedade brasileira está formada de dois grandes blocos, o dos com-classe e o dos sem-classe. A luta de classes, em nosso caso, é muitas vezes enganosa, a contradição objetiva que tem servido de motor às nossas transformações sociais é entre elas, no seu conjunto, e os que não se inserem por classe mas por alguma outra maneira – o que foi percebido melhor nos estudos sobre o passado[77]. Analistas políticos, menos presos à ótica sociológica, mencionam, porém, com freqüência essa "disfunção" na atualidade[78].

---

74 No ginásio, um excerto de antologia me impressionava. Francisco e frei Leão, ainda discípulo, vagabundeavam pelo campo. Nevava e tinham fome. "Em que consiste a Suprema Alegria, mestre?", perguntava de vez em quando o rapaz. Bateram num casebre. "Salteadores!, berrou o dono sem abrir a porta, "apartai-vos ou vos môo a pauladas". O discípulo quis reagir, Francisco lhe tomou o braço e voltaram à neve. Algum tempo depois, frei Leão estranhou a reação do santo. "Ele nos ofendeu e expulsou, respondeu Francisco. Nós o perdoamos. Nisto consiste a Suprema Alegria."

75 COSTA, Emília Viotti da. "Primeiros povoadores do Brasil", in *Revista de História*, 1956, XIII, nº 27.

76 "Marginalizado, que tem a mesma impropriedade de excluído, deveria se reservar ao pobre das sociedades industriais. A opção [no caso da 'marginalidade'] por critérios ligados à natureza do trabalho, condições de habitação, saúde, educação, renda etc. conduziria, inevitavelmente, a visões parciais da realidade". D'INCAO e MELLO, Maria Conceição. *O bóia-fria. Acumulação e miséria*. Petrópolis: Vozes, 1975, 2. ed., p. 21.

77 "Incapaz de captar a especificidade de uma formação social que se apresentava definida nos extremos, rigidamente hierarquizada na sua porção superior e fluida na camada que vizinhava com os cativos [nossa sociologia], reteve a imagem mais nítida dos senhores e dos escravos. [...] Como seqüela fatal, muitas análises sociológicas e históricas privilegiaram a porção bem classificada – a dos senhores e dos escravos – e se abstiveram de tratar a parte difícil de classificar: a dos desclassificados." SOUZA, Laura de Mello e. *Desclassificados do ouro*. Rio de Janeiro: Graal, 1982, p. 222.

78 É o caso de Míriam Leitão, analista de economia: "O PT [setembro de 2002] está convencido de que é o mais legítimo representante do povo. Não é. O povo permanece como sempre sozinho [...] Ele defende os não-pobres. [...] [O Plano de Renovação da Frota, que envolve subsídios públicos para a compra de carros mais novos], cria mais empregos na indústria automobilística, onde trabalha a elite do operariado brasileiro e de

A classe e a ordem

Para enxergar melhor como funciona na maior parte do tempo a sociedade brasileira, se poderia resgatar a categoria *estado* (ordem). Qualquer tenha sido o modo de produção (feudal ou pré-capitalista até o século 19, capitalista depois) a sociedade de ordens (estados) estava por debaixo. Só se pode ver o que está *debaixo*, logicamente, levando em conta formas de inserção não diretamente produtivas (privilégios juridicamente reconhecidos ou não, *habitus* etc.). A hipótese não é nova[79].

A consciência de classe é em si um privilégio (e um direito) e surge em nossa civilização tão-somente quando declina a idéia de *direito natural*, substituída pela de *direito social*. Observou alguém que essa contradição se expressa na oposição dos adágios *Nulle terre sans seigneur* versus *L'argent n'a point de maître*, Não há terra sem senhor *versus* Dinheiro não tem dono. De todo jeito, classes são um fenômeno de economia de mercado, enquanto ordens são configurações fundadas na lei, no regulamento, na tradição e no *habitus*[80], blocos de fruidores de privilégios – inclusive o privilégio de ter privilégios – e de não-fruidores. Já se observou que no Brasil mesmo a corrupção é um privilégio: rouba *quem pode*, não quem quer. A possibilidade de se apropriar ilegalmente da coisa pública (verbas, empregos, cargos para parentes) não está aberta, é

---

onde saiu Lula. Mas é dinheiro demais, que poderia estar sendo investido no resgate dos verdadeiramente pobres. [...] Estudos de aguda clareza do IPEA, sobre focalização dos gastos públicos brasileiros, mostram que a maior parte do dinheiro do seguro-desemprego vai para os não-pobres, a maioria na fila está novamente empregada. [...] O planejamento hoje tem outras bases, outra metodologia, outros propósitos. O passado passou, felizmente. Ele [Lula] diz que quer 'coletivizar' a tomada de decisões e decidir com a sociedade. Tomará decisões, apenas, com a parte da sociedade que sempre influiu. Barrará os eternamente barrados [...] Lula disse, ontem, que ninguém defende os ricos durante a campanha eleitoral. Ele está enganado. Ninguém defende é os pobres. Os verdadeiramente pobres. Já os segmentos de classe média organizados – que, protegidos em suas corporações, se auto-intitulam excluídos – e a elite, juntos, capturam os candidatos ao poder brasileiro". *O Globo*, 30 ago. 2002.

79 "A sociedade de ordens, que nunca se definira com clareza nas áreas coloniais, permanecia fornecendo as coordenadas básicas no campo jurídico para as concepções sociais ocorrentes no Brasil (começo do século 19). São demasiado conhecidas as dificuldades de ajustamento de tal estrutura jurídico-política, tipificadora de áreas metropolitanas no Antigo Regime, com as realidades novas geradas pela colonização. Na verdade, a sociedade de ordens não continua, ou continua mal, a sociedade colonial: Antonil, o autor do texto talvez mais expressivo para a compreensão da estrutura da sociedade colonial, chegará a sentir dificuldade para explicar a natureza das camadas dominantes brasileiras, em comparação com aquelas da Metrópole". MOTA, Carlos Guilherme. *Nordeste 1817*. São Paulo: Perspectiva, 1972, p. 106.

80 "As *vilas* se criavam antes da povoação, a organização administrativa procedia do afluxo das populações, prática que é modelo da ação dos *estamentos*, repetida no Império e na República: a criação de realidade pela lei, pelo regulamento". FAORO, Raymundo. *Os donos do poder*. Porto Alegre: Globo, v. 1, p. 120.

apanágio da ordem oligárquica e suas extensões – como esses membros da ordem moderna (um Paulo Maluf, por exemplo) que aliam competitividade, racionalidade etc. nos negócios produtivos a uma ética *feudal* não protestante, inescrupulosa, na política. Antônio Ermírio de Moraes, se quisermos o exemplo contrário, é o perfeito moderno: negócios + *ética protestante*. Oligarca é quem aprendeu a mandar, na esfera privada, a desfrutar de cargos, na esfera pública, a operar a técnica de manipular influência nos bastidores[81].

Essas hipóteses repõem antigos dilemas do pensamento brasileiro. Por exemplo: seria ineficaz, ou mesmo inútil, a teoria da luta de classes para compreender a nossa história social? Uma teoria é boa enquanto explica, de forma mais simples, o maior número de fenômenos. Ocorre que a própria coleção de fenômenos que se quer submeter à teoria (no caso das ciências humanas) está determinada pelo *lugar* do teórico. É natural que, situados no interior do bloco de classes, os analistas da nossa história social enxergassem melhor as contradições de classe, desqualificando as outras – cegueira corrigida pela literatura de ficção que, ao fazê-lo, se institui como ciência do social. Mesmo a poesia pode fazer esta "correção", como se vê com Gregório de Matos, que desestabilizou pela ironia o quadro ideológico sisudo e encomiástico traçado por um Gabriel Soares, um Brandônio e mesmo Antonil. A acerba condição colonial está nele e não nos outros. "Trezentos anos depois de sua morte, ainda não conseguimos desmenti-lo"[82]. O teatro de Martins Pena e o romance de Manuel Antônio de Almeida, idem. Neles a correção se faz pelos interstícios e assimetrias do drama e do enredo.

A literatura, exercendo uma espécie de razão intuitiva, é capaz de sintonia mais fina na apreensão do que chamamos real. Em livro já antigo (1940) um pensador *atual*, Ortega y Gasset, distingue *idéias* de *crenças*.

---

[81] Francisco Antônio Dória captou um traço essencial desse estamento: "Famílias da classe dominante brasileira (usemos este termo) têm memórias longas. Registram-se nos documentos, porque têm propriedades que compram e vendem, recebem-nas dos pais e avós e transmitem aos filhos e netos. Ganham privilégios dos reis portugueses, que embora não lhes dêem, no período colonial, títulos maiores de nobreza além dos foros de fidalgo, respeitam-nos e procuram cooptá-los para seu jogo político. [...] Pois há uma memória imaterial que se transmite, de geração a geração, nas famílias da classe dominante: a técnica de como se exerce, com cautela e firmeza, o poder. Flutuam estes grupos, do centro da atividade política à sua periferia, e depois de novo ao centro. A história que contamos neste livro procura também mostrar algo desta sua última sabedoria, as sabenças, o conhecimento de exercício do poder". *Caramuru e Catarina. Lendas e narrativas sobre a Casa da Torre de Garcia d'Ávila*. São Paulo: SENAC, 2000, p. 11.

[82] "Gregório de Matos Guerra ao português Antônio Dimas", in *Os pobres na literatura brasileira*. SCHWARZ, Roberto (org.), São Paulo: Brasiliense, 1983, p. 20.

Aquelas designam tudo que resulta de nossa ocupação intelectual; as teorias, verídicas ou não, só existem enquanto são pensadas. Já nossa relação com as crenças consiste em algo muito mais eficiente: consiste em *contar com elas* sempre, sem parar. O intelectualismo, vício da filosofia, inverteu o valor respectivo desses termos. Digamos que o leitor decida ir à rua. Intervieram na decisão a vontade (ou necessidade) de ir à rua, os motivos para isso, uma antevisão dos movimentos indispensáveis (levantar, abrir a porta, descer a escada etc.). Só não pensou se *há* rua e seria surpresa brutal abrir a porta e não encontrá-la. Por que não pensou? Porque *contava* com a rua, ela estava *pensada* antes e sempre: a rua é um tipo especial de idéia, é crença. O intelectualismo (a história é um intelectualismo) consiste em considerar como mais eficiente em nossa vida o mais consciente. Ortega argumenta que não é. A máxima eficácia sobre nosso comportamento reside nas implicações latentes de nossa atividade intelectual, em tudo aquilo com que contamos e em que, de puro contar com, não pensamos. "Já se vê o enorme erro que é explicar a vida de um homem ou uma época por seu ideário, seus pensamentos especiais, ao invés de penetrar mais fundo, até o nível de suas crenças mais ou menos inexpressas, *das coisas com que contava*. Quem senão a literatura fixa o inventário das coisas com que se conta, o subsolo da vida, numa palavra?"[83]

Nem se trata aqui, porém, dessa "vantagem" universal da literatura sobre as ciências humanas. Falo da incapacidade sociológica e historiográfica (isto é, ideológica) destas em captar a dinâmica social que não seja interna ao bloco de classes – ou, em termos de economia política, interna ao padrão capitalista de acumulação. Em *O outono do patriarca*, García Marquez faz dizer à mãe do protagonista, no "momento histórico" em que este se preparava para inaugurar o mar de plástico doado pelos americanos: "– Por favor, passe no bar e troque estes cascos". Como "desclassificada" que era, a velha mestiça não vivia o tempo histórico dos governantes (ainda que fosse o seu filho) e dos americanos. Em abril de 1500, Caminha reportou um insólito semelhante: como Cabral ordenasse trazer à sua nau um grupo de índios – "a feição deles é serem pardos, maneira de avermelhados, de bons rostos e bons narizes" – para co-celebrar o fato histórico do Descobrimento, sem qualquer transição ou aviso os "selvagens" se esticaram na alcatifa e dormiram.

---

83 ORTEGA Y GASSET, José. *Ideas y creencias*. Madri: Revista de Occidente, 1959, 8. ed., p. 7 e seguintes.

Desclassificado remete a sociedade estamental, a critério de *status*, desfrute de privilégios e visões de mundo. O *tempo* dos desclassificados é que os institui como tal – a pobreza é o primeiro, mas não o único, agente desclassificatório. Um sociólogo "duro", como Pierre Bourdieu, analisando as transformações do sistema escolar na França, e querendo ir além de classes sociais (com suas "barreiras" e "mobilidade" perfeitamente reconhecíveis), recorreu às noções de *espaço social*, *distância social*, *habitus* (reconhecíveis quase exclusivamente pela literatura) e outros[84]. *Espaço social* (por analogia com espaço geográfico) é uma configuração, num plano fictício, de duas dimensões, o conjunto das posições existentes numa estrutura social e o conjunto das propriedades e das práticas estruturalmente ligadas a essas posições. Os agentes singulares são distribuídos por esse espaço conforme sua posição nas distribuições das duas maiores espécies de capital, o capital econômico e o capital cultural. O afastamento de dois agentes nessas distribuições é a sua *distância social*. Uma pessoa que esteja, por exemplo, na parte de cima do espaço, tem pouca ou quase nenhuma chance de se relacionar (pelo casamento ou mesmo por amizade) com outra situada na parte de baixo – estariam respeitadas, sob esse aspecto, as barreiras de classe. Se, no entanto, recorto um pequeno setor do espaço (e como a proximidade espacial predispõe à aproximação humana), reunirei pessoas com muitas propriedades em comum. Elas não constituirão uma classe no sentido convencional, é claro, principalmente não serão mobilizáveis contra outra classe, mas uma configuração de bens simbólicos (ou *capital cultural*) partilhados – estilos de vida, preferências, gostos etc., superpostos ao espaço das posições sociais[85]. *Habitus* é o sentido de pertencimento a essa configuração. É ele que opera na prática o relacionamento entre as posições sociais e os bens e as práticas culturais. O princípio desse relacionamento, o sentido da convivência entre uma posição e um atributo –

---

84 BOURDIEU, Pierre. *A reprodução*. Rio de Janeiro: Francisco Alves, 1982. Outros conceitos mais ou menos inovadores de Bourdieu são *violência simbólica, capital cultural* e *teoria dos campos*.

85 "É preciso pensar numa espécie de cruz: numa primeira dimensão, vertical, as posições e os agentes distribuem-se e opõem-se segundo o volume *global* do capital (capital econômico e/ou capital cultural); e, na segunda dimensão, perpendicular à oposição principal, temos uma oposição entre um pólo mais cultural e um pólo mais econômico, em posições e agentes que se diferenciam segundo sua posição, sobretudo em capital cultural (à esquerda) ou em capital econômico (à direita). Esse espaço das posições vai exprimir-se num espaço dos estilos de vida e é preciso imaginar, superposta ao espaço das posições, uma transparência sobre a qual se inscreva a distribuição espacial dos estilos de vida, das preferências, dos gostos". BOURDIEU, Pierre. *O campo econômico. A dimensão simbólica da dominação*. Campinas: Papirus, 2000, p. 41.

que funcionará, então, como um *signo distintivo* – em geral permanece tácito, ou inconsciente. Daí expressões como "isso não é para nós" (maneira negativa) ou "isso tem um ar intelectual" (maneira positiva). Em suma, o que faz Bourdieu, com tais conceitos, é afinar o instrumento teórico classe social, muitas vezes inadequado, para compreender o funcionamento da sociedade atual.

O que dizer quando o desafio é compreender o funcionamento da sociedade brasileira? Não se nega, com os novos instrumentos, o princípio da contradição como motor das mudanças: a posição ocupada no espaço das posições (de classe e outras), ou seja, na estrutura da distribuição das diferentes espécies de capital, comanda a tomada de posição nas lutas para conservar ou transformar esse espaço (ou essa distribuição). As novidades trazidas por Bourdieu são duas, em resumo: o *espaço social* é que encerra o princípio das lutas sociais; e esse *espaço* existe ao mesmo tempo na objetividade e nos cérebros, sob a forma de disposições adquiridas que orientam, entre outras coisas, as lutas pela classificação social.

Tais conceitos, bem utilizados, ajudariam a compreender diversos fatos de uma sociedade como a nossa, renitente a metodologias clássicas, em que a sociabilidade promíscua e os isolamentos espaciais dos primeiros séculos foram criando formas "estranhas" de inserção[86]. E. Leach, um antropólogo "duro", escreveu que "a idéia de uma sociedade sem classes é puramente religiosa, comparável à noção de vida após a morte". Sociedade e classes entraram aí como metonímia, respectivamente, de estratificação e grupo sociais, são esquematizações que generalizam os fenômenos e os esvaziam de conteúdo. Balandier, entre outros, chamou a atenção para o *mal* que causaram essas sociologia e antropologia "marxistas", em que pesem as conhecidas variações e hesitações do próprio Marx na definição de classe social[87]. Elas só desapareceram quando ele localizou o cerne (essência) da classe na formação social capitalista do seu tempo, o que

---

[86] Sobre a superposição de relações de trabalho (escravismo) e vida familiar, no caso do Norte fluminense, ver GAMA LIMA, Lana Lage. *Rebeldia negra & abolicionismo*, Rio de Janeiro: Achiamé, 1981, especialmente o capítulo I. Quanto ao isolamento, assinalou o criador da geografia humana: "Demônio ou não, este princípio de inquietação e descontentamento, capaz de ação criadora, existe no recôndito da alma humana, mas não age senão quando soar a sua hora, conforme o tempo e os homens.[...] O isolamento, a ausência de impressões vindas do exterior, parecem pois ser o primeiro obstáculo que se opõe a esta concepção de progresso. Efetivamente as sociedades humanas que as condições geográficas conservaram afastadas, quer nas ilhas, quer no âmago das montanhas, quer nos desertos ou nas clareiras das florestas, parecem tocadas de imobilidade e de estagnação". LA BLACHE, Vidal de. *Princípios de geografia humana*. Lisboa: Cosmos, 1954, p. 277-8.

[87] BALANDIER, Georges. *Antropo-lógicas*, São Paulo: Cultrix, 1976, capítulo III.

não o impediu de considerar (especialmente para o Terceiro Mundo) a *contemporaneidade do não-coetâneo*[88]. Esse caráter heterogêneo da estratificação é também a marca de países como o nosso. Estratificação é um eufemismo, na verdade o que há são sistemas de desigualdade e de dominação que raramente operam sozinhos. Nem operam sozinhos nem parcialmente (só no plano econômico, por exemplo).

Essa questão, que não é acadêmica, integrou a pauta política dos anos 60. *Os dois Brasis* (1959), pequeno ensaio do geógrafo francês Jacques Lambert, foi, então, quase uma Bíblia das lideranças estudantis. Indiretamente, o que se discutia naquele momento eram as possibilidades de convivência (e simbiose) futura de dois sistemas de dominação "antagônicos": arcaico x moderno, pré-capitalista x capitalista, modo de produção feudal x modo de produção capitalista[89]. Havia pratos para todo gosto. Não deixa de ser irônico que duas gerações após, as mudanças do sistema econômico e a emergência da "sociedade tecnotrônica" (McLuhan), ao produzirem angústias e perplexidades entre os intelectuais, reponham, requentadas, essa e outras questões. *Como podem, aqueles que o desejam, servir aos pobres com seu saber específico?* Esta é apenas uma das expressões da velha questão, a maneira pela qual ela se apresenta hoje à consciência de um grupo funcional cuja especificidade consiste precisamente em "estar consciente", já sabendo que pobres, intelectuais e sociedade têm hoje definição bem diversa de há cinqüenta anos.

De que se constituem os sistemas de desigualdade e de dominação (estratificações)? Eles são configurações ordenadas de pessoas, riquezas, poderes e símbolos, facilmente visíveis como nas sociedades por ordens ou estados (por exemplo, a França do Antigo Regime) e de castas (como na Índia). Em nível teórico Gurvitch, Sorokin, Weber, Lukács, Stavenhagen, Kingsley Davis, Wilbert Moore, Parsons, Mills, Hallwachs, Dahrendorf estão à disposição de estudantes de sociologia. O desafio da *realidade* brasileira é que as classes (tomemos as três definidas por Marx: trabalhadores assalariados, capitalistas e latifundiários) parecem estar *dentro* de um sistema de alocação institucional e individual (aqui, por exemplo, a política *produz* camadas sociais) semelhante à ordem antiga – mais perto talvez do que Adam Smith e Babeuf entendiam por ordem, digamos, a meio caminho da classe.

---

88 Um caso notório desse fenômeno é a Polônia na metade do século 20: estratificação arcaica forte, classista fraca (anterior à Revolução socialista) e *burocrático-hierárquica* incipiente (pós-Revolução socialista).

89 Lambert, contudo, não foi muito além do modelo litoral x sertão de Euclides da Cunha.

Os pobres

Preso político (1973-74), participei de um fato insólito. Após uma sessão geral de pancadaria, um velho comunista (José Duarte), para levantar o moral do coletivo, deu em voz alta (ele tinha um vozeirão de tenor português) uma aula de história: "Companheiros, quantos anos durou a horda primitiva? Centenas de milhares de anos. Quanto durou a comunidade primitiva? Não mais que dezenas de milhares. O escravismo? Cinco mil anos, se tanto. O feudalismo? Mil anos, companheiros. O capitalismo, com apenas quinhentos anos de vida, já entrou em crise final, minado pelo seu oposto, o sistema socialista. O que se deduz, então, companheiros? O que se deduz?". Marx, apesar da cautela, e Engels, apesar da simplificação (a decomposição das comunidades primitivas teria provocado a cisão definitiva da sociedade em classe particulares e, finalmente, opostas), são o fundamento da idéia-força de Duarte: *o que se deduz?*

É possível, de fato, uma teoria unitária da estratificação? Com base em *classe social* provavelmente não. Classe, no sentido comum, é o nome universal da diferença social, ou *distância diferencial*, entre os indivíduos e os grupos sociais – um nome genérico. No sentido restrito, que lhe deu a sociologia, é a diferença social no interior de uma sociedade histórica e geograficamente determinada, a industrial capitalista. Marx procurou dar validade científica e prática a esse conceito restrito de classe, ao estabelecer que *a)* a base objetiva das classes são as relações econômicas; *b)* a sua existência depende unicamente de determinadas relações, e não de *quaisquer relações*; *c)* e, enfim, que estas são históricas, mudando em função da evolução das forças produtivas. Classes são, pois, definidas pelas condições de sua formação e transformação, o que as torna um produto histórico do capitalismo de livre concorrência, na sua fase de acumulação e expansão – tal como ocorreu na Europa e Estados Unidos desde meados do século 18. Classe é um fenômeno do *período clássico* do capitalismo, aquele em que as relações econômicas *determinaram* as relações sociais em grau máximo, o significado mercadoria se universalizou e o Estado foi posto a serviço exclusivo da classe burguesa. A teoria marxista das classes (e da luta de classes) é a teoria *desta* formação social, formulada *desde* o seu interior. O velho Marx, ele próprio, temia a extrapolação da teoria, como temia também que não se desse atenção à coexistência de formas distintas de estratificação – no caso da França, por exemplo, que conhecia bem, o sistema de ordens (estados), no século 18, continha em germe o de classes, assim como sob os últimos Bourbons, o de classes permanecerá entrelaçado com o de ordens (estados). É nesse sentido, aliás, que a formação social dos países de capitalismo tardio, como o nosso, ou a Índia, ou a Polônia, lembra o Antigo Regime[90]. Todas as formações sociais – as elementares, a de castas, a de ordens, a de classes – são sociedades de classes, *lato sensu*, mas elas só existem, rigorosamente, no sistema de propriedade dos meios de produção e distribuição e conseqüente atribuição não-institucional de papéis sociais (como é o caso da estratificação por castas ou ordens) que denominamos capitalismo.

Ao seu turno, numa definição convencional, ordem (ou estado) é um grupo social cuja existência, direitos e privilégios foram determinados pela lei. Para identificá-los, no conjunto da sociedade brasileira, há dois métodos principais (e ambos foram experimentados já, com inteligência variável, isoladamente ou combinados): o estrutural e o, digamos, genético. Neste, as estratificações são vistas como processos cuja finalidade é *a)* garantir a sua reprodução e *b)* conservar na mão de um dos grupos (a ordem oligárquica, a burguesia, a elite, a casta dominante, a nomenclatura) o *poder* de regular a repartição da riqueza. Este *poder de repartir*, não é preciso dizer, não é um *fato econômico*, designa a possibilidade dada a um "ator", dentro de uma configuração social determinada, de dirigi-la segundo suas escolhas (Max Weber). Assim, poder, privilégio e prestígio acabam entrelaçados[91].

Tudo isso é esquemático, mas se torna objetivo quando nos debruçamos sobre a estratificação multidimensional de nossa sociedade. Encontramos no conjunto da história brasileira, pelo menos, cinco formas básicas de inserção: pela propriedade, pelo trabalho (ou emprego), pela etnia, pela cultura (visão de mundo) e pela política. Só quando predomi-

---

90 *Desde* o interior da sociedade polonesa, em algo semelhante à nossa, o sociólogo Stanislaw Ossowski começa verificando que a palavra e o conceito classe não coincidem. Ossovski propõe retomar a tarefa teórica levando em conta sociedades não-industriais, examinar os conceitos e metáforas concernentes à estratificação social, rediscutir os atributos dos grupos sociais não necessariamente determinados pela produção etc. OSSOVSKI, Stanislaw. *Les interprétations de la structure de classes dans une perspective historique*. Paris, 1971.

91 O próprio E. Leach (*Political Systems of Highland Burma*, Beacon Press, 1964), ao estudar os Kachin (Birmânia), assinalou a importância desse privilégio da escolha como atributo de poder. Lá vivem ao mesmo tempo dois sistemas contraditórios: um de hierarquia feudal (o Shan) e outro "essencialmente anarquista e igualitário (Gumlao). Muitos Kachin ambiciosos assumem os nomes e títulos de um príncipe Shan (Gumsa) para desfrutar exigências aristocráticas mas, ao mesmo tempo, não abrem mão dos princípios Gumlao de igualdade a fim de escaparem dos impostos feudais. Como não lembrar das oligarquias brasileiras? Nesses casos, o *direito* de escolher a lei *universal* que mais lhe convém é um artifício (ou uma astúcia) de poder". Apud Roberto da Matta, *Em torno do autoritarismo político e social: reflexões, dúvidas, indagações*, mimeo, 1993.

nam as duas primeiras, podemos falar em estrutura (estratificação) de classes. Quando, no entanto, prevalecerem as outras, deveremos chamar de ordens (estados) os grandes grupos sociais assim constituídos, já sabendo que, em nosso caso, como no da França e Inglaterra (pensados, por exemplo, por Adam Smith) as classes *econômicas* se desenvolveram no interior de estados (ou ordens) *sociais*.

A história do Brasil é repleta de "singularidades exigentes", episódios que não formam série com os selecionados por historiadores limitados à ótica de classes, por exemplo, a Confederação dos Tamoios, Canudos e as rebeliões messiânicas em geral. Banidos, muitos desses episódios só vão formar séries numa *realidade maravilhosa*, segundo a versão que lhe dá, entre outros, o cubano Alejo Carpentier. Não se trata já do maravilhoso europeu, girando em torno à Floresta de Broceliande, aos Cavaleiros da Távola Redonda, ao feiticeiro Merlin, ao Ciclo do Rei Artur, aos ofícios e deformidades de personagens de feira (alguns ainda vivos no sertão brasileiro), à novela negra inglesa – de que é herdeiro o surrealismo com seus relógios derretidos, seus cavalos devorando pássaros. Não é esse maravilhoso burocrático, envelhecido como o Velho Mundo, quando não codificado, comercial, a tanto por página como na série Harry Potter. O maravilhoso da realidade americana é outro, Carpentier teve a intuição dele ao visitar o Haiti, compreendendo imediatamente que a América não esgotou seu caudal de mitologias[92], que o maravilhoso aqui não é *literatura* mas realidade. O que é a história da América – Carpentier se pergunta ao lançar a vertente literária a que se filiam, entre outros, Juan Rulfo, García Marquez, J. J. Veiga e o João Ubaldo de *Viva o povo brasileiro* – senão toda uma crônica da Realidade Maravilhosa? Maravilhoso que surge da "inesperada alteração da realidade (o milagre), de uma revelação privilegiada da realidade, de um destaque incomum ou singularmente favorecedor das inadvertidas riquezas da realidade, percebidas com particular intensidade, em virtude de uma exaltação do espírito, que o conduz até um tipo de 'estado limite'. Antes de tudo, para sentir o maravilhoso é preciso ter fé"[93]. O barroco, arte da fé, é no Brasil mais do que um estilo artístico dos seiscentos.

---

92 "É evidente, pela virgindade da paisagem, pela sua formação, pela ontologia, pela afortunada presença do índio e do negro, pela Revelação que constituiu seu recente descobrimento, pelas fecundas mestiçagens que propiciou, que a América ainda está muito longe de ter esgotado seu caudal de mitologias". CARPENTIER, Alejo. *O reino deste mundo*. Rio de Janeiro: Civilização Brasileira, 1985, prefácio.
93 Idem, ibidem.

A Carta de Caminha é um círculo de maravilhas: os maravilhados nos maravilham. Tem o mancebo degredado, criado de D. João Teles (que mal terá feito ao amo?), que Cabral mandava dormir entre os índios e ele sempre voltava ao cair da tarde ("o fizeram eles vir e não o quiseram consentir"). Tem o almoxarife Diogo Dias, que, com um gaiteiro, improvisou um baile na praia ("Depois de dançarem, fez-lhes ali, andando no chão, muitas voltas ligeiras e salto real, de que eles se espantavam e riam e folgavam muito"). E tem sobretudo os dois grumetes que pressentindo a partida fugiram para viver entre as peladas (ou pelados?). No capítulo IV de *Macunaíma*, fugindo da cabeça de Capei, o herói encontra um coroca sentado na porta, lendo manuscritos profundos:

– Como vai, bacharel?
– Menos mal, ignoto viajor.
– Tomando a fresca, não?
– *C'est vrai*, como dizem os franceses.
– Bem, té logo bacharel, estou meio afobado...

É o Bacharel de Cananéia, Francisco de Chaves, língua (tradutor) de Martim Afonso de Souza na fundação de São Vicente. Enquanto este e seu irmão Pero Lopes garantiam seu lugar na seqüência histórica que se iniciara com Cabral, o Bacharel, como os grumetes e gaiteiros do Descobrimento, nela se intrometeu para iniciar outra seqüência em que já não figurará como impostor e trambiqueiro. Chaves, que era de fato uma sombra (sua própria existência foi contestada), propôs a Martim Afonso uma entrada às minas de ouro e prata do rio *Peraguay*, lhe deram oitenta homens, besteiros e espingardeiros, que nunca voltaram. Quem era – degredado pela expedição de 1501, *brasileiro* portanto há trinta anos, ou um Soropita que se escondera inutilmente do mundo para possuir sozinho uma mulher?[94]. O desclassificado vive uma crença de que "a fé não pode faiá". Na serra mineira, por quase um século, paulistas marcaram cartões de vísporas com diamantes: atrás de ouro e esmeraldas, não criam na realidade daquelas pedrinhas. Mal se distingue fé de paixão nesses casos: maravilhamento, ponto de partida da história dos pobres. Vadios, vagabundos e figuras lendárias se equivaliam na origem da sociedade brasileira, se separam depois.

Mas é no principal episódio da história brasileira – a "era Vargas" – que a ciência social refém da estratificação por classe mais "olha sem

---

94 Esta versão é de Frei Vicente do Salvador. Soropita é o protagonista de *Dão-lalalão (o devente)*, de Guimarães Rosa, que se refugiu no sertão do Andraquicé para amar sozinho Doralda.

ver". Trabalhando com o conceito de populismo, a sociologia acadêmica paulistana, por exemplo, ofereceu dele uma explicação fantasmática que entrou em circulação social através das lideranças operárias que vieram a fundar o Partido dos Trabalhadores. O populismo – forma política que legitimou aqui a entrada das massas em algumas estruturas de poder, politizando-as discretamente, e cujo apogeu se situa entre o final do Estado Novo e o golpe de 64, embora seus antecedentes venham pelo menos da Revolução de Trinta – só pode ser apreendido como *fato social total*, constituído por medidas concretas de governo, uma ideologia, uma estratégia de desenvolvimento econômico-social, uma *linguagem* e uma *cultura*. Esta epurização do populismo acaba por desmontar a sua análise em termos de classe.

Abrigo de vagabundo

Uma pequena galeria de pobres da literatura: Seu Ivo, Zé Amaro, Negrinho do Pastoreio, Blau Nunes, Bocatorta, O Bacharel da Cananéia, a mãe do Eterno Patriarca... O que terão em comum? Nenhum deles se representou *a si*, mas foi representado por esse outro que chamamos de intelectual, são criaturas suas. Por serem representações, os pobres, se as conhecessem, as tomariam como formas de dominação. Para começar, desconfiariam da palavra escrita – como aquele ex-pobre de *São Bernardo*, Paulo Honório, ou aquele pobre-eterno de *Vidas secas*, Fabiano: "Admirava as palavras compridas e difíceis da gente da cidade, tentava reproduzir algumas em vão, mas sabia que elas eram inúteis, e talvez perigosas"[95]. Graciliano, ele próprio: "Nenhuma espécie de literatura atinge entre nós a massa, nem prosa nem poesia. O que parece é que a força romântica de uma obra tem influência sobre o povo. Às massas iletradas o romantismo é mais fácil, e Jorge Amado talvez as tenha tocado porque é principalmente um romântico"[96].

---

[95] "A palavra escrita, por exemplo, sob cujo limiar se exprimiam Fabiano e os seus, é para o sertanejo causa de angústia e de opressão. [...] E a cifra misteriosa rabiscada na caderneta do patrão, são aquelas letras taxativas que se impõem na hora do acerto de contas com o cabra. Ou aqueles livros pateticamente inúteis do seu Tomás da bolandeira que, com todo o seu mundo de papel, não resistiu à penúria da seca". BOSI, Alfredo. "Sobre *Vidas secas*", in *Os pobres na literatura brasileira*. São Paulo: Brasiliense, 1986, p. 150.

[96] Entrevista a Dênis de Moraes, *Veredas*, revista do CCBB, ano 8, nº 85, janeiro de 2003.

Contudo, a auto-representação dos pobres é um fato. Arthur Bispo do Rosário, doente mental e artista refinado[97], chegou a dizer: "Minhas túnicas são para o dia em que vou me apresentar do Outro Lado", como se lhe estivesse vedado fazê-lo neste. Uma de suas peças principais se chama mesmo *Manto de apresentação* (219 x 130 cm, linha de lã, dólmãs e cordas de cortina, s/data), um cobertor vagabundo, trabalhado e bordado vira traje imperial[98]. Acreditava ter a missão de reconstruir o universo para um dia apresentá-lo a Deus. É possível, portanto, ao pobre se apresentar (isto é, se representar *a si*) dispensando a representação intelectual. Se pode argumentar, no caso de Rosário, que a arte dos doentes mentais escapa ao campo (e à história) da arte – é *bruta*, por assim dizer, suas formas são descobertas pelo artista sozinho, apenas o seu talento criativo se manifesta, não imita, não macaqueia, não se subordina ao mercado da arte. Rosário será sempre, no entanto, um pobre vagabundo que o internamento por cinqüenta anos, salvo curtos períodos, fixou – um "horror irresistível". Ele casou as três condições, louco, pobre e artista[99]. Os que só têm as duas últimas se apresentam, no entanto, todo o tempo por toda a parte, na música popular, na dança, na literatura oral, no cortejo, na gesta, no artesanato, na gíria, no futebol, na arte da máscara, na arquitetura.

Compositores de música popular, no Brasil, correspondem ao que, desde Gramsci, se chama intelectuais orgânicos, separados, entre eles, por distintos graus de elaboração, desde o "intelectual" que simplesmente domina a técnica de reprodução musical até o criador mais sofisticado,

---

97 Rosário nasceu em Sergipe, em 1911. Foi aprendiz de marinheiro, pugilista, lavador de bondes e borracheiro da Light, auxiliar de serviços gerais, artesão. Seu diagnóstico, "esquizofrênico paranóide".

98 "Com o mesmo material: panos e linhas, e utilizando a camisa de pijama do uniforme da Colônia, Bispo confecciona ainda para si elegantes fardões ornados com insígnias, tarjas, medalhas. E um impressionante manto, onde um cobertor ordinário foi tão ricamente trabalhado, tão delicadamente bordado, a ponto de se transformar no traje de um rei. Fossem apenas os trabalhos em tecido e já seria uma obra, mas há muito mais. [...] Uma infinidade de peças, impossível descrevê-las todas. Aquele universo trazia um contraste: tamanha estranheza, diante de coisas tão corriqueiras; tamanha poesia, a partir do quase nada. E a potência de desafiar barreiras: criar com a pobreza, contra a exclusão, apesar da brutalidade de um tratamento psiquiátrico. O universo de Bispo falava de um desejo que não se entrega, de uma vontade incansável de existir e fazer-se ouvir". BURROWES, Patrícia. *O universo segundo Arthur Bispo do Rosário*. Rio de Janeiro: FGV, 1999, p. 14-16.

99 "Arthur Bispo distingue-se dos artistas do Engenho de Dentro [Museu do Inconsciente] por atuar no campo tridimensional [...], pode-se dizer que os artistas de Engenho de Dentro estão para o impressionismo, cubismo e o expressionismo assim como Bispo está para a *pop-art*, o novo realismo, as tendências arqueológicas, a nova escultura e até para a arte conceitual. [...] Sua obra transita assim com absoluta naturalidade e competência, no território da arte mais contemporânea". Escola de Artes Visuais do Parque Lage, catálogo, 1989, apud BURROWES, Patrícia, op. cit., p. 52.

capaz de organizar as concepções (sociais, políticas, visões de mundo) dos pobres, e "educá-los". Este criador é uma espécie de líder (ou vanguarda) do seu grupo (ou classe, ou ordem), mas não se deve confundir com o *intelectual* em geral. O intelectual sofisticado das classes populares, ou dos pobres (um Ismael Silva, um Patativa do Assaré), não tem o mesmo perfil daquele (um Afonso Arinos, um Leandro Konder): sua *tradição* não é ideológica (sistema de idéias) nem laica (profana)[100]. A tradição que legitima o intelectual dos pobres é do tipo sensualista e *religioso*. Este não tem, portanto, a não ser vagamente, sentimentos de autonomia e de pertencimento histórico. O caso de Cartola é especial: intelectual sofisticado de pobres cariocas, assimilou rapidamente, na sua curta passagem pela escola primária, certas maneiras de poesia culta, pedante, disponíveis em antologias e seletas escolares, as fez reagir com elementos de seu próprio contexto cultural (o samba de morro) acabando por inventar a *sua* maneira original de dizer – e que, por suposto, "organizou" expressões artísticas populares e "educou" pobres. Contudo, mesmo nesse grau de elaboração superior, o *pensamento* dos intelectuais dos pobres não alcança a unitariedade dos pensamentos produzidos pelos intelectuais tradicionais. Por quê? Provavelmente por uma virtude: a pobreza é um lugar de não-trabalho e, por conseguinte, seu pensamento é anárquico, fragmentário, sofístico. A "função educativa" dos intelectuais dos pobres, sobre os pobres, nunca vai no sentido de uma visão lógica do mundo, mas de um sentimento lúdico da vida.

No caso do paulista Adoniran Barbosa (1910-1982), a organicidade começava pelo *physique du rôle* – José Paulo Paes fez notar a consubstancialidade entre a sua figura ítalo-caipira e a sua obra de compositor[101]. Filho de vênetos, nascido e vivido em São Paulo, criou um samba diferencialmente paulista, referido a bairros de pobres: Brás, Casa Verde,

---

100 "Um erro muito difundido consiste em pensar que toda camada social elabora sua consciência e sua cultura do mesmo modo, com os mesmos métodos, isto é, com os métodos dos intelectuais profissionais. O intelectual é um profissional (*skilled*) que conhece o funcionamento de sua próprias 'máquinas' especializadas; tem um seu 'tirocínio' e um seu 'sistema Taylor' próprios". GRAMSCI, Antonio. *Cadernos do cárcere*. Volume 2, Rio de Janeiro: Civilização Brasileira, 2000, p. 205.

101 "Assim também, com seu chapéu de palha rebatida, o bigodinho de galã de antigamente, a gravata-borboleta, a voz de lixa a sibilar nos plurais pernósticos ou a espraiar-se nas simplificações fonéticas da fala ítalo-caipira de São Paulo, Adoniran Barbosa compunha fisicamente um tipo de elegância suburbana que é impossível separar dos seus sambas já que neles, sob o signo da caricatura finamente dosada, o subúrbio e o bairro proletário da cidade se vêem fielmente retratados". "Samba, estereótipos, desforra", in *Os pobres na literatura brasileira*. São Paulo: Brasiliense, 1983, p. 175.

Jaçanã, a avenida São João. Inventou tipos (como Joca e Mato Grosso), expressões, frases, motes, efeitos de linguagem. Ao contrário do samba carioca, idealizador da malandragem, Adoniran cantou o mundo suburbano do trabalho – como naquele *Abrigo de vagabundo*, em que retomando o clássico *Saudosa maloca*, põe em cena um trabalhador de cerâmica: com um ano de trabalho duro juntou grana para comprar um lote, construiu a maloca e a pôs às ordens dos colegas vagabundos que não tinham a sua, jogados na avenida São João ou vendo o sol nascer quadrado. Ninguém poderá demolir a nova maloca: ela está legalizada. José Paulo Paes fez notar, de passagem, o legalismo dessa e de outras composições de Adoniran[102]. Legalismo mas também fina e corrosiva ironia, que se realiza pela aproximação insólita de vocábulos eruditos e populares, pelo termo inesperado (como aquele "douto orifício" em *Véspera de Natal*, onde ficou entalado o bom velhinho). Num certo sentido, Adoniran foi o oposto de escritores paulistas eruditos seduzidos pela cidade pobre, um Mário de Andrade, um Alcântara Machado, um Juó Bananere e que, no entanto, não escaparam à representação pitoresca, à paródia grosseira do outro. Em Adoniran, o português errado (dos negros do largo da Banana) não produz efeito de humilhação dos pobres paulistas, não é uma diminuição, mas, ao contrário, "agrega valor" à sua representação, a transforma em apresentação. Sub-repticiamente demonstra a desnecessidade de *falar correto*, desqualifica a gramática.

A casa como história

Em São Pedro d'Aldeia, região dos Lagos, Rio de Janeiro, por quarenta anos, até morrer, um negro filho de escravos construiu uma casa com búzios, conchas, detritos industriais, cacos de azulejos e de garrafas, faróis de automóveis, lâmpadas queimadas, seixos, bibelôs estropiados, pedaços de manilhas, ossos, ralos e grades de ferro, correntes, pratos de papelão, forminhas de doce de papel laminado, tampas de lata, emblemas da Volkswagen, um osso de baleia. Personificação do negro mítico, Gabriel Joaquim dos Santos (1892-1985) caminhava pelas redondezas de sua casa atrás de coisinhas para se reinventar.

---

[102] *Saudosa maloca*: "Mato Grosso quis brigar/Mas em cima eu falei/Os home tá com a razão/Nóis arranja outro lugar".

Os pobres

Gabriel batizou sua bricolagem de *Casa da Flor*: "tudo caquinho transformado em flor"[103]. Nessa casa de boneca, em que mal cabia um homem normal de pé, havia um "altar dos livros", sua estante de obras evangélicas[104]. Alfabetizado aos 36 anos por um menino ("Gabriel, anotou num caderno, aprendeu a ler a 10 de setembro de 1928, até aí não sabia nada") era isso que lia. Voltando das salinas, se sentava para admirar a própria obra:

"De noite, acendo a lamparina, me sento numa cadeira, oh, que alegria para mim!... quando vejo tudo prateado, fico tão satisfeito... Tudo caquinhos transformado em beleza... Eu mesmo faço, eu mesmo fico satisfeito, me conforta...".

Nas condições sociais mais adversas, sem nunca ter saído de São Pedro d'Aldeia, Gabriel criou uma *obra de arte* que lembra, entre outras, a arquitetura religiosa dos iorubas (Nigéria), a fantástica do catalão Gaudi, a surrealista do francês Ferdinand Cheval, a do norte-americano Grandma Prisbey, a do indiano Nek Chand[105], entre outros. Foi engenheiro, arquiteto, pedreiro, decorador e cenógrafo de si próprio: "Eu mesmo faço eu mesmo admiro..."[106]. Criador multifuncional, negou na prática a especialização do trabalho do negro, razão sistêmica da sua discriminação. Gabriel foi também um griô[107], registrando anos a fio o que se passava à sua volta – fatos miúdos da vizinhança e fatos nacionais:

- *"Ordenado de salina naqueles tempos se ganhava por dia.*
  No ano de 1912 si ganhava 2 cruzeiros por dia.
  No ano de 1920 si ganhava 3 cruzeiros por dia.
  No ano de 1930 si ganhava 6 cruzeiros por dia.

---

103 Todas as falas de Gabriel Joaquim dos Santos foram gravadas pela antropóloga Amélia Zaluar (*Casa da flor. Uma casa de cacos transformada em flor*. Rio de Janeiro: FUNARJ/SESC, 1986), ou constam dos *Cadernos de assentamento (Registro) de Gabriel dos Santos*, na posse da mesma antropóloga.

104 "Este altar significa um guarda-livros; eu tenho aqui minhas coisinhas guardadas, aqui faço tudo o que penso na minha idéia."

105 Joseph Ferdinand Cheval (1836-1924), em Hauterive, Sul da França, também inspirado num sonho, construiu o seu Palácio Ideal, de pedras, conchas, concreto e vidro. Construiu o próprio túmulo. Foi ídolo dos surrealistas. Prisbey, em Santo Suzano (Califórnia), usou lápis, isqueiros, tesouras, placas de carro, cabeças de bonecas. Nek Chand, em Chandigarth, Índia, o mais perto de Gabriel, trabalhou oito anos sozinho para erguer um reino em miniatura, o Jardim de Pedra.

106 Gabriel nunca quis luz elétrica. A luz trazida pelo apertar de um botão tiraria o efeito dramático de passar da claridade de fora para a penumbra de dentro, onde brilham suas flores de cacos. Truque de cenógrafo, concluiria Amélia Zaluar.

107 Griô, na África ocidental, foi, originalmente, o cronista militar, acompanhante do rei nas batalhas para que não se mentisse mais tarde. Se tornou depois o narrador da memória do grupo, lembrando o *aedo* dos gregos.

*No ano de 1940 si ganhava 7 cruzeiros por dia.
No ano de 1950 si ganhava 60 cruzeiros por dia".*

- *"Gabriel trabalhou na Salina de Maracanã desde o ano de 1912, saiu no ano de 1955".*
- *"O encanamento de água chegou a Vinhateiro no dia 20 de abril de 1961".*
- *"Caiu um zepelin no Cabo. É americano no tempo da guerra da Alemanha. No dia 16 de janeiro no ano de 1944.*
- *"O 1º ordenado mínimo começou no dia 6 de julho de 1954 com 50 cruzeiros".*
- *"A Lei da Reforma Agrária foi assinada no dia 13 de março no ano de 1964, pelo presidente da república João Goulart no Rio de Janeiro às 4 horas da tarde".*
- *"A perseguição do comunismo no Brasil começou no dia 1º de abril. Foi muita gente presa, outra exportada, outros foram mortos, outros fugiram. A prisão ficou cheia. João Goulart foi embora pro Rio Grande do Sul. O sindicato caiu. Foi uma luta perigosa em 1º de abril de 1964".*
- *"Gabriel espetou um prego no pé no dia 30 de agosto, fiz uso de vinagre com fumo no dia 22 de setembro. Foi em Cabo Frio um moço me deu uma pomada. Custou um conto achei melhor".*

Ferreira Gullar sugeriu ser *A casa da flor* "uma manifestação estética anterior ao conceito de arte"[108]. Gabriel Joaquim dos Santos seria uma prova de que não é preciso saber nada de arte para ser artista, mas apenas ter uma personalidade "especial" – sensível (no caso de Gabriel) às formas, cores e matérias. Além disso, como todo artista, Gabriel foi impelido pela necessidade profunda, insondável mesmo, de realizar uma obra, algo fora de si e para os outros, que objetivasse suas fantasias ou intuições[109]. A sensibilidade e o desejo insopitável de se expressar para os outros dispensariam a técnica? Não, no sentido em que toda arte – poética, plástica, musical – só pode resultar de alguns procedimentos, mesmo toscos e elementares, um *como fazer*. Sim, no sentido em que técnicas não se aprendem necessariamente por antecipação, em tese, mas no transcurso da expressão. "Samba não se aprende no colégio", cantou Noel Rosa.

---

108 GULLAR, Ferreira. *Argumentação contra a morte da arte*. Rio de Janeiro: Revan, 1993, p. 57.
109 Idem, ibidem, p. 59.

Os pobres

"O que é não sei... Aí tem um mistério na minha vida que eu mesmo não posso compreender. Os homens fazem um trabalho, mas precisam aprender. Um carpinteiro precisa aprender. Eu não aprendi com ninguém. Eu não tive escola. Aprendi no ar, aprendi no vento... Isso não é só de mim. Deus me deu essa inteligência, vêm aquelas coisas na memória e eu vou fazer tudo perfeitozinho conforme eu sonhei. Às vezes fico assim pensativo, como é que eu fiz, é coisa tão difícil... Por que uma garrafa quebrada é botada, aquilo não adianta, mas panho para fazer uma flor".

Gabriel fez sua obra de arte para morar nela – sua casa não tem cozinha nem banheiro e nunca a dividiu com ninguém ("Na minha casa que eu morei nunca morou ninguém somente eu só"). Para nós, que a vemos deslumbrados, morto seu autor, a alegoria se impõe. *Aquilo* é a vida do negro pobre: do lixo dos amos fez o seu luxo[110], com as sobras de cozinha inventou a feijoada, único prato em que todo brasileiro se reconhece. Criada a riqueza para os outros, erigiu uma beleza só dele, inapropriável[111].

"Eu quero os cacos porque dos cacos vou fazer as coisas pra elas se admirar. Pra que eu quero ganhar uma jarra nova? Jarra comprada eu não preciso. Isso não tem graça."

Ficou de Gabriel a imagem de contrastes: semi-analfabeto, usava as palavras poeticamente; sem nunca ter ido à escola, pensava a história e a política. Mas atenção: Gabriel não foi um meio-intelectual que aspirasse a intelectual-inteiro. Sua unidade como intelectual foi completa e estava dada desde o início. Foi, como Adoniran, como Arthur Bispo do Rosário e Cartola, Intelectual dos pobres, se expressando por um meio e um código plástico-visual, a bricolagem. Mesmo seu trabalho de historiógrafo, aliás, é bricolagem.

"Esta casa não é casa, eu não quero que esta casa seja casa, isto é uma história, é uma história porque isso foi feito por pensamento e sonho."

"No tempo em que eu tinha quinze anos, estava muito criança, me veio uma visão de eu fazer uma casa, uma casinha. Sonhei que estava

---

110 "As pessoas que gosta de fazer estas coisas [me trazer presentes], gente do Rio ajunta (*sic*), eu encomendo que ninguém me traga nada bom, eu não quero nada bom, eu quero tudo caco porque esta casa que feita com acontecimento e eu quero acabar o fim dela fazendo de pedaço de prato".

111 "É curioso notar que, na primeira etapa, ele pretende apenas fazer uma casa para se isolar da família; a preocupação com a beleza surge depois, e é a partir de então que ele começa a violentar a linguagem arquitetônica primária de que se valeu inicialmente para torná-la veículo de sua fantasia e de sua inventividade". Idem, ibidem, p. 59-60.

fazendo uma casinha. Daí comecei pensar que eu ia fazer nessa casinha. Eu fiz uma capela, fiz uma capela de santos, aqui mesmo nessa propriedade. Trabalhemos nessa capela uns dias, fazendo as ladainhas dos santos, fazendo as festinhas dos santos, de Santo Antônio, mas de maneira nós festejava, atirava muito foguete, fazia aqui festejos, fazia banquete, e tal etc."

A casa da flor é a narração da vida de Gabriel, como a obra de Arthur Bispo do Rosário – feita de cacos de feira, copos, cestos, garrafas, canetas esferográficas, pentes, moedas, sucata, lixo, numa palavra – é a dele. Nela se põem e repõem diversos significados – a individuação (ele morava e não morava com a família), a religiosidade (sua necessidade de letras parecia satisfeita com os livros evangélicos, que venerava), o barroquismo, a *art nouveau*, o grotesco da decoração, a consciência política (tinha somente dois retratos, de um sobrinho e de Getúlio Vargas).

Os pobres

Para identificar os pobres no Brasil bastaria aplicar indicativos econômico-sociais (nível de renda, desfrute de água encanada, escolaridade etc.). Economizaríamos latim com simples estatísticas e inventários. Por que buscar essa identificação na literatura e noutras formas de arte?

O que tentei demonstrar neste capítulo é que os saberes econômico-sociais e históricos só geram conhecimento, nesse e em qualquer caso, se interagem com outros, em especial o literário, capaz de informar sobre afeições e desejos. Pobres é uma categoria fluida mas real – é um estado, uma maneira de ser, instituída no passado pela vadiagem e vagabundagem, produtos da desterritorialização primitiva (e sua variante, a despossessão) e, hoje, pela desclassificação. Um proletário (ou semiproletário) vendedor de mão-de-obra no mercado de trocas capitalistas pode ser pobre por qualquer dos indicativos sociais à disposição, mas um pobre não é necessariamente um proletário (ou mesmo semiproletário). Freqüentemente em nosso país ele é o que se *vira*, uma mão-de-obra informal, um trabalhador livre da *economia* não-capitalista que, desde a liquidação do escravismo, se desenvolveu ao lado da outra. Pobre é o proletário mais uma certa afeição e um certo desejo – o desejo sobrante –, é aquele a quem falta *vocação* para o trabalho continuado e espírito de poupança, requisitos da condição de proletário do capital (*sic*), sem falar que lhe falta, absolutamente, a habilidade de explorar o trabalho de outrem (iniciativa privada).

Quem capta esse ser pobre senão a literatura, inventariante do secundário, da falta, do não-dito, da paixão e do sem-razão de existir? As ciências sociais exibem seus arquivos em livros, tratados, seminários e ensaios, mas o fundamental não se encontrará neles, pois arquivaram o fundamental, descartando o secundário que é, no entanto, precisamente o fundamental. Na Antigüidade, o lixo e os dejetos das cidades acabavam por formar montanhas – a geena. A cidade então se mudava, esquecendo o monturo. A literatura é o arquivo das geenas[112], a história o do poder. Para dar uma utilidade humana a este último é preciso recuperar os desejos esquecidos das criaturas esquecidas – o esquecimento é tão importante quanto a memória. A memória alimenta os patrimônios (histórico, artístico, cultural, etnográfico etc.), o esquecimento alimenta o matrimônio, as trocas invisíveis no escuro da noite, onde não chega o poder do Mercado ou do Estado. Este o objeto da literatura: matrimônios. Matrimônio é o que foi escondido pelo patrimônio, assim como o produto esconde o processo pelo qual se fez – a história conta o que aconteceu, definiria Aristóteles, a poesia o que deveria ter acontecido.

Definidos os pobres por esta maneira, tentarei no capítulo seguinte (2) definir o que são intelectuais, visando à resposta que darei no último (4). Antes apresentarei (capítulo 3) o que denomino *plano anterior*, indispensável à parte principal daquela resposta.

---

112 Geena (em latim *gehenna*) ganhou também a acepção de lugar de eterno suplício, inferno. TORRINHA, Francisco. *Dicionário latino-português*. Lisboa: Maranus, 1945.

(

2
OS INTELECTUAIS

"DESCOBRIMENTO
Abancado à escrivaninha em São Paulo
Na minha casa da rua Lopes Chaves
De sopetão senti um friúme por dentro.
Fiquei trêmulo, muito comovido
Com o livro palerma olhando pra mim.
Não vê que me lembrei que lá no norte,
meu Deus!
Muito longe de mim
Na escuridão ativa da noite que caiu
Um homem pálido magro de cabelo
escovando nos olhos,
Depois de fazer uma pele com
a borracha do dia,
Faz pouco se deitou, está dormindo.
Esse homem é brasileiro que nem eu."
Mário de Andrade

"Ser elite brasileira? Ser essa merda?
Sou e serei sempre contra isso. Sou do
povo, sou vulgar, tenho orgulho de gostar
de música popular."
Caetano Veloso

"Capacite-se de uma coisa. No Brasil só há um
ato digno para um homem honesto: – pegar
de um revólver e salpicar com os miolos esta
terra sinistra e ao mesmo tempo pulha."
Raul D'Ávila Pompéia

Em nossa sociedade, intelectuais são, em geral, os melhores amigos dos pobres. O que são intelectuais?

Todas as pessoas, mesmo as iletradas e constrangidas aos trabalhos mais rudes, são intelectuais, *trabalham* com idéias. Nenhum animal, argumentou Hegel, tem moralidade ou religião, pois ainda que a moralidade ou a religião se apresentassem na forma (digamos) de sentimento, envolveriam essencialmente o pensamento. Meus sentimentos não estão imbuídos de pensamento desde que nasci, mas só me desenvolverei plenamente como ser humano capaz de afirmar meus sentimentos (e, aliás, também o meu corpo) se fundi-los com pensamentos[113].

Num sentido mais restrito, porém, intelectuais são os que fazem desse trabalho seu ofício, como os escritores; ou profissão, como os profissionais liberais – e esta expressão se consagrou por oposição a profissionais manuais, os escravos. Se buscamos acepção mais restrita ainda, descobrimos que intelectual é o possuidor de um saber *tradicional* (isto é, herdado de intelectuais do passado) acima da média, disposto a intercambiá-lo com outros possuidores visando a produzir conhecimento – e, de fato, se não distinguirmos saber de conhecimento, não distinguimos *o que* produz especificamente o intelectual, caímos no truísmo "todos os homens são intelectuais".

Saber é a minha "coleção" pessoal de conhecimentos – os fatos que memorizei, as habilidades artísticas que desenvolvi, os livros que li etc., e de que posso *me lembrar*. Só eu sei o que sei, ninguém saberá o que sei. Já conhecimento é uma comunicação, é o que sei em conjunto com os outros e só se alcança pela troca de saberes – aliás, em comércio, se chama "conhecimento" a nota pela qual *um outro* reconhece que aquela encomenda me pertence, conhecimento sendo, pois, um re-conhecimento. Tal e qual um automóvel que se vê na rua: os trabalhadores que o fizeram, reconhecem o seu trabalho (saber específico) no carro? Os valores relativos dos trabalhos (saberes) envolvidos foram *esquecidos* no interior do produto[114]. Por analogia se pode dizer ainda que os países têm saberes nacionais, mas só produzem conhecimento (sobre sua própria realidade ou não) quando são capazes de intercambiá-los com os de outros países. Por que o Brasil é, em geral, tão pobre em conhecimento de si próprio, senão porque, na maior parte do tempo, não intercambiou, apenas importou, saberes de fora? A importação acrítica, quase um destino, é o que se chamou ideologia do colonialismo.

---

113   INWOOD, Michael. *Dicionário Hegel*. Rio de Janeiro: Zahar, 1997, p. 248.

114   Numa aula inaugural do Collège de France, Roland Barthes surpreendeu os alunos e colegas: "proponho-me (nesse curso) a me deixar conduzir por aquela força própria de todo o ser vivo: o esquecimento". Afirmou que não ensinaria aos alunos o que sabia, dispondo-se a encarar a "não-aprendizagem". Para esclarecer essa antididática, foi buscar no latim o termo *sapientia*, que redefiniu como "nenhum poder, algum conhecimento, uma pequena sabedoria e o máximo de sabor possível". (*Sapientia* vem de *sapere*, saber, a mesma raiz de sabor, que é *sapor*.) Barthes – que seguiu a lição de Allain Guinsburg: entrar em todas e sair de todas – sabia vão e ridículo o curso em que o mestre discorre sobre o próprio saber. É como se confessasse: o único valor de meu saber é o seu sabor. Devo esquecê-lo, exibindo-o como não-aprendizagem. Dessa forma, demarcava os campos do saber e do conhecimento – vizinhos, mas distintos.

Nessa acepção, nem todos os intelectuais em nosso país produziram conhecimento; muitos, embora gozassem de reconhecimento social, apenas conservaram (eventualmente ampliaram) o saber tradicional, morto por assim dizer, do grupo intelectual a que se filiaram por necessidade ou vocação. Os que o fizeram foi por terem rompido relativamente com os saberes tradicionais, por um lado, e com a ideologia do colonialismo, por outro – um Azeredo Coutinho, um Antonil, um Abreu e Lima, um Cipriano José Barata, um Sílvio Romero, um Capistrano de Abreu, mais tarde um Azevedo Amaral, um Manuel Bonfim, um Lima Barreto, um Mário de Andrade, mais recentemente um Darcy Ribeiro, um Nelson Werneck Sodré, um Milton Santos. Não intimidados, seus saberes interagiram com os tradicionais de fora, criando uma supraconsciência – o legítimo conhecimento – de que hoje podemos sacar na medida do nosso desejo e necessidade. Para interagir foi preciso, naturalmente, ter substância, um saber próprio sobre a sua realidade particular – e muitos acessos daquele "friúme por dentro" que Mário experimentou certa noite na rua Lopes Chaves.

O grupo funcional que, em nossa época, se reconhece como intelectual (o "intelectual propriamente dito") é uma corporação antiga. No essencial, não se distingue de outros grupos – como o dos médicos, por exemplo. O médico moderno, sendo um especialista em lidar com a morte (a doença, a dor, o envelhecimento, a prótese etc.), dá seguimento ao saber de outros especialistas em evitar a morte do passado, o xamã, o pajé, o taumaturgo, o curandeiro[115]. Como corporação, os intelectuais na prática (e no imaginário) se filiam à sua corporação e não à sociedade como um todo. Esses membros da corporação (ou confraria), é que o senso comum chama de intelectuais desde pelo menos a Revolução Francesa (o universalismo enciclopedista). Nesse sentido se poderia dizer que intelectual, como o *champagne*, a *haute couture*, a *baguette*, é uma invenção francesa, assim como o *artista*, no século anterior, fora italiana.

Em cidades da África do Norte se vêem nas ruas sujeitos em banquinhos escrevendo. Não escrevem nada seu, são escreventes públicos, apenas dão forma a idéias que outros pensaram mais e melhor do que eles. Eis aí uma outra definição de intelectual: porta-voz de um grupo, de uma classe. Os escreventes públicos africanos se dão ares de importância, olham e pousam a caneta como sábios indiferentes aos mortais que lhes pagam

---

115 Uma sobrevivência do médico como taumaturgo é a *tradição* das freiras-enfermeiras.

para formatar idéias e sentimentos. Os intelectuais em nosso mundo, como os escreventes, criam a ilusão da autonomia, de que o lugar de seu ofício são as nuvens. Na verdade são organizadores de saberes e, reconheçamos, essa organização (ou sistematização) já é conhecimento. No desdobramento da modernidade foi que a função intelectual passou de ofício nobre, casta fechada, corporação de notáveis, a uma parcela do mundo do trabalho, uma profissão como tantas outras. No Brasil fez o mesmo trajeto: do acadêmico "seleto", "esquecido", exilado na sua própria terra, como já se disse, a assalariado do *capitalismo tardio*.

O que intelectuais tão díspares e distantes no tempo, como os lembrados acima, têm em comum? Cada um deles superou à sua maneira as "idéias fora do lugar" em voga, escapando ao onanismo espiritual, pecado original do ofício. Nem sempre cumpriram a regra de permanecer crítico em qualquer circunstância, mas assumiram o que se pode chamar responsabilidade social do pensamento. Eram atormentados por pobres, pobres eram o seu *informa* (o monstro dos romanos). A pergunta que tentaram responder, alguns tomados por angústia existencial, não foi diferente do subtítulo que dei a este livro: *Como podem os intelectuais trabalhar para os pobres?*

Penso que uma das respostas possíveis, em nossa época, é assumir a condição de *trabalhador da cultura* (o que tentarei demonstrar na última seção deste livro): funcionário público, permanente ou provisório, de órgãos de cultura e/ou produtor cultural autônomo assalariado. Não era o caso do passado, mesmo porque as noções de cultura e de intelectual nada tinham a ver com as nossas, ou tinham pouquíssimo. Nos séculos 18 e 19, em que intelectual era sinônimo de homem de letras, havia o recurso ao jornalismo, o poeta ingressava na política pelo jornalismo: o jornalismo é a prática política dos homens de letras. Só após a Grande Guerra se criaram no Brasil as condições para a especialização do intelectual e a sua desmitificação. Foi um processo complexo – incluindo o nascimento do que agora se chama sociedade civil[116] – e talvez possa ser apreciado pelo cotejo de intelectuais como Cipriano Barata, Raul Pompéia, Rui Barbosa, Lima Barreto, Mário de Andrade, Milton Santos.

---

116 "Começa assim a surgir, com a introdução do capitalismo, com o início das lutas operárias e com as agitações das camadas médias, o germe do que se poderia chamar de 'sociedade civil'. Multiplicam-se as associações proletárias; em consequência, surge uma ainda rarefeita mas ativa imprensa operária, de orientação predominantemente anarquista. Temos assim que, a um embrião de sociedade civil (associações sindicais e primeiros grupos políticos de artesãos e operários), corresponde um embrião de organização cultural exterior ao Estado (a imprensa e as associações culturais de proletários)". COUTINHO, Nelson. *Cultura e sociedade no Brasil*. Belo Horizonte: Oficina de Livros, 1990, p. 22-23.

O sentinela da liberdade

Os admiradores atuais de Cipriano José Barata (1762-1838) o vêem como precursor da liberação da maconha (a diamba dos africanos), do respeito aos cultos afro-brasileiros, da abolição do trabalho escravo, do movimento pela anistia e mesmo do feminismo[117]. Nada disso se prova com documentos[118] – em compensação, no âmbito da história oficial, pouco também se prova com eles. O que temos de fato, além dos dados biográficos, são o seu jornalismo e alguns textos de luta que o situam como homem de esquerda, esquerda de um país em que os próprios revolucionários eram senhores de escravos e as comunicações, tirando o jornal, se limitavam à carta e ao boca-a-boca (na Bahia, curiosamente chamado até hoje "correio nagô").

Participando de inúmeras rebeliões – a dos Alfaiates (1798), a dos Padres (1817), a Constitucionalista (1821-22), a Confederação do Equador (1824) e a da Abdicação (1831) – Barata foi, no jargão de presos políticos, "cadeeiro velho", na Bahia, no Rio de Janeiro, em Pernambuco. Quase doze anos ao todo. Já houve dúvida sobre sua origem (família de senhores de engenho ou pequeno-burguesia pobre?), mas é certo que encontrou seu lugar como modesto lavrador e médico, sempre às voltas com credores e parentes pidões. Seu visual estudado para ocasiões políticas, lembrando um *hippie*, contribuiu, provavelmente, para impressionar os contemporâneos: vistoso chapéu de palha, casacão de algodão vagabundo, sapatos de couro de bezerro sem tinta, um ramo de café numa mão, bengalão na outra[119]. Cipriano tinha o que chamamos hoje *marketing* pessoal, fazendo coincidir o inconformismo visceral com a aparência insólita. Morreu em Natal, na noite de 1º de junho de 1838, talvez ao som de um Bumba-meu-boi percorrendo as casas vizinhas.

Barata era inconformado com o quê? Em primeiro lugar com a dominação portuguesa. Aí por 1850 esse problema quase desaparecera, mas no contexto da Independência, antes e depois do Sete de Setembro, foi para os brancos pobres brasileiros, muitos deles filhos de portugueses, a contradição principal. Não podendo reconhecer a contradição escravos *versus* homens livres como principal, atribuíam a Portugal a fonte de todos os

---

[117] No entanto, José Bonifácio, e não ele, é o autor desta "provocação": "Por que motivo as mulheres devem obedecer às leis feitas sem sua participação e consentimento?". *Mss. Museu Paulista*, doc. 242.

[118] À exceção da luta por anistia a presos políticos, entre 1817 e 1821.

[119] SOUZA, Otávio Tarquínio. *Fatos e personagens em torno de um regime*. Rio de Janeiro, 1957, p. 223.

males. O nativismo de um Santa Rita Durão (1722-84), o indianismo de um Gonçalves de Magalhães (1811-82), eram feições brandas, literárias, do antilusitanismo, mas este se tornou paranóico entre os brancos pobres, obrigados a se defrontar diariamente com os privilégios de burocratas, militares e comerciantes do Reino. Cipriano foi intérprete desse antilusitanismo radical – que tomou, não raro, a forma de luta racial entre mestiços (mulatos e cabras) contra "branquinhos do Reino".

Barata não se conformava também com a ideologia liberal-conservadora que travou o nosso processo de independência; e representou (mais Frei Caneca, Abreu e Lima e outros) a ala esquerda desse liberalismo, assim como José da Silva Lisboa, o Visconde de Cairu, foi a sua ala direita – para Cairu a independência das colônias inglesas da América do Norte fora "hórrido parricídio nacional de infiéis vassalos e filhos desnaturados"[120]. Se pode dizer que, no final, prevaleceria a ala de centro-direita, a de José Bonifácio, única capaz, naquele momento, de articular uma base de poder para "pensar" estruturalmente problemas nacionais[121]. Para Bonifácio, com efeito, liberais inconformados como Cipriano, Caneca e Cabugá não passavam de demagogos e anarquistas. Apreciava os mesmos autores que eles (Montesquieu, Voltaire, Mably, d'Alembert, Turgot, Raynal, Rousseau), tinha quase as mesmas propostas – contra o latifúndio improdutivo, pela emancipação gradual dos escravos, criação de universidade etc. – mas *sentia* de forma diferente os problemas sociais e, sobretudo, discordava daqueles na forma de enfrentá-los. No final (Regências) Bonifácio foi alijado do poder, mais pela forma do que pelo conteúdo da maioria de suas idéias (não todas). Em teoria, seu liberalismo não estava distante do de Frei Caneca, demonizado pela repressão tanto quanto o Tiradentes anos antes – Caneca propunha pelo *Tifis Pernambucano* um Estado federativo, a defesa da autonomia recém-conquistada, imprensa

---

120 "No Brasil, Ilustração foi, antes de mais nada, anticolonialismo. Nas duas décadas do século 18, as tensões entre colonos e Metrópole se concretizaram em alguns movimentos conspiratórios os quais evidenciam a influência da Revolução Francesa e Americana e das idéias ilustradas. Nos autos dos processos de devassa as idéias revolucionárias eram definidas como: 'os abomináveis princípios franceses'". DA COSTA, Emília Viotti. *Da monarquia à república: momentos decisivos*. São Paulo: Grijalbo, 1977, p. 24. Para a posição ideológica do Visconde de Cairu, herói oficial da independência, ver as suas *Memórias dos benefícios políticos do governo de el rei nosso senhor D. João VI*, Rio de Janeiro: Imprensa Régia, 1818.

121 Por analogia é o que acontece hoje (1999) com Fernando Henrique Cardoso, que tem levado vantagem sobre a direita e a esquerda por ter uma "visão de Brasil" geral e estrutural. Sobre a visão política de José Bonifácio, ver FALCÃO, Edgard de Cerqueira (org.). *Obras científicas, políticas e sociais de José Bonifácio de Andrada e Silva*, v. II.

livre, a vitaliciedade do Senado, o fim do Poder Moderador, da escravidão ("Todo homem pode entrar no serviço de outro pelo tempo que quiser, porém não pode vender-se nem ser vendido") e do preconceito racial ("Já está à porta o tempo de muito nos honrarmos do sangue africano"), coisas assim. A classe dirigente – os senhores de terras e de escravos – detestava Caneca por algo que não estava, a rigor, nas suas propostas estruturais: o recurso às armas e à aliança com os pobres. Bonifácio partilhava desse horror, mas tinha, por outro lado, uma dificuldade intrínseca em se colocar como porta-voz dessa classe. Como ocorreu mais de uma vez no futuro com governantes de centro, seu destino foi o isolamento. "Esperava-se que o Soberano governasse em nome do povo e em nome do Soberano governassem as oligarquias"[122]. Não se ajustando a essa fórmula, por temperamento e talvez convicção, Bonifácio perdeu a confiança da classe dirigente. Ela o dispensou, compensando-o com a gala de Patriarca da Independência, num processo semelhante ao que fez, adiante, com Rui Barbosa, o Águia de Haia.

Se analisarmos as principais rebeliões coloniais, cada uma delas introduziu ou salientou um elemento ausente ou diluído na anterior, numa progressão do puramente econômico para o predominantemente social. A de Bequimão (Maranhão, 1684) foi movimento anticolonial densamente econômico, fragilmente político e minimamente social[123]; a Conjuração Mineira (1789), sem deixar de ser econômica, primava pelo político, um político iluminado "de fora" (pela Independência norte-americana e a Ilustração francesa) bem como pela pretensão supra-regional; a Conjuração Baiana (1798), sem deixar de ser política e econômica, era, na sua motivação e propostas, basicamente social e, sem deixar de importar, via Maçonaria, seus "francesismos", fincava pé numa "república igualitária" a ser implantada revolucionariamente por negros, pardos e brancos bem-intencionados.

Pois o médico Cipriano José Barata de Almeida estreou como "subversivo" nessa conjuração de pobres (alfaiates, soldados e escravos de ganho) de que a justiça colonial pode confiscar somente tesouras, calções e camisas, enquanto dele eram tomados cinco escravos e uma propriedade rural decadente. O que, pessoalmente, o levou a se ligar àque-

---

122 DA COSTA, Emília Viotti, op. cit., p. 71.
123 As expressões são de Rossini Correia, *O liberalismo no Brasil, José Américo em perspectiva*, Brasília: Senado Federal, 1994, p. 196 e ss.

les pobres[124]? Talvez não saibamos nunca. Mas podemos generalizar a pergunta: o que levaria um pequeno-burguês decadente, num país de escravos, a se ligar aos pobres?[125]. Talvez a circunstância de se haver formado naquele momento histórico (da revolução pernambucana de 1817 ao golpe da maioridade, 1840) um bloco de classes e camadas objetivamente interessadas na independência econômica e política (só estavam fora do bloco os funcionários e comerciantes portugueses e mesmo os escravos tinham mais a ganhar num quadro alterado que numa *pax* colonial), haja aproximado homens e mulheres de distinta condição, instrução e origem étnica. Aproximou mais, contudo, os que, dentro desse bloco, se posicionaram à esquerda. O interesse na Independência era de todos, mas na liberdade não era – a Independência produziu políticos, agitadores e intelectuais de direita, de centro e de esquerda. O divisor de águas era a importância maior que se desse a um dos termos da equação Independência – liberdade[126].

Foi aquele um raro momento de nossa história em que a libertação de formas antigas de dominação se apresentou como possibilidade não-fantasiosa e, logicamente, uns a puseram como objetivo de suas ações (Cipriano, Borges da Fonseca, Pedro Ivo, Caneca, João Ribeiro), outros como ameaça ao seu poder de *estado* ou *ordem* (Cairu, Evaristo da Veiga, Justiniano José da Rocha), enquanto a grande maioria nada via. Circuns-

---

124 Agildo Barata, o tenente comunista, seu bisneto, escreveu que Barata pensava como Rousseau e escrevia como Marat, o que significa escrever sem pedantismo para os pobres. BARATA, Agildo. *Vida de um revolucionário*. "Cipriano, como jornalista, não se afasta de sua anterior norma de conduta: é para o povo diretamente que se dirige e escreve usando uma linguagem ardente e sincera, sem artifícios ou rebuços". PRADO JÚNIOR, Caio, *Evolução política do Brasil e outros estudos*. São Paulo: Brasiliense, 2. ed., p. 211.

125 Os Abreu e Lima também interessam à questão que levantei neste livro – *Como podem os intelectuais trabalhar para os pobres?* Foram quatro: o pai, conhecido como Padre Roma, João Inácio de Abreu e Lima (filho mais novo), Luís Inácio de Abreu e Lima e José Inácio de Abreu e Lima. Compreensivelmente desprezados pela história (a começar pelo Instituto Histórico, na época, dirigido por Varnhagen) foram militantes de causas populares. José Inácio de Abreu e Lima era filho de um padre revolucionário (o padre Roma) circunstância comum nos séculos 18 e 19. Participou da revolução de 1817, em Pernambuco e assistiu ao fuzilamento do pai, na Bahia. Em 1818 combateu no exército de Bolívar (Venezuela), chegando a general. Em 1848 pegou em armas de novo (Revolução Praieira). O que deixou escrito – e não foi pouco – é desordenado, mas não confuso; incompleto, mas pertinente, perpassado pela ânsia de compreender para agir. Foi colaborador assíduo da imprensa – ele e o irmão Luís Inácio Roma redigiram inúmeros panfletos de polêmica. Os Abreu e Lima, parece, não foram, até hoje, biografados à altura.

126 "Para determinadas forças, tratava-se apenas, ou principalmente da Independência. Para outros, tratava-se também da liberdade. [...] A mistura entre os dois problemas, o da Independência e o da liberdade, denuncia a complexidade da fase política, explica enganos individuais, justifica mudanças de posição nas figuras mais destacadas e reflete-se de imediato na imprensa". Imprensa que resumia, na prática, a vida política daquele momento. SODRÉ, Nelson Werneck. *História da imprensa no Brasil*. São Paulo: Martins Fontes, 1983, p. 47.

tâncias, também raras, daquele momento criaram certa promiscuidade, mais que aliança política, entre intelectuais (jornalistas e pasquineiros, uma vez que política e imprensa eram então sinônimos) e pobres de todo o tipo. Foi uma época libertária, aqui, em Portugal, na Europa, na América do Norte, uma "revolução atlântica", sistêmica, dando aos contemporâneos a impressão de que tudo vinha abaixo, estruturas econômicas e sistemas de idéias. Muitos manifestos começavam assim: *Está para sempre findo o tempo em que se enganavam os homens*, primeiras palavras da Declaração de Direitos Humanos de 1789. Daquelas circunstâncias, a mais politizante terá sido a revolução liberal de 1820 no Porto, pois rachou a frente única anticolonialista que os líderes da *autonomia em segurança* (liberais-conservadores) tentavam encaminhar desde a revolução pernambucana de 1817 – *independência* com rei português, Constituição *liberal*, manutenção da política econômico-financeira (como se diria hoje) e da ordem social escravista. Os liberais de *esquerda* (de esquerda porque viam as Cortes revolucionárias como ponte para chegar a reformas sociais, pondo em segundo lugar até mesmo a Independência) se animaram com a revolução portuguesa que, no entanto, regrediu. A bancada brasileira na Constituinte do Porto tinha representantes da esquerda liberal, alguns saídos da prisão, como Antônio Carlos Ribeiro de Andrada e os padres Agostinho Gomes e Virgínio Rodrigues Campelo. Barata foi também eleito por Pernambuco e desfilou em Lisboa sua indumentária nativista. Decepcionado, voltou ao Brasil, iniciando, após a guerra de independência na Bahia (1822-23) e o Sete de Setembro (vitória indiscutível dos liberais conservadores), a atividade pasquineira por que é sempre lembrado.

Que foi o pasquim?

Um jornaleco em geral de quatro páginas, formato in-4º, preço de venda avulsa 40 réis, 80 quando dobrasse o número de páginas, vendido na própria tipografia ou em lojas de livros, um só artigo ocupando todo o jornal (completado, quando preciso, pela *correspondência*), sem periodicidade regular, aparecendo (em muitos casos) "quando fosse possível". Produto de uma só pessoa, anônima em geral, sempre absolutamente momentoso, o pasquim foi um híbrido de jornal e panfleto[127]. Ele

---

127 "A imprensa estava surgindo, entre nós, com formas embrionárias, não perfeitamente definidas, sem caracterizar senão finalidades. Assim, a circular, o pasquim, o jornal obedeciam às mesmas injunções – a finalidade e precariedade das técnicas contribuíam para confundi-los". SODRÉ, Nelson Werneck. *História da imprensa no Brasil*. São Paulo: Martins Fontes, 1983, p. 139.

é, em síntese, uma *comunicação caótica*, pouco tem a ver com o jornal das fases seguintes – informativo, opinativo, empresarial, vertebrado pela publicidade. O momento da Independência (da revolução do Porto, 1820, ao golpe da maioridade, 1840) tem de fato aparência caótica, as forças políticas parecem se chocar livremente no vácuo deixado pelo fim abrupto, acelerado, do regime colonial. Não fosse pela inexistência da indústria cultural, se diria ser aquele (1820-40, especialmente as Regências[128]) um *tempo das massas*: os políticos e intelectuais lhes serviam significados, elas só queriam manifestações, ofereciam programas, elas só pediam armas. Posteriormente Joaquim Nabuco escreveria que o problema dos *exaltados* é que sem eles não se faz revolução, mas com eles não se pode governar. O chão dessa *rebelião de massas* é dado pelo jacobinismo[129] e a *exaltação*, mas não deixou de haver (sempre pelos pasquins) um utopismo socialista que falaria, de 1823 a 24, pelo *Tifis pernambucano* de frei Joaquim do Amor Divino Caneca, intelectual-jornalista radical. Em polêmica com um pasquineiro de direita (José Fernandes Gama, do *Arara pernambucana*) afirmou Caneca, por exemplo, um princípio universal da esquerda: "Idéias velhas não podem reger o mundo novo". Caneca usava o *Tifis* como mobilizador de rebeldes: "Eis a razão por que se louva a lei de Sólon, que reputava infames aqueles que não tomavam algum partido nas sedições populares"[130].

Muita coisa entrara em crise, de fato, com a Independência. Uma foi a função dos intelectuais, e o seu correspondente meio de expressão. Padres letrados foram por todo o longo tempo colonial os exclusivos intelectuais da aristocracia rural – uma aristocracia sem mérito específico, definida apenas pelo monopólio da terra e dos escravos (ou

---

128 "O período inteiro, da Independência à Maioridade, compreende duas fases: a que se encerra com o Sete de Abril [1831] e a que se encerra com a Maioridade; na primeira, caracteriza-se um período conservador inicial, quando periga a própria Independência, e um período liberal, que leva à abdicação do primeiro imperador; na segunda ao inverso, ocorre um período liberal inicial, a que se segue um período conservador, coroados pelo golpe de Maioridade. [...] Época fecunda, teve uma imprensa peculiar, cujos traços de grandeza e de autenticidade são normalmente apresentados como impuros". Idem, ibidem, p. 85.

129 O primeiro alvo do jacobinismo, numa cidade de 130 mil habitantes (São Paulo, no mesmo período, tinha 10 mil) era o monopólio do comércio a retalho pelos portugueses. Na Assembléia Geral do Primeiro Reinado (1823-31), o padre Muniz Tavares, da *esquerda liberal*, apresentou projeto, derrotado, de expulsão de todos os portugueses.

130 Apud SODRÉ, N. Werneck, op. cit., p. 90.

servos). Aqueles jesuítas escrevinhadores de cartas e de poemas fizeram bem o duplo papel de intelectuais: explicar o mundo para a sua *classe* e explicar às outras que deveriam trabalhar para ela. Não que os anos quentes do Primeiro Reinado e das Regências não apresentassem intelectuais organizadores da ordem – eles são a direita pasquineira – mas é uma fase interessante porque o intelectual de direita comparece à arena de luta, ao comício, ao manifesto, ao *pasquim*. Eis um modelo de intelectual direitista que não fugiu à luta pelos jornais: José da Silva Lisboa, visconde de Cairu. Foi o anti-Cipriano, o anti-Caneca. Como Barata, se diplomara em Coimbra e fora sucessivamente titular da Cátedra de Filosofia Racional e Moral, secretário da Mesa de Inspeção das Rendas da Bahia, diretor de Impressão Régia, desembargador da Relação da Bahia, deputado da Real Junta do Comércio, Agricultura, Fábricas e Navegação do Estado do Brasil – um membro destacado, em suma, do estamento jurídico-burocrático colonial. José Bonifácio, que o conhecia muito bem, passou a chamá-lo de "charlatão idoso". Como pasquineiro foi rixoso, desaforado, agressivo – não diferiu, salvo pelo reacionarismo empedernido, de qualquer troca-tintas exaltado. Chamava o *Contrato social* de Rousseau de "quinta essência do sublimado corrosivo".

A virulência pasquineira foi caraterística dos lados (e não só de esquerda como fez crer a história oficial). O estilo pedante (misto de distanciamento e afetação) ainda estava incubado. Por hipótese: a história da intelectualidade brasileira do fim do século 18 ao fim do 19 (alienação, politização, alienação de tipo superior) obedece ao compasso da história geral [agitação (1820-1850), pacificação (1850-1889)].

Tragédia na Rua São Clemente

Raul d'Ávila Pompéia se matou no Natal de 1895 com um exato tiro no coração. Ele próprio recomendou, quando fosse o caso, atirar na cabeça ou na boca, mas Eloy Pontes, seu biógrafo, garante que, por estética, Pompéia jamais faria isso. Talvez ninguém se mate por uma razão só e naquele caso havia, pelo menos, um quadro de homossexualismo sofrido, uma neurose de origem sifilítica e uma "angústia ideológica" sem remissão:

"Seu temperamento era contraditório. Agressivo e dedicado, cheio de entusiasmos incondicionais e de aversões inflexíveis, brusco e gentilíssimo, a um tempo, com crises de misticismo, misturando-se a uma espécie de sensualidade recalcada, teria, para os atos da vida, conduta capaz de justificar as hipóteses ignóbeis, que os observadores grosseiros levantaram a seu respeito. [...] Filho de pai hipocondríaco e mãe nervosa, crescendo até os nove anos sob as impressões dramáticas da guerra, Raul Pompéia nunca teve traços de perfeito equilíbrio. [...] Naufragaria, sem dúvida, na loucura. O suicídio foi a única solução para seus nervos em desordem"[131].

Para compreender a questão ideológica em Pompéia, lembremos que após a renúncia de Deodoro (1892), o florianismo dividiu o bloco republicano. Na aparência, a questão era constitucional: Floriano tinha ou não direito a completar o mandato de Deodoro? No fundo, a direita chegando ao poder com Prudente de Morais para impor a longa *"pax oligárquica"* até outubro de 1930, o que pretendia com o veto constitucional era alijar de vez as forças jacobino-positivistas. Pompéia que, como tantos outros intelectuais, se deixara seduzir pela personalidade rude e simplória de Floriano, ficou do seu lado[132].

O jacobinismo daquele fim de século, que já não se voltava contra os portugueses, não foi um xenofobismo vulgar, tinha o seu conteúdo de classe, traduzia o anseio reformista, nacionalista e autoritário da camada militar (então o segmento mais sólido da incipiente classe média). Naquele momento de vazio de poder, nenhuma camada ou grupo de interesses foi bastante forte para hegemonizar os outros. Rui Barbosa, por exemplo, que representaria a classe média burocrático-civil, em busca

---

131 PONTES, Eloy. *A vida inquieta de Raul Pompéia*. Rio de Janeiro: José Olympio, 1935, p. 336-337. Há uma biografia recente (2001) por Camilo Capaz (*Raul Pompéia*, Rio de Janeiro: Gryphus), mas as melhores interpretações ainda são as de Rodrigo Octavio (*Minhas memórias dos outros*. Rio de Janeiro: Civilização Brasileira, 1978) e Araripe Júnior (*Obra crítica de Araripe Júnior*. Rio de Janeiro: Ministério da Educação e Cultura, 1958), que o conheceram, e Brito Broca (*Raul Pompéia*. Melhoramentos, s/data). Eloy Pontes, contudo, foi mais longe que todos.

132 É freqüente intelectuais seduzidos por "homens a cavalo" vindos de baixo – Stendhal por Napoleão, Oliveira Viana por Getúlio Vargas, Darcy Ribeiro por Leonel Brizola... Contudo, onde os admiradores de Floriano punham virtudes outros, como Lima Barreto, punham defeitos: "Com uma ausência total de qualidades intelectuais, havia no caráter do Marechal Floriano uma qualidade predominante: tibieza de ânimo; e no seu temperamento, muita preguiça. Não a preguiça comum, essa preguiça de nós todos; era uma preguiça mórbida, como que uma pobreza de irrigação nervosa, provinda de uma insuficiente quantidade de fluido no seu organismo. Pelos lugares que passou, tornou-se notável pela indolência e desamor às obrigações de seus cargos".

de afirmação e controle da política econômico-financeira[133], desfrutou do poder um instante e foi alijado para sempre.

Poucos no Brasil viveram a condição de intelectual como Rui: firmado num saber específico (o jurídico), dialogou com toda a sociedade em defesa da classe média que era a sua por destino e escolha. Em meio ao lixo que é a bibliografia sobre "o homem mais inteligente do país", apenas Santiago Dantas, que sei, o situou historicamente[134]. Dantas buscou desentranhar tanto o significado objetivo de Rui quanto o da legenda que o acompanha, desde pelo menos o Ministério da Fazenda do Governo Provisório (1889-92), forjada nos episódios do encilhamento, do debate sobre o Código Civil e da campanha civilista.

Já na metade do século 19 se poderia falar em classe média no Brasil, mas é na passagem para o seguinte que ela se apresenta em estratos definidos: o funcionalismo civil, a pequena burguesia comercial, os oficiais do Exército e da Marinha. Ainda que nos dois últimos decênios do século triplicasse o número de estabelecimentos industriais, a camada industrial é ainda embrionária, os industriais, de tão poucos, são conhecidos, ora admirados, ora olhados com desconfiança. A República foi o primeiro triunfo político desta classe heterogênea, cujas lideranças no jornal e no Parlamento souberam se aliar à parte descontente da classe exportadora. Classe de pé quebrado – e assim permaneceria por mais uma geração –, nela a camada militar pesava relativamente mais que as outras. Até por volta dos anos 30, muitos empresários e seus porta-vozes investiriam por isso no poder militar, contando compensar a falta de estrutura econômica da classe com a estabilidade e coesão interna daquela instituição. Por outras palavras, os Deodoros e Florianos deviam tirar por eles as castanhas do fogo.

O Exército, acabado de se constituir durante a guerra contra o Paraguai (1865-70), parecia de fato a única "classe" organizada nacionalmente, tirando a velha classe (agora sem aspas) dos exportadores donos de escravos. A começar pela origem, Rui era um classe média – o ramo rico da família não era o seu. Provinciano, abriu caminho como advogado, jornalista e político graças ao próprio trabalho e merecimento. Em que acreditava? Em ordem e progresso. Nisso também acre-

---

[133] Essa é a tese de Santiago Dantas em *Dois momentos de Ruy Barbosa*. Rio de Janeiro: Casa de Rui Barbosa, 1949.

[134] Caio Prado Júnior e Nelson Werneck Sodré acompanharam a análise de Dantas.

ditavam os militares positivistas que "tiravam as castanhas do fogo". Rui não era militar nem positivista, ideologicamente foi um liberal eclético. Seu modelo eram os EEUU: federalismo, industrialismo, legalismo e escolarização. Em geral se esquece que, como parlamentar, ele foi responsável pelo menos por duas reformas significativas, a eleitoral (dita Saraiva), estabelecendo a eleição direta[135], e a do Ensino Secundário Superior e Primário. A primeira o assinala como coveiro da hegemonia política dos latifundiários, a segunda como pioneiro da educação técnica a serviço da economia empresarial. Tinha esses antecedentes de não-alinhado com a classe dominante quando assumiu (por 14 meses) o Ministério da Fazenda do Governo Provisório. O que tentaria nesse cargo lhe fechou as portas do governo para sempre: "o homem mais inteligente do Brasil" passou a ser considerado uma besta em economia. A política econômico-financeira de Rui, no entanto, fazia sentido: a expansão do meio circulante como recurso deliberado de financiamento à produção, especialmente a industrial[136]. No conjunto suas reformas econômicas impuseram à classe agrária exportadora o que os economistas chamam *poupança forçada*[137], em benefício da burguesia nascente. Parece claro, pois, o sentido do reformismo de Rui: liberar as forças empresariais que diversificassem a economia, fortalecendo e estabilizando a classe que representava.

---

135 Passavam a eleitores todos os que tivessem renda anual não inferior a Cr$ 200,00; estabeleceu-se a elegibilidade dos católicos; aumentou-se consideravelmente o número de incompatibilidades eleitorais.

136 Ver BARBOSA, Rui. *Anexos do relatório do Ministro da Fazenda – A*. Emissão e Crédito. Rio, 1891.

137 Que é poupança forçada? Introduzida na circulação uma quantidade nova de moeda, esta não se distribui imediata e proporcionalmente pelas diversas classes sociais. Se isto acontecesse não afetaria o poder de compra da população. Ocorre que o incremento monetário se faz sentir primeiro na classe que o recebe (a título de financiamento, pagamento de despesas públicas ou a qualquer outro título). Essa classe (ou grupo) emprega esses recursos recebidos na compra de artigos de consumo, salários, equipamentos etc. Essa movimentação de dinheiro provoca uma primeira elevação de preços dos bens e serviços procurados, já que exerce uma pressão maior decorrente das novas disponibilidades. O grupo que fornece esses bens e serviços, por sua vez, procura outros, o que pressiona uma terceira camada de prestadores de serviços e mercadorias. Ocorre, então, uma nova alta de preços. Com o tempo, os que venderam já serão da classe (ou grupo) que precisará aplicar os recursos recebidos na compra de produtos oferecidos pelos que se haviam beneficiado antes com a passagem de corrente monetária. Aqueles, ao buscarem os bens e serviços de que necessitam, já pagarão preços aumentados pelo "rastro" da inflação. Desse jeito, é que a nova quantidade de moeda acaba por aproveitar às classes (ou grupos) primeiro atingidos, em detrimento dos atingidos por último. Vamos supor agora que a quantidade de mercadorias total não tenha aumentado com o fluxo. As classes (ou grupos) primeiro atingidos aumentarão sua renda à custa das que já encontraram os preços aumentados pelo fluxo de recursos destinados à compra de novos bens. Por essas razões é que se diz ser a inflação uma "poupança forçada".

Os intelectuais

Quanto a Pompéia, ele encarnou o que já se chamou *via prussiana*[138] – tentativa de revolução social pelo alto, que se confundirá em parte, no futuro, em nosso caso, com democracia populista. Sua adesão obsessiva ao florianismo foi uma radicalidade, uma transposição para o plano ideológico de um princípio que descobrira (e praticava) no afetivo: os laços da paixão quando retesados ao máximo não se desatam, cortam-se. O núcleo do seu pensamento, no entanto, não era tosco.

O âmago da aflição crescente que o levou ao suicídio, tema obsessivo de suas últimas conversas, foi a "vileza política nacional" – que o assaltara por intermédio de um artigo agressivo (e reacionário) de Luis Murat, reabrindo feridas de uma polêmica jornalística com Olavo Bilac. Murat, modelo de beletrista sem conteúdo político (exceto o moralismo), criticava a politização da cerimônia de sepultamento de Floriano (agora em mausoléu definitivo). O discurso de Pompéia fora "nacionalista escarlate"[139]. A cavalaria de Prudente de Moraes, ofendido, invadiu o cemitério (São João Batista). Dia seguinte, demitiu Pompéia da direção da Biblioteca Nacional. Bilac, antiflorianista, concordou com a punição: "Parece que a Hidra – abandonando a rua do Ouvidor, onde lhe era difícil, na multidão compacta, mover à vontade suas sete cabeças – deliberou agora mudar o seu campo de ação para os cemitérios" (*Gazeta de notícias*, 6 out. 1895). Pompéia se defendeu: seu discurso fora doutrinário, fizera proposições teóricas de política. Quais? Enfrentar o capital estrangeiro, os *restauradores* da monarquia e a imprensa, cúmplice dos dois. Pompéia (e não só ele) intuiu, naquele contexto histórico, a capital (local) como *lugar* hegemônico do capital globalizado:

"*Não há* [no governo Prudente de Moraes] *luta entre irmãos: há irmãos que se desgraçam e o estrangeiro que explora. Desmascarou-se* A Capital. A Capital *é o grande centro das desordens.* A Província *está em paz – a* Província brasileira. [Os grifos são meus.] *No grande centro das concorrências da cobiça sem pátria, a revolução fervilha sempre, latente ou revelada. Todas as dificuldades de República reduzem-se a isso – o estado permanente de revolta da Capital contra a Nação. O sossego serta-*

---

138 "Essa modalidade [de política] implica a crença de que alguns indivíduos excepcionais, ou quando muito uma elite esclarecida, podem substituir – enquanto sujeito histórico – as massas populares, que se supõe condenadas à apatia e à ignorância". COUTINHO, Carlos Nelson. *Cultura e sociedade no Brasil*. Belo Horizonte: Oficina de Livros, 1990, p. 102.

139 Eloy Pontes, op. cit., p. 270.

nejo desperta inveja, os saldos estaduais abrem o apetite e a cobiça estrangeira no Centro, saudosa do regime econômico de outrora – tem fome"[140].

O antiimperialismo de Pompéia está nos seus artigos para jornal, conferências e discursos da fase agitada que vai da renúncia de Deodoro (1892) ao enterro definitivo de Floriano (setembro de 1885). Os italianos seriam culpados das dificuldades da República com os imigrantes; os portugueses, controlando o comércio varejista, da carestia; os ingleses, senhores do capital especulativo, do *encilhamento* e da desvalorização cambial. Com estas idéias, Pompéia teria pensado em fundar um Partido Republicano Nacionalista de ideologia socialista:

"Por nossa parte registramos tudo isso como preliminares do tremendo conflito social do bravo socialismo brasileiro, não luta de classe contra classe, mas entre nacionalidade e nacionalidade, não como na Europa entre salário e capital, porque a nossa economia política está profundamente eivada de intrigas internacionais, luta terrível que brevemente, se não formos um povo votado ao desaparecimento, há de entre nós fazer explosão. Vai começando à socapa, no disfarce da treva, mas intensamente"[141].

Em manifesto do dia de Tiradentes foi mais claro. Tratando os adversários de Floriano como simples "emissários armados da reação" (e que, no entanto, falavam em nome da *Opinião*), afirma que a "ideologia banal das lutas partidárias sucede a questão mortal da nacionalidade. O eixo do novo [...] não é o critério romântico dos princípios; é a necessidade positiva, grosseira do ouro"[142]. Define a nacionalidade como núcleo de uma nova organização econômico-financeira, capaz de inverter a acumulação de renda (*desvio de recursos*) no exterior (nas *venturosas metrópoles*). Contra os "procuradores" internos das metrópoles espoliadas, se justificaria a luta armada: "Não se trata de fazer política a mão armada. Trata-se de fazer *economia política*, ainda que pelas armas". Era preciso afrontar *a questão econômica brasileira*. Esta consistia em quê? Na disputa pelo Dinheiro. É preciso, pois, "interpelar o Dinheiro. Quem é que o tem? Como é que o emprega? Como lhe tira os juros? Com que proveito geral para o Brasil?". Não deviam, assim, os republicanos se iludir: já tinham sido pagos a preço do nosso sangue os juros de bens de capital. O capital – sentencia – inexorável.

---

140 "Clamor maligno", in *O país*, 3 out. 1895.
141 Apud CAPAZ, Camil. *Raul Pompéia*. Rio de Janeiro: Gryphus, 2001, p. 209.
142 "Em nome de Tiradentes", revista *Tiradentes*, Rio de Janeiro, abril de 1894. Apud CAPAZ, Camil, op. cit., p. 220.

Seu pensamento de intelectual militante era lógico: se nossas contradições de classe ainda eram secundárias (diferente da Europa), a luta pelo socialismo exigia como preliminar a luta contra a dominação estrangeira – a ser liderada pelo Exército, única "classe" nacional organizada, sob comando de Floriano – e pela industrialização.

"Tivemos um dia a revolução em nome da dignidade política. É preciso que não tarde a terceira revolução: a revolução da dignidade econômica; depois da qual somente poder-se-á dizer que existe a Nação Brasileira."[143]

O objetivo final da revolução que propunha era, pois, a conclusão da nação. Pompéia via na aliança imperialismo-latifúndio a origem de nossos males e, como não encontrava no espectro social classes e grupos de âmbito nacional capazes de enfrentá-la, concluía que ao Exército caberia essa missão – um modo de ver, aliás, perfeitamente "moderno"[144]. Seu florianismo era, portanto, ideológico, embora para explicar a paixão que o conduziria a romper (e duelar[145]) com antigos companheiros de faculdade, culminando com o suicídio na manhã de Natal de 1895, se precise recorrer à psicologia e, talvez, à psiquiatria"[146].

Seduzido e abandonado

Não apenas Raul d'Ávila Pompéia teve um triste fim por sua adesão ao florianismo – um populismo *avant la lettre* – que inaugurou o estilo de fazer política iniciático, emparedado, ancorado simultaneamente na força e no favor. O major da Guarda Nacional Policarpo Quaresma, criatura de Lima Barreto, é um compassivo *prussiano* que começa por descobrir o papel do índio em nossa língua e costumes, em nossos genes e, sobretudo, como primeiro proletário da terra. Descobre, em seguida, pelos olhos da afilhada Olga, o latifúndio, a saúva e a política oligárquica. Quaresma vinha há algum tempo implementando sua mais recente fórmula para salvar o Brasil: a volta ao campo. Crente na bobagem de Pero Vaz de Caminha (aqui, em se plantando, tudo dá) alterna euforias (quando crê nos cronistas e historiadores) com depressões. A salvação pela lavoura

---

143 Prefácio a *Festas nacionais*, de Rodrigo Octavio, depois retirado.
144 Talvez não fosse apenas literária a admiração que, mais tarde, o jovem Getúlio Vargas teve por Pompéia.
145 O duelo, frustrado no último instante, foi com Olavo Bilac, liberal-conservador em política.
146 Eloy Pontes fala em distúrbio neurológico de origem sifilítica.

esbarra em duas muralhas: a politicagem local e a saúva. Certa noite acordou com um barulho na despensa, acode com o lampião e vê a fila horrorosa depenando a plantação. Resta, contudo, a maior de todas as muralhas, vedada aos seus olhos de patriota inocente. Que adianta olhar sem ver? Olga é que pressentiu algo de errado e monstruoso por ali:

"O que mais a impressionou no passeio foi a miséria geral, a falta de cultivo, a pobreza das casas, o ar triste, abatido da gente pobre. Educada na cidade, ela tinha do roceiro idéia de que eram felizes, saudáveis e alegres. Havendo tanto barro, tanta água, por que as casas não eram de tijolos e não tinham telhas? Era sempre aquele sapê sinistro e aquele sopapo que deixava ver a trama de varas, como o esqueleto de um doente. Por que, ao redor dessas casas, não havia culturas, uma horta, um pomar? Não seria tão fácil, trabalho de horas? E não havia gado, nem grande nem pequeno. Era raro uma cabra, um carneiro. Por quê? Mesmo nas fazendas, o espetáculo não era mais animador. Todas soturnas, baixas, quase sem o pomar olente e a horta suculenta. A não ser o café e um milharal, aqui e ali, ela não pode ver outra lavoura, outra indústria agrícola. Não podia ser preguiça só ou indolência. Para o seu gasto, para uso próprio, o homem tem sempre energia para trabalhar"[147].

Olga pensou em ser homem para andar pelas localidades, meses e anos, atrás da resposta. Aquilo era uma situação de camponês da Idade Média e começo da nossa: eis o famoso animal de La Bruyère com face humana e voz articulada. Dia seguinte, interpelou um desses *animais* e teve a resposta. "Sá *dona* tá pensando uma coisa e a coisa é outra"... "Terra não é nossa"... "Governo não gosta de nós"...[148]. O desalento reticente de Felizardo, algo deixando no ar, a intrigou ainda mais. De quem era então a terra? Como se explicavam esses latifúndios imensos e improdutivos? Nas perguntas de seu espírito, Olga alcançou a iluminação.

Já a iluminação de Quaresma teria de esperar, tempos depois, o Estado lhe bater à porta. O presidente da Câmara municipal veio lhe propor assinar uma declaração de que não houve eleição na seção ali vizinha – a única em que o governo não tinha certeza de ganhar. Apesar de estimar o sujeito, afável e simples, Quaresma coça o cavanhaque:

– Absolutamente não.

---

147 *Triste fim de Policarpo Quaresma*. São Paulo: Gráfica Editora Brasileira, 1948, p. 155.
148 Ibidem, p. 156.

Os intelectuais

O político não se zangou. Pôs mais unção e macieza na voz, aduziu argumentos: que era para o partido, o único que pugnava pelo levantamento da lavoura. Quaresma foi inflexível: lhe eram absolutamente antipáticas tais disputas, não tinha partido e mesmo que tivesse não iria afirmar o que não sabia ser verdade. O outro não se deu por achado, partiu afável e familiar. Dois dias depois, Quaresma recebe intimação para roçar e capinar as testadas do seu sítio que confrontavam com as vias públicas (mil e duzentos metros): aos amigos tudo, aos inimigos a lei. A antiga corvéia! Veio a luz. Aquela rede de leis, de posturas, de códigos, de preceitos, mas mãos desses regulotes, de tais caciques, se transformava em potro, em polé, em instrumento de suplícios para torturar os inimigos, oprimir as populações, crestar-lhes a iniciativa e a independência, abatendo-as e desmoralizando-as:

"Pelos seus olhos passaram num instante aquelas faces amareladas e chupadas que se encostavam nos portais das vendas preguiçosamente; viu também aquelas crianças maltrapilhas e sujas, d'olhos baixos, a esmolar disfarçadamente pelas estradas; viu aquelas terras abandonadas, improdutivas, entregues às ervas e insetos daninhos; viu ainda o desespero de Felizardo, homem bom, ativo e trabalhador, sem ânimo de plantar um grão de milho em casa e bebendo todo o dinheiro que lhe passava pelas mãos – este quadro passou-lhe pelos olhos com a rapidez e o brilho sinistro do relâmpago; e só se apagou de todo, quando teve que ler a carta que a sua afilhada lhe mandara"[149].

Uma luta organizada contra o imperialismo, o latifúndio e seus representantes políticos estava fora da "consciência possível" de Olga e de Policarpo[150]. Querendo salvar os pobres por meio de "trabalhos maiores, mais profundos", o D. Quixote brasileiro começou a acreditar numa "reforma administrativa" feita por "um governo forte, respeitado, inteligente, removendo todos esses óbices, esses entraves, Sully e Henrique IV[151],

---

149 Ibidem, p. 182.
150 "Consciência possível" é uma categoria do marxismo, desenvolvida sobretudo por Plekhanov (*Les questions fondamentales du marxisme*. Paris, 1947) e Lucien Goldmann (*Ciências humanas e filosofia*. Rio de Janeiro: Bertrand Brasil, 1993). É o máximo de *verdade* possível a que se pode chegar, não em termos pessoais ou filosóficos, mas de interesses e situações sociais. Por vezes é sinônimo de *consciência limite*.
151 "Sully e Henrique IV entram aí, um pouco anacronicamente, à conta da exaltação quixotesca do major Policarpo: mas o pensamento da reforma agrária, como deve ela ser resolvida em nossos dias, sobretudo depois da Revolução Russa [1917], estava bem claramente subentendido nas palavras do indefeso e áspero patriota, que no caso exprimia o próprio pensamento do romancista [Lima Barreto]". PEREIRA, Astrogildo. *Crítica impura*. Rio de Janeiro: Civilização Brasileira, 1963, p. 49.

espalhando sábias leis agrárias, levantando o cultivador... Então sim! O celeiro surgiria e a pátria seria feliz". Eis a via prussiana, cuja primeira expressão nacional foi o florianismo.

Pois a última iluminação de Quaresma foram precisamente os limites da via prussiana. Eclodira no Rio a Revolta da Armada (1893), reacionária. Ao saber, Quaresma entra em nova fase de euforia (andava deprimido com o fracasso do plano de salvar o Brasil pela lavoura), passa um telegrama ao ditador: "Marechal Floriano, Rio. Peço energia. Sigo já. – Quaresma". Levava sob o braço um meditado memorial para entregar ao homem: medidas necessárias ao levantamento da agricultura, mostrando todos os entraves oriundos da grande propriedade, das exações fiscais, da carestia de fretes, da estreiteza dos mercados e das violências políticas correlatas. Floriano, está visto, não leu, mas respondeu:

– Mas pensa você, Quaresma, que eu hei de pôr a enxada na mão de cada um desses vadios?! Não havia exército que chegasse...

Ferido em combate, acabrunhado por ter matado um *inimigo* ("... Eu matei, minha irmã; eu matei! E não contente de matar, ainda descarreguei um tiro quando o inimigo arquejava a meus pés..."), desiludido por não haver encontrado um Sully, muito menos um Henrique IV, aceitou o posto de carcereiro de rebeldes capturados na ilha das Enxadas:

"Os prisioneiros se amontoavam nas antigas salas de aulas e alojamentos dos aspirantes. Havia simples marinheiros; havia inferiores; havia escreventes e operários de bordo. Brancos, pretos, mulatos, caboclos, gente de todas as cores e todos os sentimentos, gente que se tinha metido em tal aventura pelo hábito de obedecer, gente inteiramente estranha à questão em debate, gente arrancada à força aos lares ou à calaçaria das ruas, pequeninos, tenros, ou que se haviam alistado por miséria; gente ignara, simples, às vezes cruel e perversa como crianças inconscientes; às vezes boa e dócil como um cordeiro, mas, enfim, gente sem responsabilidade, sem anseio político, sem vontade própria, simples autômatos nas mãos dos chefes e superiores que a tinham abandonado à mercê do vencedor"[152].

Certa madrugada, em que ia dormindo melhor, um inferior o acordou:
– Senhor major, está aí o "home" do Itamarati[153].

---

152 *Triste fim de Policarpo Quaresma*. São Paulo. Brasiliense: 1959, p. 279.
153 Então palácio do governo federal.

— Que homem?
— O oficial que vem buscar a turma do Boqueirão.

O oficial escolheu, a esmo, uma dúzia de coitados e os embarcou. Alguns choravam. A lancha desapareceu nas trevas do fundo da baía. Para onde ia? Para o Boqueirão. É o primeiro registro em ficção de um esquadrão da morte. Um grupo de extermínio do *seu* lado e, no entanto, Quaresma não hesitou em denunciá-lo ao Chefe. O romancista faz um corte: o D. Quixote espera, agora, num estreito calabouço que o retirem para fuzilar. Chegou a sua vez, triste fim. A pátria que quisera ter era um mito, um fantasma criado por ele no silêncio do seu gabinete. Nem a pátria física, nem a moral, nem a intelectual, nem a política que julgava existir, havia. A que existia, de fato, era a do Tenente Antonino, a do doutor Campos, a do homem do Itamarati.

Policarpo se desencantou (ou foi desencantado) da *via prussiana*. Morreu o seu lado Pompéia, ficou o lado popular, a adesão a pobres como aquele Ricardo Coração dos Outros, um cantor (quase um *intelectual dos pobres* no sentido que dou neste livro). A personagem fica associada para sempre à tentativa dolorosa de incorporar à nação – capítulo da história do trabalho, da língua, da genética etc. – o passado indígena.

Quando, nas últimas páginas, o militante da causa prussiana (justiça social por meio da ditadura militar) vai ser executado pelo *seu* ditador, cabe à Olga, a frágil, a última reflexão esperançosa:

"*Saiu e andou. Olhou o céu, os ares, as árvores de Santa Teresa, e se lembrou que, por estas terras, já tinham errado tribos selvagens, das quais um dos chefes se orgulhava de ter no sangue o sangue de dez mil inimigos. Fora há quatro séculos. Olhou de novo o céu, os ares, as árvores de Santa Teresa, as casas, as igrejas; viu os bondes passarem; uma locomotiva apitou; um carro puxado por uma linda parelha atravessou-lhe na frente quando já a entrar no campo... Tinha havido grandes e inúmeras modificações. Que fora aquele parque? Talvez um charco. Tinha havido grandes modificações nos aspectos, na fisionomia da terra, talvez no clima... Esperemos mais, pensou ela; e seguiu serenamente ao encontro de Ricardo Coração dos Outros*".

Olga, uma classe-média, compreendera tudo do seu mundo. Como não lhe bastasse foi ao encontro de Coração dos Outros, intelectual dos pobres.

Na ficção de Lima, as mulheres revelam a fraqueza dos homens – fraqueza de inteligência e/ou de caráter. Parece contraditório pois, como jornalista, Lima se opôs ao movimento feminista e, na sua vida de celibatário, fêmeas foram mantidas à distância ou sob controle. Em *Numa e a ninfa* – retrato ainda válido de como se faz um político –, Edgarda, a ninfa, é o instrumento para ironizar o picareta, seu marido, cuja carreira de deputado é – como se sabe – corrupção, cumplicidade, espetáculo, golpe do baú. Numa é um nortista pobre e sem escrúpulos que esposa a filha de um "coronel", depois de se fazer "doutor" em direito ("A sua atonia de inteligência requeria uma artificial alimentação intelectual e esta ainda não havia sido inventada")[154] sem nunca ter lido um livro até o fim. Um perfeito filisteu:

"O jovem Numa não separava o conceito das disciplinas do da formatura; Economia, Política, Direito Romano, Finanças e Medicina Legal não respondiam a certas necessidades da comunhão humana; e, se tais matérias foram criadas, descobertas ou inventadas, o foram tão-somente para fabricar bacharéis em Direito"[155].

Numa se exibe em livrarias da Rua do Ouvidor, manipulando obras chegadas da França, no Parlamento discursa sempre a favor, nunca vota contra o "chefe", organiza manifestações "espontâneas" na Cidade Nova – no que se serve, aliás, de uma figura magnífica de *pobre virador*, organizador de manifestações políticas "espontâneas", o cabo eleitoral Barba-de-Bode.

Numa, em privação de sentido, discursara contra o interesse do "chefe". O futuro, por um momento, gorou: não seria senador, governador, presidente... A mulher o convence a discursar, no dia seguinte, em sentido contrário. Estaria salvo. Fosse descansar, ela escreveria o discurso – como sempre. Madrugadinha, Numa acorda, vê a luz do escritório acesa. Pela primeira vez sente real gratidão pela mulher. Pé ante pé se encaminha para lhe agradecer, talvez lhe depositar um beijo na fronte. Ouve um cicio, vozes abafadas. Está com o primo, Benevenuto. Eles se beijavam; deixando de beijar, escreviam. Que deveria fazer? Numa voltou, pé ante pé, para o leito, onde sempre dormiu tranqüilamente.

Em *Clara dos Anjos*, também a revelação é dada por uma mulher – dona Margarida, russa emigrada vizinha da família suburbana. Depois que Cassi, o sedutor esnobe, abandona Clarinha, é dona Margarida quem

---

154 Em 1910.
155 BARRETO, Lima. *Numa e a ninfa*. São Paulo: Brasiliense, 1956, p. 31.

a toma pela mão e vai à casa dos Jones exigir reparação. A mãe da vítima só sabia chorar, antevendo a sua perdição. Pretos e humildes, haviam fracassado na proteção da virgindade da filha. A iniciativa de dona Margarida – como se só a estrangeira a tivesse – não resultou: a mãe de Cassi Jones não as deixou passar do portão. Voltaram à casa, Dona Margarida relatou a entrevista, por entre o choro e os soluços da filha e da mãe. Num dado momento se abraçam:

– Mamãe! Mamãe!
– Que é, minha filha?
– Não somos nada nesta vida.

O Brasil é feio mas gostoso

Quem escreveu esta frase era, antes de tudo, um amoroso – mais do que um sensualista e menos que um piegas. Mário queria ver, tocar e incorporar tudo: a superfície e o fundo, o evento e a história, o direito e o esquerdo, bem como todas as nuances entre eles. Foi talvez o primeiro "filósofo" brasileiro a tentar demonstrar que o nosso processo civilizatório não passa de uma série infinita de diferenciações, não um *continuum*, mas uma suíte. Também intuiu que toda cultura é contemporânea ou não é, sendo a sua conversão em patrimônio (idéia fixa do tempo) a sua sentença de morte – morte provisória, bem entendido, já que um elemento de cultura popular, um ganzá, por exemplo, retirado do seu contexto para o museu ou o mercado, pode ser recriado por essa forma. Sem ser etnógrafo de profissão, Mário entendeu que a cultura está antes no processo que no produto, não passando este de uma "linguagem" que objetiva e explica aquele.

Mário foi um paulistano empedernido. São Paulo, o lugar *desde* onde viu e sentiu o mundo. Mais do que um local geográfico, uma circunstância existencial em si, a cidade era, na sua percepção, *o lugar* do progresso e da modernidade. Desejava se colocar *desde outro* lugar para olhar as mesmas coisas que olhava dali: a vida e a recriação da vida pela arte, o ser e o sentimento do ser pela religião e assim por diante. Esse *outro lugar* era o Norte/Nordeste: se conseguisse algum dia fundi-lo com o seu teria um *projeto nacional de cultura*, síntese do erudito com o popular, do urbano com o sertanejo, do moderno com o arcaico – era preciso, pois, que ambas as culturas se negassem uma por intermédio da outra.

Esse dilema e aquele projeto vincaram, na verdade, a geração de artistas e escritores de 1922 a 45, a mesma que descobriu a "realidade nacional" – talvez, no entanto, apenas Mário de Andrade e Monteiro Lobato tenham vivido essa descoberta com paixão.

O projeto nacional de cultura da geração modernista daria em água de barrela (para usar uma expressão da época). As transformações sociais (econômicas, demográficas, ecológicas etc.) vinham modificando de tal jeito "o mundo rural" do Norte/Nordeste, bem como as ilhas de modernidade e progresso do Sudeste que, pouco antes de morrer (1945), Mário já devia compreender que nunca o realizaria. Ora, um dos requisitos para realização daquele projeto era a consolidação da ditadura populista, consubstanciada no Estado Novo (1937-45). Mário, como tantos *intelectuais compassivos*, se manteve ambíguo: não gostava de ditaduras, mas o seu projeto nacional parecia coincidir em vários pontos com o do Estado pretoriano montado por Vargas. Em última instância, seu projeto nacional de cultura é a tentativa de politizar aquele "conteúdo de idéias" que talvez se possa chamar de cultura do populismo. Seria retomado, em parte, no começo dos anos 60 pelo Movimento de Cultura Popular, o MCP, apoiado na UNE, nas Ligas Camponesas e em partidos de esquerda. Ferreira Gullar, Paulo Pontes, Oduvaldo Viana Filho (o Vianinha), o Cinema Novo e o Tropicalismo foram, à sua maneira, os legítimos herdeiros do autor de *Poemas da negra*[156].

Mário morreu em depressão aos 51 anos na rua Lopes Chaves. Se queixava de derrotas. Derrota para o Burguês Satisfeito, para o Colonialismo Cultural, para a Sem-vergonhice Política, para a Arte Acadêmica, para o Nazifascismo Internacional e Caboclo. Derrota da sua vida pessoal, sem filhos, sem amores, sem dinheiro, só amigos epistolares com quem se derramava desesperadamente. Cansado de perder, morreu quando os intelectuais de profissão costumam atingir a plenitude. E se estivesse do lado dos vencedores? Darcy Ribeiro, falando de si próprio, garantia que essa hipótese era impensável para "intelectuais iracundos" (seu oposto eram os "contentes").

Se pode dizer que o pensamento de Mário de Andrade, se ocupando de estética, música, literatura e, principalmente, cultura popular, foi quase sempre dialético. Dialético, no sentido hegeliano: capaz de considerar

---

156 Mário se dizia socialista embora não tivesse pertencido a partidos. No fim da vida, a impotência diante dos problemas sociais o levou a uma depressão que teve a ver com sua morte.

e incorporar os contrários na busca da verdade do homem ("O homem, escreveu em *O turista aprendiz,* tem de ir além do espetáculo que dá"). Pensemos, por exemplo, na noção de patrimônio, que ajudou a fundar. A preservação do patrimônio nacional, sobretudo quando se parte de uma idéia ampla de cultura, seria uma ação progressista de Estado. Implicando, porém, coletar, recolher, pinçar, congelar etc., frearia a dinâmica cultural. Cultivo ou caça, posse ou entrega, apropriação ou distribuição? O que é melhor: guardar e matar ou não guardar e deixar viver (até que morra por si)? Patrimônio é uma função *masculina*; o seu contrário, matrimônio, é uma função *feminina* e pressupõe amorosidade: que cada coisa se revitalize pelo contato sensual com as outras, gerando filhos. Isso, por hipótese, tem a ver com a "revolução feminina" da geração seguinte que Mário e alguns poucos pressentiram ao terminar a guerra.

Iaras explicáveis

Já se falou e escreveu tanto sobre *Macunaíma* que o livro se tornou banal (não se tornou conhecido, mas é outra história). Jovens leitores demonstram, no entanto, enorme dificuldade em ler *Macunaíma*. Primeiro, qual é o seu tema? Seja qual for, está distante histórica e espacialmente das atuais gerações, mais urbanóides e massificadas que as anteriores. Segundo, a quantidade de palavras da língua-geral, a mais falada no Brasil até duzentos anos atrás, que se dessignificaram. Terceiro, o código popular em que está construído: não é mais o nosso. Que é código? Barthes conta que certa manhã comentou com a padeira da sua rua: "Como está luminosa esta manhã!", ela respondeu qualquer coisa e ele compreendeu que "luminosidade da manhã" era um código de letrados, não abrangia padeiras por mais simpáticas que fossem.

Pequeno número de estudantes consegue, no entanto, vencer as primeiras dificuldades (de contexto cultural, de vocabulário, de código) e se apaixona por *Macunaíma*. Assimilando o seu código, que é a oralidade popular, "compreendem" o estilo do livro, decifram seus vocábulos. Daí pra frente se tornam co-autores da rapsódia, inventam o que Mário inventou e, fechada a última página, prosseguem na invenção. Mário, como todo grande criador é, portanto, num certo sentido, descartável. Ler bem *Macunaíma* é assimilar o seu código, se tornar "cavalo" daquele preto retinto filho do medo da noite, prontos para fazer o que ele quiser na sua onipotência de orixá.

Macunaíma é uma rapsódia, o que, na Grécia, designava os fragmentos de poemas épicos recitados em feiras (graças a rapsodos, declamadores, é que chegaram até nós a *Ilíada* e a *Odisséia*). Gregos eram todos quanto se reconheciam nas rapsódias, elas funcionavam à semelhança do código que levou Barthes a "desconhecer" a padeira do bairro. No século 19, o termo passou a designar tanto peças musicais melodiosas, emotivas, popularescas, para piano e orquestra – como as que fizeram a glória de Liszt, Brahms e Tomaschek (por exemplo) – quanto coletâneas de textos variados, sem ligação entre si, espécie de miscelânea de que *Macunaíma* é o melhor exemplo brasileiro, caldeirão de lendas afro-ibero-indígenas que constituiriam o fundo da nossa alma coletiva. O comunitarismo (entendido como fidelidade ao fundamento da comunidade) de *Macunaíma* se objetiva no provérbio e na frase feita, propriedades coletivas, "perfeição sem arestas", de tão polidas, "verdadeiros seixos rolados na corrente do tempo" (como nas falas de Sancho Pança ou de Martin Fierro)[157]. Não por acaso, Mário achava que a suíte, enquanto não se constituíssem sínteses nacionais, era a forma universal da música e dança no Brasil[158].

Em geral, não se dá importância à forma rapsódica de *Macunaíma*. No entanto, o livro pode ser apreciado em três níveis: o da preciosa informação etnográfica (abundante), o ideológico (no limite do modernismo, quase pós) e o da forma (rapsódia ou suíte). Neste último é que está a sua originalidade, razão principal do estranhamento que provoca. Afinal, uma obra de arte não passa de uma forma vazia, pronta apenas para ser preenchida pelos significados que os leitores vão lhe dando, gerações após gerações. *Macunaíma* seria, então, uma obra aberta típica? A obra aberta (Umberto Eco) se abre para dentro; o leitor só preenche o que já está formatado pelo escritor: tantas páginas, tais subtemas etc. *Macunaíma* se abre para fora. Graças à sua forma de rapsódia vem *de antes* e continua *depois*, como um cortejo (ou desfile), podendo os leitores, se quiserem, acrescentar outros pedaços ou gêneros. *Macunaíma* faz parte de uma série e sua leitura nos dá direito a prossegui-la quanto

---

157 PROENÇA, Ivan Cavalcanti. *Roteiro de Macunaíma*. Rio de Janeiro: Civilização Brasileira, 6. ed., 1987, p. 59.

158 "Não é tempo de compreender a alma Brasil por síntese. Porque nesta [...] a gente cai em afirmações precárias e ainda por cima confusionistas" (Apud ZAGURY, Eliane. "A crítica do modernismo", in AVILA, Affonso (org.). *O modernismo*. São Paulo: Perspectiva. p. 104.

quisermos. Série não no sentido matemático, de quantidades proporcionais, mas de enumeração por contigüidade (*Macunaíma* está repleta dessas séries, por contigüidade de significado ou de som – *aperemas sagüis tatus-mulitas tejus mussuãs da terra e das árvores, tapiucabas chabós matinta-pereiras pinicapaus e aracuãs do ar...* É um exemplo).

Por outro lado, uma das personagens centrais do livro, Vei, a Sol, pode ser vista como metáfora de uma entidade comercial inexistente no tempo de Mário (ele morreu em 1945), embora na Europa pensadores como Walter Benjamin já a pressentissem: o *shopping center*. O que é um *shopping*? Máquina-de-vender, semelhante às que *Macunaíma* e seus irmãos encontraram em São Paulo. Iara terrível e inexplicada, o *shopping* trabalha com o *dispositivo do jogo*, por isso se tornou a mais totalitária das instituições humanas: nenhuma classe ou pessoa lhe escapa. Dispositivo do jogo como um dos processos essenciais à humanização: ter-não ter, apego-abandono, gozar-sofrer e assim por diante. É o que nos torna humanos, até prova em contrário: ganhar-perder. Este o mecanismo que o *shopping center* põe em ação quando se transpõe a sua porta fotoelétrica: "Ó vós que entrais, deixai aqui toda a esperança". O *shopping center* é Vei, a Sol: nós a temos e não temos, com suas idas-e-vindas aprendemos a jogar. A Sol nos dá e tira. Eis as vitrines do *shopping*, pura luz irradiada de Vei, cada uma semelhante a uma telinha de televisão oferecendo e recusando, não há qualquer sombra (nem a sombra da dúvida), as séries de objetos estão aqui para serem compradas, levadas para casa, consumidas, não importa se não temos dinheiro, basta o desejo e a frustração do desejo (é o que nos fez humanos, desde que pela primeira vez nossa mãe jogou conosco: pelo jogo aprendemos que somos ela, que pertencemos ao seu corpo mas, ao mesmo tempo, seremos um outro).

A metáfora vale também para o supermercado: as prateleiras são séries atrás de séries à nossa disposição, pegamos um objeto e a série se recompõe. No final descobriremos que a máquina-*shopping*, a máquina-supermercado, a máquina-televisão, nossas mães, têm elas também uma mãe: a Publicidade. A Publicidade, a mãe primeira. Ela é que é de fato a Mãe de Vei, a Sol. Só nos resta voltar à beira do Uraricoera. Já não haverá família, nem tapera, nem nada.

Em *Macunaíma,* Mário incorporou um outro sentido (código) das culturas indígenas do Norte do país: a feminilidade da natureza. Esse sentido sobrevive na oralidade popular, por exemplo, no "erro" lingüístico de feminilizar substantivos ou mesmo preceder frases e orações com o indicativo *a* (como se vê, por exemplo, em Guimarães Rosa)[159]. Isso quer significar que todas as manifestações e forças da natureza têm mãe. Em última análise é o reconhecimento do estado de natureza que constitui o homem: ele é ela. Se pode falar em alienação primitiva. Quando os kishanauás dizem Mãe do Ouro, por exemplo, querem dizer que o ouro pertence à mãe, que ela o possui integralmente. Esse é o estado primitivo de alienação que, curiosamente, retorna na civilização pós-industrial com o *"shopping center* global". Estamos, por exemplo, tão alienados às videomáquinas (tevês, computadores, vitrines, *outdoors* etc.) que parecemos reverter ao estágio de fusão com a mãe. Nós e ela somos um. (Mário se deparou com esse fato. Enquanto etnólogo, colecionador de objetos da cultura popular, sabia que tratá-los como patrimônio, embora necessário à sua preservação, era separá-los da mãe, encerrando o matrimônio em que viviam.)[160].

Um segundo elemento (sentido) do código de *Macunaíma* é o desfile. A forma desfile é aquela em que o espectador assiste parado a um drama que vem do infinito e continua para ele. Desfiles, ou cortejos, são o bumba-meu-boi, o maracatu, o Senhora dos Navegantes, a cavalhada, a escola de samba... O próprio espírito da tragédia, como se sabe, tem origem no cortejo de bode (*trago*, em grego) em louvor de Dioniso.

A fabulação e o enigma são outros tantos sentidos da oralidade popular que Mário de Andrade incorporou ao livro. Alguém já observou que com *Macunaíma* Mário criou, talvez inconscientemente, um código para Brasil. Quem decifrá-lo decifra o país, pelo menos o país de cinqüenta anos atrás. Aquela rapsódia, composta em uma semana na fazenda do "tio", em Araraquara, funcionaria como um provedor, que não contém ele próprio as informações, mas apenas o código do acesso à rede. *Macunaíma*, o provedor da rede Brasil. São Paulo, sertão, Chico Antônio, boneca de maracatu, rede de tucum, italianinhos do Brás, Ogum devorador das ruas da Bahia, Maria Moura, cheiradores de éter em Copacabana, dona Olívia Penteado, francesas e lagostas, marinheiro da Lapa, Piaimã, o gigante devorador de gente, *pouca saúde/muita saúva/os males do Brasil são* habitam o ciberespaço outrora chamado Terra de Santa Cruz.

---

[159] "A com légua-e-meia de andada, bebi meu primeiro chupo d'água, da cabaça – eu tinha avarezas dela". *Grande Sertão: veredas*. Rio de Janeiro: Nova Fronteira, 18. ed., 1985, p. 46.

[160] José Miguel Wisnick me deu esta idéia.

Nesse último período saltei de *Macunaíma* para *O turista aprendiz*. Mário fez duas viagens de estudo e passeio, em 1927 (Norte e Amazônia, chegando ao Peru) e final de 1928 (Nordeste). *Macunaíma* foi publicado nesse entretempo (1928), o movimento criativo teria sido, então, "rede-código-rede". Impressões da primeira viagem conduzem a *Macunaíma* e este lhe permite a releitura final, a decifração do Sertão. *Macunaíma* é a solução do problema contido em *O turista aprendiz*, mas *O turista aprendiz* é um problema *criado* por *Macunaíma*. *Macunaíma* é a doença (exposta em *O turista aprendiz*) de que ele alega ser a cura.[161]

Alienação é um tema basilar da história do pensamento – dizer homem é dizer alienado, vinculado, pertencente a. No plano social, o conceito se prende ao trabalho. Nos *Manuscritos econômicos e filosóficos* (Paris, 1848), Marx supõe que o artista é o único capaz, em nossa sociedade, de realizar trabalho não-alienado, não-esfacelado, expressando "a totalidade das manifestações da vida" – sem, contudo, ser capaz de abolir as condições sociais em que se dá esse trabalho. Um conceito vizinho ao de alienação (nos termos de Marx) é o de "extensão", de Marshall McLuhan. Ele supõe, para começar, que toda técnica é extensão de uma função humana, embora isso não seja sempre visível como na relação martelo-mão. Ocorre que a história da tecnologia acaba por se complexificar, gerando progresso material e reestruturando globalmente, a cada invento, o comportamento humano. Toda extensão, seja da pele (as roupas, a casa), seja das mãos (as ferramentas), seja dos pés (os veículos), acaba por afetar o homem em sua totalidade, atingi-lo na sua estrutura psíquica, física e social. Para McLuhan a história da humanidade deve ser, antes de tudo, o desvelamento das estruturações técnicas que se foram superpondo, espécie de *striptease* histórico – da carroça, das cidades, do papiro, do alfabeto e assim por diante[162]. Ora, essas extensões complexas são o meio que constitui o homem, mais do que isso: o homem pertence às suas extensões e não o contrário. A alienação é, pois, uma contingência inescapável, mesmo para o artista ou o místico: a vinculação só pode ser trocada por outra vinculação. É um fato de todos os dias, do sujeito que se torna objeto do seu carro (por exemplo), ao

---

[161] Karl Kraus disse isso da psicanálise.
[162] O próprio McLuhan se encarregaria de "despir" o alfabeto e a impressão, para desnudar o funcionamento da sociedade moderna.

jovem que faz a lição de *walkman* nos ouvidos ou ao esteta que fecha os olhos para fruir uma cantata[163].

O intelectual entre os pobres

A consciência do intelectual brasileiro, em geral, trafega em duas pistas simultaneamente: a do mundo moderno, em que os pobres pertencem à classe trabalhadora, e a do arcaico, em que os pobres são *apenas* trabalhadores desclassificados. Essa *incerteza* é uma das razões do seu desenraizamento, a sensação de que suas idéias quase nunca se referem à realidade. Pela janela das classes, o intelectual vê muito, podendo optar pela solidariedade aos vendedores de força de trabalho, representando-os ocasionalmente com simpatia e honestidade (como Amando Fontes em *Os corumba*, por exemplo, ou Portinari em *O plantador de café*) e, até mesmo, representando-os no plano político. Pela janela das *ordens*, contudo, é possível que, no caso brasileiro, veja um pouco mais e, também aqui, lhe será facultada a compaixão (ou a indiferença) com o destino dos pobres, núcleo pesado da ordem do povo. A solidariedade, nos dois casos, não decorre mecanicamente da materialidade da condição intelectual – é uma *ética*. O que disse Napoleão das baionetas – servem para tudo, exceto para sentar-se – se pode dizer do conhecimento: pode servir para fundamentar o que chamei de compaixão pelos pobres, a indiferença e mesmo a solidariedade com o seu oposto, os ricos e modernos.

Para ilustrar essa ética da compaixão tomei os casos de Cipriano José Barata, dos quatro Abreu e Lima, Raul Pompéia, Lima Barreto e Mário de Andrade (Rui Barbosa seria um caso de "indiferença", fascinado que foi pela moralidade e legalidade. Em política e filosofia, Rui não passou da gramática). Em Pompéia e Mário o dilema específico da função intelectual (*Como podem os intelectuais trabalhar para os po-*

---

163 "Parafraseando Hegel, o homem não pode permanecer fechado em si mesmo, no templo de sua própria interioridade: ele deve exteriorizar-se na obra, e, ao fazê-lo, aliena-se nela. Mas, se não o fizesse, e ficasse a cultivar a própria pureza e absoluta independência espiritual não conseguiria salvar-se, anular-se-ia. [...] Identificamos pois duas posições, ambas extremas, diante da possibilidade, sempre presente e ineliminável, de alienação existente em todas as nossas relações com as coisas e com os outros: a posição pessimista que destrói o objeto (rejeitando-o como mau) por medo de comprometer-se, e a posição otimista, que considerava a integração no objeto como único resultado positivo da relação". ECO, Umberto. *Obra aberta*. São Paulo: Perspectiva, 1976, p. 237 e 243.

bres?) se tornaria angustiante. Em Lima Barreto, a angústia teve o complicador *racial* de que *se livrou*, teoricamente, ao descobrir o *bovarismo* como categoria.

Com efeito, o *acidente* da *raça* talvez tornasse Barreto *melhor resolvido* como intelectual do que os outros. Em 13 de maio de 1914, ao completar 33 anos escreveu no seu diário: "Despeço-me de um por um dos meus sonhos"[164]. Pompéia diria algo parecido mas, ainda que poucos anos o separem de Barreto, este parecia mais perto, por temperamento e contexto histórico ("consciência possível"), de se tornar intelectual de novo tipo – porta-voz de situações presentes, recusando as formas pedantes que vinham do passado[165]. Cedo Barreto acordou desse sonho de representar, como intelectual, a reta inteligência, a boa consciência, o superior conhecimento da vida. Compreendeu ainda jovem que os intelectuais pedantes são os funcionários de dissuasão e convencimento (visando ao consenso) da ordem dominante, trabalhando pela humilhação sistemática dos pobres. Viu cedo que o prestígio intelectual, mesmo legítimo, está a serviço da dominação social. E, enfim, que os intelectuais de novo tipo, livres das ilusões burguesas, podem trabalhar nos interstícios entre as classes, por um lado, e na cisão entre classificados e desclassificados, por outro – interstícios e cisões que deixam ver, lá no fundo, o mundo dos pobres.

Raça e pobreza

Tão logo o trem paradouro – "idiota e mascavado" – começava a sacolejar, o passageiro entreabria aqueles olhos de gato recém-nascido e iniciava um majestoso delírio: era um grão-duque russo viajando incógnito pelo Brasil. Manhã seguinte, estaria de volta, olhos entrefechados mas atentos, semi-refeito e dignamente sentado, à espreita de um tipo, um fato, uma idéia, um sentimento que alimentassem sua pouca vontade de viver.

Neste limitado espaço – uma linha quase reta, de Todos Santos à Central, prolongada de bonde, um que outro domingo, até o Leme, a Inhaúma, a Boca do Mato –, se moveram Lima Barreto e seus personagens, exceção das quatro fugidas dele ao interior de Minas e São Paulo e

---
164 BARRETO, Lima. *Diário íntimo*. São Paulo: Brasiliense, 1956, p. 171.
165 O esteticismo de Pompéia foi uma variante do pedantismo característico dos intelectuais na sociedade escravista.

da pedagógica estada do Policarpo no Sossego. Outras localidades só aparecerão esporadicamente – Cascadura, Santa Cruz, de um lado; Largo do Machado, Botafogo, Ipanema, Petrópolis, de outro.

Essa limitação geográfica é a primeira marca do social em Lima Barreto. Não tendo escrito senão sobre pessoas e coisas de uma parte de sua cidade, pôde retratá-las contra um fundo claro e preciso. Esse pequeno espaço físico, olhado por ele, mais parecia uma boca de poço, abertura para uma funda trama de relações sociais. Em 1919, escreveu em *A.B.C.*: *"Há uma mesma geometria para aqui e a Lapônia; mas uma Virgília do Rio de Janeiro não pode agir da mesma maneira, levada pelos mesmos motivos sociais, que as Virgília de lá, se as há"*[166]. Para precisar, em seguida, o que supunha fosse a função da arte:

"A Arte seria uma simples álgebra de sentimentos e pensamentos se não fosse assim, e não teria ela, pelo poder de comover, que é um meio de persuasão, o destino de revelar umas almas às outras, de ligá-las, mostrando-lhes mutuamente as razões de suas dores e alegrias, que os simples fatos desarticulados da vida, vistos pelo comum, não têm o poder de fazer, mas que ela faz, diz e convence; contribuindo para a regra de nossa conduta e esclarecimento de nosso destino"[167].

Sublinhei *mesmos motivos sociais* e *simples fatos desarticulados da vida*, por supor que são a chave do seu conceito social de literatura: os motivos sociais articulam os fatos da vida. Como o escritor teria chegado a essa fórmula? Através da leitura de Taine, Guyau e Brunetière, "sem esquecer as conversas com o amigo Alcides Maia", explicaria. Alcides, Noronha Santos, Bastos Tigre, Agripino Griecco, Astrogildo Pereira e alguns outros que não deixaram nome – a turma dos pobres cafés do centro – encarnavam, na sua rubra aversão ao beletrismo, um novo *conteúdo de idéias* fruto, por sua parte, das mudanças sociais iniciadas, mais ou menos, com a Grande Guerra. Embora o temperamento, a sensibilidade e os próprios infortúnios de Lima o tenham empurrado para uma concepção militante da literatura (e poderiam tê-lo empurrado para o outro extremo, aliás) – é na transição do quadro histórico, de preferência, que se devem buscar as razões da sua firme opção. Lima Barreto não foi, impunemente, contemporâneo da infância do nosso operariado, do

---

166 *Feiras e mafuás*, p. 38-39.
167 Ibidem, p. 9.

nosso primeiro salto industrial, do tenentismo, da fundação do primeiro partido comunista e da Semana de Arte Moderna.

Foi costume, até recente, usar os infortúnios do escritor como esquadro para lhe medir a obra. Não se pode negar a biografia mas, por si só, ela nada explica[168]. O próprio Lima fulminou interpretações dessa natureza: "O que estraga os intelectuais brasileiros não é a cachaça, é a burrice". Burrice, como ele a entendia, era fenômeno social. Burro era Coelho Neto: "Em anos como os que estão correndo, de uma literatura militante, cheia de preocupações políticas, morais e sociais, a literatura do senhor Coelho Neto ficou sendo puramente contemplativa, estilizante, sem cogitações outras que não as da arte poética, consagrada nos círculos dos grandes burgueses embotados pelo dinheiro"[169].

O movimento real vida-obra nunca é mecânico, como acreditam os biografistas – até mesmo aqueles que prezam o autor de Policarpo Quaresma. É dialético: *sofrimentos do escritor* o aproximaram da *corrente renovadora das idéias da sua época* – que em literatura era antiestetizante – o que lhe permitiu *enxergar a dimensão social de certos fenômenos*, o que, por sua vez, o levou à *criação literária de situações, personagens e ambientes típicos*. O final deste processo foi o escritor *fazer-se personagem de si mesmo*, se retratando quando retratava a classe média pobre do primeiro subúrbio carioca (havia um segundo, além de Todos os Santos). Essa auto-retratação foi encarada, freqüentemente, como deficiência, intemperança, imaturidade etc., o que não se sustenta.

Os diabos que atormentavam o escritor não tinham conta – a repartição, a família, o orçamento doméstico, o subúrbio, a saúde, o parati, o sexo, o racismo, a polícia... Feita, contudo, a costumeira ronda dos botequins do centro, se enfiando no trem que o levava à "triste casa", era a dolorosa consciência dos próprios fracassos que o possuía.

A vida de Lima Barreto foi, com efeito, um sumário de fracassos. Se presumia inteligente, mas levou diversas bombas na Politécnica; se imaginava brilhante, mas nunca passaria de amanuense na Secretaria da Guerra; se julgava com direito a morar na Zona Sul e se casar com

---

[168] "Levado pelo biografismo, Barbosa [Francisco de Assis] abandona porém qualquer tentativa de compreensão histórica real; prefere repetir alguns velhos chavões sobre a gênese das posições ideológicas de Lima, 'explicadas' enquanto manifestações de 'recalques' e 'ressentimentos'". COUTINHO, Carlos Nelson. "Um novo Lima Barreto", in *Movimento*, 8 out. 1975.

[169] *Impressões de leitura*, p. 76-77.

mulher branca, mas acabou num subúrbio de lama e mato atrelado a um pai demente; se imaginou um imortal das letras mas só foi, de fato, benquisto pela confraria dos botequins – a Academia sequer lhe considerou a candidatura.

Suas bombas na Politécnica, por exemplo, o deixaram de pé atrás com a mania de doutor, a ponto de atribuir a ela a estagnação mental do nosso ensino e até a carestia de vida[170]. A galeria barretiana de doutores burros, enfatuados, chupa-sangues, é comprida. Para leitores apressados (até críticos importantes o foram), essa trajetória foi linear: do ressentimento à caricatura. Olhando de perto, se vê que os doutores são, para Barreto, células germinativas do poder. Se encontram de cima a baixo do país. Um espírito bacharelesco preside a todos os nossos atos. A mania de doutor é, na verdade, o mais grave sintoma de uma sinistra doença nacional: *o bovarismo*.

Embora o ponto de partida seja, naturalmente, o *Madame Bovary*, de Flaubert, a revelação lhe veio por um livro de Jules de Gaultier, *Le Bovarysme*. Bovarismo é a contradição entre *o que se pensa que é e o que se é de verdade*. Em *Diário íntimo* chega a traçar um gráfico do fenômeno[171]:

A pessoa humana	A imagem que, sob o império do meio, circunstâncias exteriores, educação, sujeição, a pessoa forma de si mesma.
	Ser real, ideal, tendências hereditárias etc.

Encontrara, de repente, a justificação social tanto para seus insucessos como para a mania de doutor que nos perseguia desde os tempos de Colônia, agravada com a República. Não importa que como diagnóstico universal brasileiro nos pareça, hoje, inconvincente; o bovarismo foi a régua e compasso com que a criatura amargurada saiu a medir o mundo.

Lima procurou a dimensão social do bovarismo desde *Recordações do escrivão Isaías Caminha* (1909). O jovem mulato migra para o Rio

---

170 *Feiras e mafuás*, p. 120 e 240.
171 "As linhas só coincidem quando a impulsão, vinda do meio circunstancial, age no mesmo sentido que a impulsão hereditária. Nos casos de Flaubert, essa convergência não se produz. O ângulo dessas linhas é o índice bovárico, mede o afastamento entre o indivíduo real e o imaginário, entre o que é e o que ele acredita ser". *Diário íntimo*, p. 94.

com a cabeça repleta de sonhos – e eles se esboroam ao contato das barreiras sociais. Suas pretensões só lhe trazem sofrimentos: o que ele era, *de fato*, estava há muito predeterminado pela condição social e a raça. O Rio de Janeiro todo, à sua volta, além disso, era um *show* de presunçosos jornalistas e políticos que se acreditavam condutores do Brasil; doutores que se criam a inteligência nacional; policiais que se presumiam guardiães da moral coletiva.

Aplicaria a fórmula melhor nos livros seguintes. O que é o *Triste fim de Policarpo Quaresma* senão a tragédia de um impenitente bovarista? O major sonha que o Brasil é o país dos índios, sonha que o Congresso é o templo dos legisladores, o folclore é a voz do povo, a agricultura a salvação nacional, que os militares são patriotas – sonha, sonha, sonha... Acaba fuzilado. Já M.J. Gonzaga de Sá é uma criatura *machadiana* que anda, com o jovem pajem, à procura não do Rio que existe, mas da sua alma (e não esquecer que Gonzaga de Sá descende do fundador da cidade). Que dizer de *Clara dos Anjos,* projeto juvenil executado à beira da morte?[172]

Clarinha tivera uma educação acima da média (para as moças da sua cor e condição). Isto fez dela sonhadora, lhe tirou o senso de realidade, a converteu em presa fácil do sedutor loiro – personificação de todos os defeitos e uma só virtude: não bebia. Seu bovarismo a perdeu, enquanto o do sedutor apenas o apetrechou melhor. A doença é mesmo nacional, só que nos pobres desmobiliza, nos ricos constitui uma habilidade extra para vexar os demais.

Para felicidade do escritor, esse diagnóstico sumário da sociedade brasileira se harmonizava com a sua concepção de arte militante, pondo à mostra o que os simples fatos não diziam. Desse jeito, Leonardo Flores – Lima Barreto poderia abrir os braços pelas ruas poeirentas de Todos os Santos:

"– Sim, meu velho Menezes, fui poeta, só poeta! Por isso, nada tenho e nada me deram. Se tivesse feito alambicados jeitosos, colchas de retalhos de seda da China ou do Japão, talvez fosse embaixador ou ministro; mas fiz o que a dor me imaginou e a mágoa me ditou. A saudade escreveu e eu translado, disse Camões; e eu transladei, nos meus versos, a dor, a mágoa, o sonho, que as muitas gerações que resumo escreveram com

---

[172] Lima começou a escrever a primeira versão de *Clara dos Anjos* em 1904. Nove meses antes de morrer, saiu na revista *O mundo literário* o primeiro capítulo da versão definitiva.

sangue e lágrimas, no sangue que me corre nas veias. Quem sente isto, meu caro Menezes, pode vender versos? Dize, Menezes!"[173]

Tendo sido, como fez notar Agripino Griecco, "nosso maior criador de almas", o autor de *Numa e a ninfa* foi, também, um excepcional criador de tipos. Tipos, no sentido em que o foram, por exemplo, Julien Sorel (*Vermelho e o negro*), ou Paulo Honório (*São Bernardo*) ou Boca de Ouro, o bicheiro suburbano de Nelson Rodrigues – sínteses de uma criatura irrepetível com uma tendência importante da evolução social[174]. Essa capacidade, de resto, o livrou do realismo vulgar, doença infantil de tantos romancistas que esposaram a concepção militante da arte. Isaías Caminha, Policarpo Quaresma, Gonzaga de Sá, Numa, Clarinha, cada uma das figuras-chave de seus romances, formam a primeira galeria. Nas secundárias, porém, menos iluminadas, é que encontraremos os melhores retratos. Como o daquele Zezé Mateus, da gangue do Cassi: *"Topava todos os ofícios; capinava, vendia peixe e verdura, com cesto à cabeça; era servente de pedreiro, apanhava e vendia passarinhos, como criança; e tinha outras habilidades deste jaez"*[175].

Na primitiva versão, incompleta, de *Clara dos Anjos* (1904) aparece Boaventura Iperoig da Silva. Alferes-aluno, era um rapaz de estatura meã que roçava, então, pelos 23 anos. Achavam-no um geômetra, tinha grandes sonhos de mando político, nunca tomava café, álcool ou fumo. A lei dos três estados (de A. Comte) lhe merecera nove sonetos; e a Revolução Francesa, comemorada, data a data, tipo a tipo, uma profusão deles. Dissentindo sobre qualquer coisa, retrucava com uma suntuosa generalização sabida e decorada.[176]

Sua segunda aparição é na Central do Brasil, ao encontrar casualmente a mãe de Clarinha. Se chega à humilde mulher muito naturalmente:

"Ao seu temperamento fundamental, acessível e compassivo, sem preconceitos – a não ser o de militar e sábio – as doutrinas utópicas que profes-

---

173 *Clara dos Anjos*, p. 83.

174 "Já tocamos no problema do típico. Qual é o 'segredo' que permite ao escritor criar grandes tipos? Sabe-se bem que a figura típica nem é banal (a não ser de maneira excepcional, em casos extremos), nem excêntrica (ainda que escape, pelo comum, à craveira do cotidiano). Para que ela seja típica, é preciso que os fatores que determinam a essência mais íntima de sua personalidade pertençam, obviamente, a uma das tendências importantes, que condicionam a evolução social." LUKÁCS, Georges, *La signification présent du réalisme critique*. Paris: Gallimard, 1960, p. 38.

175 *Clara dos Anjos*, p. 27.

176 A primeira versão de *Clara dos Anjos* está no volume do *Diário íntimo*.

sava, e com as quais estava fabricando de si mesmo uma imagem diversa, se soldaram para que fosse mais chão e mais ameno de trato com os pobres"[177].

Na última aparição, Boaventura Iperoig está enamorado da filha do Alves, prima de Clara. Que papel o romancista lhe reservava na trama é impossível saber, mas essas três entradas foram suficientes para traçar o tipo: Iperoig é um jovem pequeno-burguês socialista de sua geração ("detestava a riqueza, a burguesia, o fausto"), dogmático, entupido de teorias mal lidas, sinceramente penalizado com o sofrimento dos pobres. Seria um jovem de qualquer geração, mesmo da atual. Era, contudo, positivista, o que o prende aos primeiros anos do século passado.

Fidelidade a um espaço geossocial; concepção realista e militante da literatura; criação de tipos significativos – essas não foram, porém, as únicas pontes do autor de *Coisas do reino de Jambon* com o social. É só correr os nove volumes de sua correspondência, memórias, crônicas e artigos – quase sempre na imprensa nanica, de esquerda: o feminismo, a Revolução Russa, o anarquismo, a hegemonia do capital financeiro norte-americano, a colonização da África, o triunfo do futebol como esporte de massa, nada de importante lhe escapou[178].

Uma amostra. Em abril de 1920 confessava não estar acompanhado, "religiosamente", pelo *Correio da manhã* e *O país*, as memórias dos generais alemães "que tomaram parte ativa nessa grande e estúpida guerra última". Mandou entretanto, para *A.B.C.* um artigo desancando "esses velhos sargentos", Ludendorff e Hindenburg, que, no fundo, "matando milhões de homens e estropiando outros milhões [...] o que procuravam alcançar com a guerra era passar com distinção no exame"[179]. O artigo é virulento – e a violência verbal contra reacionários era o seu forte. A análise, contudo, não se perturba: a matança da Grande Guerra foi obra do "burocrata guerreiro" (do tecnoburocrata, diríamos hoje) a serviço do capitalismo. Eis como termina o artigo:

---

177 Ibidem, p. 200.

178 Foi o que notou um dos seus críticos: "Recusa-se a ser, coisa cada vez mais freqüente entre nós, o escritor que, concentrado exclusivamente na realização da sua obra poética ou ficcional, silencia para o momento presente, de tal modo que nasce, vive e morre sem se externar claramente a respeito de nada. Ele, não. Senhoras da sociedade promovem um chá dançante para auxiliar as crianças pobres? L.B. desmistifica a futilidade mascarada de boas intenções. [...] As formadas do Instituto de Música reivindicam, um anel de formatura? Sugere invés de anel, tatuagem". LINS, Osman. *Jornal do Brasil*, 13 jun. 1976.

179 *Feiras e mafuás*, p. 185.

"Houve um único líder que se lançou ousadamente pelo 'Mar Tenebroso' em fora, e este foi Lênine. É este o grande homem do tempo, que preside, com toda a audácia, uma grande transformação social da época, enquanto Joffre, o êmulo de Alexandre, César e Napoleão, vai presidir partidas de football..."[180].

A história, ele não a viu somente como "sentimento do tempo"; a comprometeu na sua ficção, cumprindo, assim, uma das exigências da literatura realista moderna. Os maiores acontecimentos da história brasileira da passagem do século – a agressão contra o Paraguai, a Abolição, a República, o florianismo, a política dos governadores, a modernização do Rio e São Paulo – aparecem refratados ficcionalmente em seus romances. É bem conhecido, por exemplo, o retrato do florianismo que vem no *Policarpo Quaresma* – dogmatismo e brutalidade a serviço do militarismo incipiente. O florianismo, só convém notar, não aparece como mera referência histórica, mas é um dos fios com que se tece a perdição do herói. "Não deixou Policarpo de pensar então por que força misteriosa, por que injunção irônica ele se tinha misturado em tão tenebrosos acontecimentos, assistindo ao sinistro alicerçar do regime"[181].

Em fins de 1914, Lima Barreto se recolheu à casa de um tio, em Guaratiba, para uma tarefa de "agitação e propaganda". Ia demolir, a panfletos, Hermes da Fonseca e a plutocracia que o conduzira ao poder. Apurando denúncia, não se sabe se de alcagüete ou companheiro torturado, inopinadamente o tenente Serra Pulquério – espécie de Sérgio Paranhos Fleury da República Velha – "estourou" a casa. O militante anarquista fez o que tinha de fazer: resistiu quanto pode, despedaçando cadeiras, mesas e vidraças. Manietado, enfim, foi metido em carro-forte.

Isso não aconteceu, de verdade, foi apenas o delírio que conduziu o escritor pela primeira vez ao hospício. Dois anos depois, em Ouro Fino, MG, repousava em um núcleo colonial do Ministério da Agricultura, quando lhe apareceram os tiras da repressão política e social. Vinham, nesse novo delírio, sob comando do General Batista de Castro.

O sintomático é que Lima nunca fez nada, que se conheça, de *praticamente* político pelas idéias libertárias que defendia, uma panfletagem na gare da Central, um discurso em *meeting* no Largo de São Francisco.

---

180 Ibidem, p. 86.
181 *Triste fim de Policarpo Quaresma*, p. 282.

Nada. A inação se transmudava em *culpa*, talvez a maior de quantas se podem encontrar no fundo da sua neurose. Não que qualquer ciência particular possa dar a última palavra sobre os infortúnios do autor de *Diário do Hospício*. Esta, se houver, será uma síntese daquilo que ciências particulares nos fornecerem. Um exemplo: a obsessividade do pai de Lima em matéria de dinheiro foi um deflagrador da sua "loucura". Ela se transmitiu ao filho:

"Aos sete anos, logo depois da morte de minha mãe quando eu fui acusado injustamente de furto, tive vontade de me matar [...] e daí também comecei a respeitar supersticiosamente a honestidade, de modo que as mínimas cousas me parecem grandes crimes e eu fico abalado e sacolejante"[182].

Essa obsessividade, ou que outro nome tenha, é também um fato sociológico, comum entre negros que sobem na escala social, como foi o caso do velho João Henriques, ou que adquirem prestígio intelectual acima da média, como foi o caso típico de Afonso.

A exaltação a Lênin, que reproduzimos acima, não nos deve enganar. Lima Barreto em nenhum sentido foi um comunista – não militou em partido comunista, e o primeiro, por sinal, se fundou no ano da sua morte; nem conheceu, sistematicamente, o marxismo. Devoto de Nossa Senhora da Glória, filosoficamente idealista, seu *maximalismo* declarado não passava de simpatia pela revolução bolchevista, que queria repetida aqui. A críticos apressados, o autor de *Coisas do reino do Jambon* parecia politicamente confuso. Amostra dessa confusão foi ter sido, a um só tempo, maximalista e monarquista – adesão a extremos que se explicaria por sua vida desregrada e seu pensamento assistemático. Sem negar a meia-verdade do diagnóstico, ficamos presos, mais uma vez, ao biografismo. Para começar, o ecletismo político e filosófico era mais um traço de classe, classe média pobre – que o escritor presumia representar – que dele sozinho, como bem notou alguém[183]. Em segundo lugar, seu maximalismo, como já vimos, era epidérmico; e, enfim, seu monarquismo

---

182 *Diário íntimo*, p. 135.
183 "Lima Barreto não era nem monarquista nem republicano; era o que na época costumava se chamar de 'maximalista'. Aderia a um maximalismo por certo bizarro e confuso; mas essa confusão expressava menos as limitações pessoais do escritor, ou seus supostos complexos psicológicos, do que a imaturidade social e política das classes e grupos dos quais Lima Barreto, em dada época, tornou-se o maior representante literário". COUTINHO, Carlos Nelson. "Um novo Lima Barreto", in *Movimento*, 8 set. 1975.

não passava de uma fórmula antimilitarista e antioligárquica, como o fora de resto, para o Conselheiro e tantos rebeldes do período.

"*A República – explicou-se em* Bagatelas *– mais do que o antigo regímen, acentuou esse poder do dinheiro, sem freio moral de espécie alguma; e nunca os argentários do Brasil se fingiram mais religiosos do que agora e tiveram da Igreja mais apoio.* [...] *A situação interna principiou a ser horrível, a vida cara, enquanto os salários eram mais ou menos os mesmos anteriores. O descontentamento se fez e os pobres começaram a ver que, enquanto eles ficavam mais pobres, os ricos ficavam mais ricos.*"[184]

Tirando a Federação de Estudantes, que freqüentou quando aluno da Politécnica, entre 1901 e 1903, Lima só pertenceu a uma entidade política: a Liga contra o Futebol, fundada em março de 1919 por ele, Mario de Lima Valverde e outros gatos-pingados. O autor de *Vida urbana* foi um dos mais impenitentes inimigos do bolapé – como preferiam chamar os puristas – em sua infância brasileira. Por quê?

Se poderia simplificar lembrando que Barreto teria dificuldade, por natureza, em qualquer esporte[185]. Olhando melhor, se veria que sua reação era ideológica; e a Liga contra o Futebol, natimorta, não era um caso solitário de contestação – diversos intelectuais, professores, médicos, estudantes de curso superior faziam pela imprensa, em livro, conferência e, depois de 1922, pelo rádio, campanha contra o novo esporte. Houve, é certo, intelectuais e autoridades que o apoiaram ao primeiro dia, mas a divisão da opinião pública foi clara, pelo menos até a Primeira Copa do Mundo (1930): contra, os *nacionalistas*; a favor, os *entreguistas*. (Os termos nacionalista e entreguista, está visto, apareceram depois.) A contradição foi resolvida pelos pobres: transformaram o esporte bretão e aristocrático em expressão sua.

O futebol não prestava porque era criação do imperialismo: "[...] *é coisa inglesa ou nos chegou por intermédio dos arrogantes e rubicundos caixeiros dos bancos ingleses, ali da Rua da Candelária e arredores, nos quais todos nós teimamos em ver lordes e pares do Reino Unido*"[186]. Depois,

---

184 *Bagatelas*, p. 54.
185 Lima teve, sucessivamente, as seguintes enfermidades: fraqueza geral, impaludismo, reumatismo poliarticular, hipercinese cardíaca, neurastenia, anemia pronunciada, epilepsia tóxica, fratura da clavícula, gripe toráxica e colapso cardíaco.
186 *Feiras e mafuás*, p. 170.

Os intelectuais

Lima Barreto era contra porque Coelho Neto (modelo de intelectual pedante) era a favor. Coelho, fundador do Fluminense Futebol Club, era porta-voz das criaturas bem-sucedidas que se moviam de Packard, bebiam *champagne* e se enterravam no São João Batista. O futebol, até cerca de 1920, foi, junto com o remo e o jóquei, a diversão preferida dessa gente. Lima não aceitava que fosse também o da sua. Coelho Neto, beletrista hoje quase esquecido, tinha uma visão olímpica do futebol – olímpica, para não dizer reacionária. Comparava os arredores do estádio do Fluminense à Grécia: a Rua Farani eram as Termópilas, a Rua do Russel a planície de Salamina, onde Temístocles derrotou os citas... A fé, que engrandecia os gregos, era o *football*. Ele devia ser coisa de fortes, escolhidos, guerreiros, atléticos – não fora concebido para esquálidos suburbanos de cor indefinida. Queria o novo esporte para os jovens superiores; para os pobres, queria o serviço militar obrigatório. (Neto dirigiu a Liga da Defesa Nacional, que se batia por essa e outras medidas cívicas.)

Lima achava essas idéias "monstruosas e imbecis". Não só porque era um pacifista, achando que o fim da humanidade é a paz, e não a guerra, preferindo ficar com Spencer, para quem o futebol era um sintoma de regresso à barbárie, mas por enxergar no fundo delas o inconfessado racismo da nossa burguesia. Em 1921, com efeito, uma discussão tomara conta da pequena crônica esportiva: devíamos ou não convocar crioulos para a seleção que ia a Argentina? A discussão chegou ao Parlamento, saltou para as esquinas. A opinião pública se dividia, o futebol humilhava os pretos:

"*Benemérito* football! – *escreveu. E ainda dizer-se que o governo dá gordas subvenções aos perversos de semelhante brutalidade, para eles insultarem e humilharem quase a metade da população do Brasil – é o cúmulo! E note-se que o dinheiro que o governo lhes dá, provém de impostos que todos pagam, brancos, pretos e mulatos. Dinheiro não tem cheiro, afirma Vespasiano*"[187].

Propôs uma solução: o governo continuava com sua política de matar o povo de fome, os pretos desapareciam e o futebol continuava só branco.

Além de dividir os brasileiros em geral, o bolapé provocara dissensões e acidentes entre trabalhadores, minando a sua precária unidade. Era por isso, no seu entender, que os governos municipais tanto incenti-

---
187 Ibidem, p. 171.

varam o novo esporte, isentando os clubes e os campos de impostos, liberando os que eram funcionários públicos nas horas de jogo. Não por acaso os jornais noticiavam a cada dia mais futebol elaborando, a partir sobretudo da Primeira Guerra Mundial, um linguajar cada vez mais técnico: aumento de espaço para doutores burros e presunçosos. Convincentes ou não, suas razões contra o futebol pouquíssimo tinham, como se vê, de remoque pessoal.

Parece certo – e o caso de Barreto é especialmente *ilustrativo* – que cada época relê, a sua maneira, os grandes autores do passado. Talvez mesmo a essência do que se rotula como clássico, em literatura, consista nessa oferta incessante à releitura. O clássico é, já se notou, quase sempre profético, despontando com mais freqüência em "fases de transição" – o *Dom Quixote, O vermelho e o negro, A montanha mágica, Em busca do tempo perdido, Cem anos de solidão*... Bem, a atualidade se caracteriza, no Brasil, pela falência de vários dos mitos de fundação, por exemplo o da *democracia racial*. Estudos sociológicos e estatísticos em penca, depoimentos humanos, conflitos raciais de todo tipo e luta organizada contra o racismo liquidaram com ele. As transformações econômicas e sociais dos últimos cinqüenta anos, ao invés de diluírem as contradições raciais, como ingenuamente se supunha há duas gerações, as azedaram. É certo que o negro obteve, nesses anos de "desenvolvimento", ganhos socioculturais no interior do padrão capitalista de acumulação mas, em qualquer ocupação, pessoas de cor continuam a receber menos que as outras[188].

A piora relativa da situação econômica do negro – num mercado de mão-de-obra agora organizado e ampliado – se somou à politização crescente das nossas camadas médias urbanas em geral. (A politização dos negros intelectualizados, em especial, foi conseqüência também do prestígio mundial do movimento negro norte-americano e das independências africanas.) Um dos produtos mais notáveis dessa conjugação foi o movimento negro, integrado hoje, por frentes políticas, ONGs, centenas de instituições de pesquisa e/ou comunitárias e milhares de pessoas em todo o país. Do ângulo aberto por esse movimento é que se tem procurado reler, na atualidade, a obra do escritor negro assumido, Afonso Henri-

---

[188] Ver, entre outros, SILVA, Nelson do Valle. "O preço da cor: diferenças raciais na distribuição de renda no Brasil", in *Pesquisa e planejamento econômico*, x (abril de 1988) e HASENBALG, Carlos A. *Discriminação e desigualdade raciais no Brasil*. Rio de Janeiro: Graal, 1979.

ques de Lima Barreto – e que ele tenha assumido frontalmente essa condição é, desde logo, um fato que essa releitura destacou.

"*Eu sou Afonso Henriques de Lima Barreto* – anotou no seu diário íntimo. – *Tenho 22 anos. Sou filho legítimo de João Henriques de Lima Barreto. Fui aluno da Escola Politécnica. No futuro escreverei a História da Escravidão Negra no Brasil e sua influência na nossa nacionalidade.*"

Não escreveu como também não realizou o projeto de um *Germinal* negro. ("Pretendo fazer um romance em que se descrevam a vida e o trabalho dos negros numa fazenda. [...] Animará um drama sombrio, trágico e misterioso, como os do tempo da escravidão.") Esse quase compromisso, o cumpriu de outra forma, mais de acordo com sua capacidade literária – sua obra é um precioso quadro da opressão por que passariam no Brasil os descendentes de negros escravos. É, também, um *painel de mudança*, aquele em que o país deixara de ser uma pacata fazenda senhorial para se transformar na moderna nação capitalista dependente, oferecendo aos negros uma posição *talvez* mais confortável que antes: passariam da marginalidade quase absoluta, em que os deixara a abolição, a proletários e subproletários.

Organizando a compreensão da obra de Barreto a partir do mito da democracia racial, a crítica anterior – com as exceções de sempre – não pôde reconhecer isso. Ela a tomou como extravasão de *mulato* desmazelado, ressentido, insolente e propenso ao vício, lhe atribuindo, por isso mesmo, duvidoso valor artístico. Dessa vesguice não escaparam mesmo aqueles que lhe reconhecem valor documental ou os que lhe admiram um que outro momento – preocupados em ressalvar, no entanto, sua irregularidade de composição, seu desleixo gramatical. É interessante notar, de passagem, serem os mesmos defeitos tradicionalmente imputados aos mulatos em geral. Mas é claro que os negros atuais (2004), que vão descobrindo o escritor de *Todos os Santos*, não têm motivos para achar nada disso: seria enfiar a carapuça, enxergando o escritor e, afinal, a si próprios, apenas *reflexivamente*. Não vêem em Lima nenhum "mulato ressentido" (expressão-chave da crítica anterior) mas o típico brasileiro pobre submetido, além disso, a fortíssimas pressões raciais. E o que é típico transcende o biográfico.

A questão racial – desde a forma branda do preconceito até à essencial do racismo – aparece, direta ou indiretamente, nos dezessete livros de Lima Barreto (dezessete livros em dezessete anos! Não há melhor desmentido à sua instabilidade e desmazelo). Passagem arquiconhecida é, por exemplo, a que está no *Diário íntimo*. O escritor ganhara convite para visitar uma esquadra americana:

"Fui a bordo ver a esquadra partir. Multidão. Contato pleno com meninas aristocráticas. Na prancha, ao embarcar, a ninguém pediam convite; mas a mim pediram. Aborreci-me. Encontrei Juca Floresta. Fiquei tomando cerveja na barca e saltei.

É triste não ser branco"[189].

Lima tinha, então, 27 anos. Não era, certamente, o primeiro protesto escrito. Aos 23, idade com que redigiu a primeira versão de *Clara dos Anjos*, voltando de pagar dívidas do pai, em Governador, desabafava:

"[...] ao embarcar, me invadiu tão grande melancolia, que resolvi descer à cidade. Que seria? Foi o vinho? Sim, porque tenho observado que o vinho em pequenas doses causa-me melancolia; mas não era o sentimento; era outro, um vazio n'alma, um travo amargo na boca, um escárnio interior. Que seria? Entretanto, eu o quero atribuir ao seguinte:

Na estação, passeava como que me desafiando o C. J. (puto, ladrão e burro) com a esposa ao lado. O idiota tocou-me na tecla sensível, não há negá-lo. Ele dizia com certeza:

Vê, 'seu' negro, você me pode vencer nos concursos, mas nas mulheres, não. Poderás arranjar uma, mesmo branca como a minha, mas não desse talhe aristocrático.

Suportei o desafio e mirei-lhe a mulher de alto a baixo e, dentro de alguns anos, espero encontrar-me com ela em alguma casa de alugar cômodos por hora"[190].

Vão denunciadas, nos dois episódios, formas universais do preconceito racial brasileiro. Para crentes na *democracia racial*, formas de "complexo de cor" do próprio negro ou, no máximo, casos isolados de pequena monta que o romancista só levou à unha pelo seu temperamento excessivamente vibrátil. Que dizer dessa cegueira? Que ela é a maneira peculiar brasileira de ser racista. Dela não se livrou o próprio Noronha Santos, talvez seu melhor amigo: "[...] a tragédia do homem de cor, *túnica envenenada* de que Lima Barreto não conseguiu libertar-se até a morte"[191] (grifo meu). Quer dizer: no Brasil só há racismo quando os negros cismam que há.

---

189 *Diário íntimo*, p. 1.
190 Ibidem, p. 46.
191 Prefácio de *Correspondência ativa e passiva*, 1º tomo, p. 14.

Não foi, certamente, Barreto o primeiro escritor a tomar o preconceito racial como matéria de romance. Pelo menos Adolfo Caminha, num livro de 1895, *Bom crioulo*, e Aloísio Azevedo em *O mulato*, de 1891, já o tinham feito antes. Seu mérito foi ver o preconceito racial como peça de um conjunto ideológico, situação em que se tornava muitíssimo mais grave, passando de simples preconceito a racismo – modalidade de poder mais do que pré-juízo. (O racismo pode ser definido como *forma de poder baseado no preconceito racial*, extrapolação deste para o campo político. Assim, embora o preconceito racial pareça ser universal, o racismo não o é. Negros, exceto em países africanos e alguns do Caribe, e judeus, exceto em Israel, não são, nessa acepção, racistas, embora eventualmente demonstrem preconceito e, até, pratiquem discriminação contra outras etnias e/ou culturas. Lhes falta o poder para tanto.) Eis, nesse sentido, um comentário de Barreto em 1915, no *Correio da noite*:

"*A grande cidade do Prata tem um milhão de habitantes; a capital Argentina tem longas ruas retas; a capital Argentina não tem pretos; portanto, meus senhores, o Rio de Janeiro, cortado de montanhas, deve ter largas ruas retas; o Rio de Janeiro, num país que recebeu durante quase três séculos milhões de pretos, não deve ter pretos*"[192].

O que se descobre aí? Que Lima não entendia o preconceito racial isolado.

Certamente, também, não coube a Barreto a primazia de apontar o bovarismo brasileiro – Raul Pompéia, pelo menos, já o fizera, caprichadamente, em *O Ateneu*. Seu mérito foi perceber o bovarismo *em par* com o racismo, como duas faces da mesma moeda: opostos mas justapostos. Que os críticos da geração anterior – com as exceções de sempre – não houvessem percebido isso, e o dessem como simples ressentido por não ser branco nem doutor e levar uma vida desregrada etc., é apenas a prova de que uma classe, uma época, só vêem o que lhes é possível ver. Se pudessem se colocar numa perspectiva *atual*, *popular* e *negra* – mas, historicamente, não podiam – veriam que o escritor de *Todos os Santos*, tendo nascido "mulato e pobre", tocou no cerne do que convencionamos chamar "questão nacional brasileira": o que está em cima – poder político, bem-estar, beleza, bons costumes, ciência e literatura – é sempre branco, ou presumidamente branco; o que está embaixo – a alienação política, a pobreza, o mau gosto etc., etc. – é sempre de cor.

---

192 *Vida urbana*, p. 83.

O intelectual sozinho

Lima Barreto esteve longe de ser um teórico. Se armou, contudo, de idéias-chave para polemizar ou simplesmente se definir a respeito de questões que o angustiavam. Sua estética, por exemplo, tinha espinha dorsal: um pouco de pensadores franceses, de romancistas russos, um que outro alemão e inglês, sem esquecer Eça e os brasileiros Machado, Aloísio, Pompéia. (Curiosa esta anotação sobre Pompéia: "Li, por acaso, algumas páginas de *O Ateneu* e as achei soberbas; entretanto é de desanimar que um livro como aquele não seja lido aos 10 mil. O Eça, me parece, escrevia inferiormente, e os seus processos de graça são muito mais grosseiros que os de Raul Pompéia"[193].)

Na questão racial, que a expansão colonial do fim do século e a Grande Guerra trouxeram à baila, carregada de fortes tintas, Barreto, igualmente, buscou pontos de vista claros e sólidos:

"*Quanto à raça os repetidores das estúpidas teorias alemãs são completamente destituídos das mais elementares noções de ciência, senão saberiam perfeitamente que a raça é uma abstração, uma criação lógica, cujo fim é fazer o inventário da natureza viva, dos homens, dos animais, das plantas e que, saindo do campo da história natural, não tem mais razão de ser*".

É um ponto de vista científico dos dias de hoje. Ponto de vista claro e sólido é ainda aquele em que se situa, cinco anos depois, ao comentar em *A.B.C.*, o livro de J. Finot, *Le préjugé des races*. Adverte, de cara, para a raiz ideológica dos "conceitos científicos" em discussão; e acaba denunciando a extrapolação do natural para o social que caracterizava o discurso racista da época[194]. Das muitas ocasiões em que discutiu raça e racismo – em artigo de jornal, em carta, em anotações esparsas que não esperava publicar, a definitiva foi em 1910 (ou por volta deste ano):

"*Vai se estendendo, pelo mundo, a noção de que há umas certas raças superiores e umas outras inferiores, e que essa inferioridade, longe de ser transitória, é eterna e intrínseca à própria estrutura da raça. Diz-se ainda mais: que as misturas entre essas raças são um vício social, uma*

---

193 *Diário íntimo*, p. 90.
194 O artigo, para *A.B.C.*, está em *Feiras e mafuás*, p. 187-95.

praga e não sei que cousa feia mais. Tudo isto se diz em nome da ciência e a coberto da autoridade de sábios alemães"[195].

Como o escritor liquidou este tigre de papel? Um pouco como o Gonzaga de Sá, lhe exibindo, com paciência, as entranhas:

"O que se diz em alemão é verdade transcendente. Por exemplo, se eu dissesse em alemão – o quadrado tem quatro lados – seria uma cousa de alcance extraordinário, embora em nosso rasteiro português seja uma banalidade e uma quase-verdade." De onde vinha o prestígio da banalidade dita em alemão? *"[...] da covardia intelectual de que estamos apossados em face dos grandes nomes da Europa".*

Desmontou, em seguida, os critérios de mensuração craniana:

"Se F. tem 0,02m a mais no eixo maior da oval de sua cabeça, não é inferior a B., que tem menos, porque ambos são da mesma raça; contudo, em se tratando de raças diferentes, está aí um critério de superioridade".

Colocou sob suspeição, também, os juízos impressionistas sobre a inferioridade dos negros: "Não contentes com isso [os grandes sábios], buscam outros dados, os psíquicos, nas narrações dos viajantes apressados, de turistas imbecis e de aventureiros da mais baixa honestidade".

Na parte final do arrazoado – a mais interessante, por certo – o contra-ataque é pessoal: "É satisfação para minh'alma poder oferecer contestação, atirar sarcasmos à soberbia de tais sentenças, que me fazem sofrer desde os 14 anos". É que lera, então, na *Revista brasileira*, os esconjuros e anátemas contra os povos não-brancos, de Domício da Gama e Oliveira Lima. Queria ser o campeão da sua raça caluniada, demonstrando com o exemplo da sua vitória a falácia da sentença degradante: "Não pararei nunca, não me deterei; nem a miséria, nem as perseguições, as descomposturas me deterão. Sacudi para longe o fantasma do Medo; sou forte, penso, tenho coragem... Nada! Nada! Nada!"[196] Força para vencer, não lhe vinha só da juventude, mas de uma convicção teórica. "É que senti que a ciência não é assim um cochicho de Deus aos homens da Europa sobre a misteriosa organização do mundo."[197] Lima compreendera, perfeitamente, o que chamamos hoje *ideologia do colonialismo*.

---

195 *Diário íntimo*, p. 111.

196 Como não lembrar aqui do *Emparedado* de Cruz e Sousa? "O que tu podes, só é agarrar-me com frenesi ou com ódio a minha Obra dolorosa e solitária e lê-la e detestá-la. [...] Mas para chegares a esse movimento apaixonado, dolorido, já eu antes terei, por certo – eu o sinto, eu o vejo! - te arremessado profundamente pelos cabelos a minha Obra." *Obra completa*. Rio de Janeiro: Aguilar, s/data, p. 660.

197 O artigo está em *Diário íntimo*, p. 110-13.

Embora toda a sua obra seja um campo *inteligível* para as relações raciais, e o próprio Lima Barreto tenha assumido de forma ambígua, como veremos adiante, sua negritude, lembremos seu livro de estréia. Estão dissecadas no *Isaías Caminha*, literariamente, as principais modalidades do preconceito racial brasileiro, as ostensivas como aquelas que o senso comum supõe veladas:

A barreira invisível que derrota o jovem negro: *"... vês que me dispus a tomar na vida o lugar que parecia ser de meu dever ocupar, não sei que hostilidade encontrei, não sei que estúpida má vontade me veio ao encontro, que me fui abatendo, decaindo de mim mesmo, sentindo fugir-me toda aquela soma de idéias e crenças que me alentaram na minha adolescência e puerícia"*[198].

A exigência do diploma para embranquecer: *"Ah! Seria doutor! Rasgaria o pecado original do meu nascimento humilde, amaciaria o suplício premente, cruciante da minha cor..."*[199]

A discriminação cotidiana: *"Servi-me e dei uma pequena nota a pagar. Como se demorassem a trazer-me o troco reclamei: Oh! fez o caixeiro indignado e em tom desabrido. Que pressa tem você?! [...] Ao mesmo tempo a meu lado, um rapazola alourado reclamava o dele, que lhe foi prazenteiramente entregue. O contraste feriu-me, e com os olhares que os presentes me lançaram, mais cresceu a indignação"*[200].

A discriminação policial: *"[o delegado] perguntou pela terceira vez:*
– *Qual é a sua profissão?*
– *Estudante.*
– *Estudante?!*
– *Sim senhor, estudante, repeti com firmeza.*
– *Qual estudante, qual nada!*

A sua surpresa deixara-me atônito. [...] Donde lhe vinha a admiração duvidosa? [...] Era o sentimento geral da minha inferioridade, decretada a priori, que eu adivinhei na sua pergunta"[201].

A importância de ser branco para vencer na vida: *"Demais [ao Doutor Ricardo], as suas relações, o rigor colegial da sua vida, os seus olhos azuis,*

---

198 *Recordações do escrivão Isaías Caminha*, p. 41.
199 Ibidem, p. 53.
200 Ibidem, p. 60.
201 Ibidem, p. 115.

tinham lhe valido a respeitosa consideração de todos os repórteres, redatores e colaboradores"[202].

O preconceito brasileiro de não ter preconceito: *"– Que nome! Félix da Costa! Parece até enjeitado! É algum mulatinho?*
– Não. É mais branco que o senhor. É louro e tem olhos azuis.
– Homem, você está zangado...
Ele não compreendia que eu também sentisse e sofresse"[203].

O complexo de cor atribuído ao negro: *"O caminho da vida parecia-me fechado completamente, por mãos mais fortes que as dos homens. Não eram eles que não me queriam deixar passar, era o meu sangue covarde, era a minha doçura, eram os defeitos do meu caráter que não sabiam abrir um*[204].

A necessidade política de entidades negras: *"Isto do preconceito não se prova, sei bem: mas se não tenho provas judiciais, tenho muito por onde concluir. Por que aí, em São Paulo, e em Campinas também, há sociedades de homens de cor? Hão de ter surgido devido a algum impulso do meio, tanto que no resto do Brasil não as há"*[205].

O que os brancos, em geral, pensam dos negros: *"Para ele, como para toda a gente mais ou menos letrada do Brasil, os homens e mulheres do meu nascimento são todos iguais, mais iguais ainda que os cães das suas chácaras. Os homens são uns malandros, planistas, parlapatões quando aprendem alguma coisa, fósforos dos politicões; as mulheres (a noção aí é mais simples) são naturalmente fêmeas"*[206].

Como amostra – e só percorremos o seu livro de estréia – é bastante. Ninguém, em nossas letras, revolveu tanto as relações entre negros e brancos. E do ângulo em que se pode ver melhor, o de vítima da "democracia racial". Em nada admira, portanto, que as últimas gerações de negros tenham do romancista de *Todos os Santos* visão diferente da que tiveram outras gerações – e outros críticos.

Não cairemos, porém, na armadilha de só ver o lado luminoso da obra de Lima Barreto. Nem tem cabimento uma visão da sua vida que o

---

202 Ibidem, p. 214.
203 Ibidem, p. 240.
204 Ibidem, p. 124.
205 Ibidem, p. 15.
206 Ibidem, p. 274.

dê como "pobre sofredor que superou as barreiras de classe e de cor para entrar na história". Nem Santos Dumont nem Chica da Silva, lhe fazer justiça é indagar por que as duas últimas gerações – sobretudo a de negros – o apreciam mais que as anteriores. A resposta parece ser: ele refletiu e refratou (nos seus escritos e na sua ficção) o que havia de mais profundo na transição social brasileira do entre-guerras – transição geralmente chamada de Revolução de Trinta. Ao se posicionar sem rodeios como negro, compreendeu, ao mesmo tempo, a especificidade e a essencialidade da contradição racial daquela sociedade em mudança. Ora, aquela transição todavia não se completou; e quanto à componente racista, longe de desaparecer, se acentuou em alguns casos. Lima Barreto parecerá, por isso mesmo, algo, profético, mas não, é apenas atual. Ele não estava à frente; o Brasil é que não passou à frente.

Atual, até mesmo nas contradições da pessoa e nas limitações da obra. Embora se assumisse como negro – ou talvez por isso mesmo – Barreto não escapou à ambivalência que aflige o negro intelectual num mundo de brancos: *pele negra* x *máscara branca*. A moral, a estética, a ciência, a religião, a filosofia – tudo o que nobilita é, no Brasil, branco. Torres Homem, Acaiaba Montezuma, Rebouças, Patrocínio, Machado, haviam, por isso, *embranquecido*. Lima Barreto tentou, não enfeitemos o pavão. Leu e anotou os clássicos; praticou os bons costumes – e *se flagelou*, como todo homem de bem, quando não o fez; se esforçou, com certo resultado, em acompanhar os grandes pensadores da Europa; como todo borra-tintas da República Velha, fez voto de ir a Paris e depois morrer; foi, enfim, bom católico como todo mundo, subindo, ao menos uma vez por ano, o Outeiro da Glória.

Tal qual um branco comum – comum e alienado – se confessava, em 1905, impotente para conviver com negros: "Eu tenho muita simpatia pela gente pobre do Brasil, especialmente pelos de cor, *mas não me é possível* transformar essa simpatia literária, artística, por assim dizer, em vida comum com eles"[207]. O jovem Lima exigiu dos familiares e vizinhos privilégio pelo saber intelectual – ele que passou a vida em briga com o bacharelismo. Uma amiga de sua irmã, Paulina, entrou no seu diário como "vulgar mulatinha" – justo o qualificativo que abominava lhe atirassem. Prisciliana, sua madrasta, nunca passou de "uma boa negra que

---

207 *Diário íntimo*, p. 76.

grandes transtornos trouxe à nossa família"[208]. Entretanto, batizou sua própria casa de Vila Quilombo, amaldiçoou Coelho Neto pela sua mania *ário-helênica*, desancou sempre que pôde os negros de alma branca Machado de Assis e José do Patrocínio. (Em Patrocínio só via o negro safado: "Quem conheceu o Patrocínio, como eu conheci, lacaio de todos os patoteiros, alugado a todas as patifarias, sem uma forte linha de conduta nos seus atos e nos seus pensamentos..."[209])

Lima morreu no quarto-biblioteca de sua Vila Quilombo, abraçado a um exemplar da *Revue des deux mondes*. Não conheço nada mais simbólico, lembrando um final produzido de teleteatro: assim morrem os intelectuais negros do mundo dos brancos. Foi simbólico, também, que os amigos fizessem questão de enterrá-lo no São João Batista, não em Inhaúma. Resistamos à tentação de procurar na sua curta vida (41 anos) uma fórmula feliz, uma superação gloriosa, que não houve. Nos últimos meses, é verdade, parecia menos aflito com a mediocridade dos pobres pretos que o cercavam. Já esbodegado, se fez amigo de diversos pés-inchados de botequins do Méier, do Engenho Novo, da Central... Desses que trocam afeição por um trago. Não era aquela a vida que queria – e também não adianta fantasiar neste ponto. Fora empurrado para ela e, com o tempo e a inteligência, a justificou: casou a miséria pessoal com as idéias generosas que despontavam no seu tempo; idéias estéticas, com destaque para a negação do pedantismo, mas também políticas, é bom dizer. No fundo jazia o amargor de quem não morava em Botafogo nem fora aceito na Academia.

Para explicar o celibato do autor de *No país dos bruzundangas* há uma versão idílica, que ele mesmo autorizou, de um casamento com a literatura: "A arte só ama a quem a ama inteiramente". Outra, mais séria, é de que a chefia da casa paterna lhe foi um peso excessivo e absorvente, o escritor não suportaria outro, mas por esses caminhos não chegaremos, também, a nada de interessante. Lembremos de Paulina, a "vulgar mulatinha", que, irrompendo na casa do escritor a todo instante, só conversava de bailes e lojas chiques do Méier. Pois Isaías Caminha, o seu alter-ego, topou com uma Paulina, no Passeio Público. Ele lia um livro. Num dado momento ela lhe perguntou qualquer coisa, talvez uma informação, Isaías respondeu

---

208 Ibidem, p. 75.
209 Ibidem, p. 97-8.

maquinalmente. Súbito, depois de estalar um desprezível muxoxo, ela lhe atirou à queima-roupa: "Que tipo! Pensa mesmo que é doutor...". Isaías se levantou e, já afastado, ainda ouviu alguns desaforos. "Cheguei ao portão. Os bondes passavam, havia um grande movimento de carros e pedestres. Considerei a rua, as casas, as fisionomias dos transeuntes. Olhei uma, duas, mil vezes, os pobres e os ricos. Eu estava só"[210].

Para essa solidão do intelectual negro diante da mulher negra, só há um remédio, nas condições brasileiras: mulher branca. Não a vulgar, mas do tipo daquela que descreveu no *Diário*: "É uma moça esbelta, de menos de 25 anos, reservada, vestida sempre com discretas *toilettes, que quase nunca é vista nos lugares em que nos pomos à mostra*"[211] (o grifo é meu). Ou como a que o seduziu numa visita ao teatro: "De fato, ela é bonita e quase bela; faltam-lhe, para a grande beleza, espáduas, ombros de deusa. Tem um perfil fino, pernas bem feitas; mas o busto não é correto e o colo é fraco"[212]. A sedutora podia ser pobre, mas que fosse como "uma menina que no trem me despertou a atenção. Ela não era bonita, antes feia e sardenta, porém, de corpo, apetitosa, era dessas que os franceses chamam *fausses maigres*"[213]. Pobre ou feia, sua mulher ideal devia ter – como aquela que desfilava com o "puto do C.J." – talhe aristocrático.

Mulheres brancas, assim ideais, povoam seus dezessete livros – e é curioso, mas explicável, que nenhum crítico da geração anterior o notasse. O que lhe impediu de ter, como Machado, a sua Carolina? Embora, nessas questões, o imponderável faça, sem dúvida, um grande papel, a resposta está no trecho que grifei acima: sua mulher ideal quase nunca era vista nos lugares em que o romancista andava. Certa vez, perdido no Leme, o escritor suburbano flertou com uma italiana, os irmãos dela reprimiram no ato e ele, ao menos, se consolou: "embora mulato, meus olhares podem interessar as damas...".

Nos locais em que Lima – sem fama e sem dinheiro – se punha à mostra, só havia Paulinas. Intelectuais, porém, não querem Paulinas, exceto para domésticas, e sem amor, como a mulher de Leonardo Flores, que lhe curava os porres e agüentava os versos. Ou como a irmã de Policarpo,

---

210 *Recordações do escrivão Isaías Caminha*, p. 132.
211 *Diário íntimo*, p. 138.
212 Ibidem, p. 160.
213 Ibidem, p. 78.

compassiva e fanada como tantas mulheres da sua ficção. Seria possível uma síntese entre a "vulgar mulatinha" e a *fausse maigre* de talhe aristocrático, que ele queria? Olga, afilhada de Policarpo, descendente de italianos, foi escolhida pelo romancista para receber de Felizardo, o camarada do sítio "Sossego", a revelação da tragédia social brasileira:

"*Você* [Felizardo] *por que não planta para você?*
'[...] – Terra não é nossa... E 'frumiga'? ... Nós não 'tem' ferramenta... Isso é bom para italiano ou 'alamão', que governo dá tudo... Governo não gosta de nós..."[214]

Olga era ao seu tanto bonita e branca, nada vulgar, mas possuía as virtudes que o romancista gostava de agregar a suas figuras de mulher negra – doce, dedicada aos seus homens. Com a revelação de Felizardo e, posteriormente, o envolvimento na desgraça do padrinho (fuzilado por denunciar extermínio de presos), Olga se politizou. Se pode concluir que foi ela a mulher-síntese da ficção e do desejo de Barreto.

Em sua dificuldade de conviver com pobres pretos, Barreto não teve qualquer remissão? Se poderia afirmar que toda sua obra ficcional – mas, em especial, os contos – foi um exercício de compaixão com seus parentes suburbanos pobres. Essa compaixão o conduziu às fronteiras da *ordem* de classes no Brasil. Além, como deserto de tártaros, se estendia o território impreciso dos pobres, ou desclassificados: desconhecido e aterrador.

Prisciliana ou a simpatia literária

Em 1905, com 24 anos, Lima Barreto teve um acesso daquela ruindade que Brecht atribuiu aos colegas do ramo:

"*Eu tenho muita simpatia pela gente pobre do Brasil, especialmente pelos de cor, mas não me é possível transformar essa simpatia literária, artística, por assim dizer, em vida comum com eles, pelo menos com os que vivo, que, sem reconhecerem a minha superioridade, absolutamente não têm por mim respeito e nenhum amor que lhes fizesse obedecer cegamente*"[215].

Lima queria o *reconhecimento da sua superioridade*, queria o *respeito* da gente pobre, especialmente a de cor e, enfim, ansiava por um amor feito de *obediência cega*. Se tivesse essa contrapartida talvez pudesse

---

214 *Triste fim de Policarpo Quaresma*, p. 163.
215 BARRETO, Lima. *Diário íntimo*. São Paulo: Brasiliense, Obras Completas, p. 76.

também amá-los e conviver com eles. Estamos diante do amor amo-escravo, que tantas referências e análises já propiciou.

Naquele 3 de janeiro, o diário do jovem escritor destilava fel:

"Ontem, eram onze horas, eu estava no meu quarto, escrevendo, passou um pequeno da vizinhança. Chegando em frente à nossa casa, deu boas-noites. Pelo jeito, pareceu-me que o dera para a minha irmã ou para a tal Paulina, que é uma vulgar mulatinha, muito estúpida, cheia de farofas de beleza e de presunção, que é ou que pode ser namorada"[216].

Do pequeno episódio, tira uma lei geral, fustigando de passagem um inimigo ideológico e revelando uma obsessão:

"Há em minha gente toda uma tendência baixa, vulgar, sórdida. Minha irmã esquecida que, como mulata que se quer salvar, deve ter um certo recato, uma certa timidez, se atira ou se quer atirar a toda espécie de namoros, mais ou menos mal intencionados, que lhe aparecem. Até bem pouco era na casa do tal Carvalho, onde se reunia toda a espécie de libertinos vagabundos; cortei essas relações. Agora é na casa do idiota do Sardinha, casa de positivista, o que quer dizer fábrica de namoros. Se a minha irmã não fosse de cor, eu não me importaria, mas sendo dá-me cuidados, pois que, de mim para mim, eu conheço essa nossa sociedade, foge-me o pensamento ao atinar porque eles a reqüestam. A tal Paulina é vulgar, chata como um percevejo, e a meu pai nunca perdoarei essa sua ligação com essa boa negra Prisciliana, que grandes transtornos trouxe a nossa vida"[217].

Lima perdera a mãe com oito anos. Bem mais tarde, quando já viviam uma existência difícil de suburbanos, o pai se amasiou com a "boa negra Prisciliana". Daí tirou também uma lei geral, ao gosto do positivismo que desprezava:

"A uma família que se junta uma outra, de educação, instrução, inteligência inferior, dá-se o que se dá com um corpo quente que se põe em contato com um meio mais frio; o corpo perde uma boa parte do seu calor em favor do ambiente frio, e o ambiente, ganhando calor, esfria o corpo"[218].

---

216 Idem.
217 Idem.
218 Idem, ibidem, p. 76.

O filho de Prisciliana (seria bastardo de seu pai?) tinha "vocação" que Barreto aceitava exclusivamente para si, rebento de uma família superior: "O filho da tal negra [Prisciliana] despediu-se do emprego em que o pus para ficar em casa escrevendo versos"[219]. Lima atingiu aqui o limite do intelectual compassivo que foi: só os intelectuais podem *fazer versos*, os filhos de Priscilianas devem se agarrar aos empregos e deixar a representação e defesa da pobreza aos que se preparam intelectualmente para isso, rebentos de famílias superiores. A identidade de dor não suprimia a alteridade do intelecto. O intelectual serve para representar o pobre.

Lima Barreto se abrigou sob o guarda-chuva do Estado (era funcionário da Secretaria de Guerra, hoje Ministério da Defesa) e, apesar disso, foi um dos "fundadores" da sociedade civil, um "intelectual orgânico", um trabalhador da cultura privado. No interior do Estado não passou de burocrata, entediado e vencido. Essa dissociação era uma das fontes de sua angústia (como a de Luís da Silva, a personagem de Graciliano Ramos). Teve ali duas alegrias: quando foi nomeado e quando foi aposentado. O que lhe faltava? Governos de esquerda estavam muito além do horizonte: ele viveu o apogeu do regime oligárquico. Só seriam possíveis numa situação histórica nova – a do *capitalismo hipertardio*[220] que ele não conheceu – e na qual se abriram as condições para identificação do intelectual compassivo de classe com o povo-nação.

Milton Santos: o limite do intelectual de classe

Se pode dizer que a trajetória desse geógrafo (1926-2002), formado em direito e vocacionado desde menino para a função intelectual, foi uma caminhada do acadêmico ao político. "Todas as disciplinas convergem para o político", costumava dizer nos últimos tempos. Não que o jovem Milton não tivesse feito política (foi arauto e depois protegido de

---

219 Idem, ibidem, p. 77.
220 "J. Chasin (*O integralismo de Plínio Salgado*. São Paulo: Ciências Humanas, 1978, p. 628 e ss.) foi – ao que eu saiba – o primeiro a empregar o conceito de 'capitalismo hipertardio' indicando com ele um processo de industrialização que se dá quando o capital monopolista já domina em escala mundial (ou seja, na época do imperialismo). Enquanto o capitalismo tardio leva o país que o experimenta a uma monopolização precoce, que pode transformá-lo em potência imperialista (Alemanha, Japão), o capitalismo hipertardio torna-se necessariamente *dependente* do imperialismo". COUTINHO, Carlos Nelson. *Cultura e sociedade no Brasil*. Belo Horizonte: Oficina de Livros, 1990, p. 58.

Jânio Quadros, a quem representou na Bahia) ou que não tivesse percebido o caráter político das disciplinas a que se dedicou – o direito, a filosofia, a história, a economia. É que não reconheceu, quando jovem, a função política dos produtores do saber acadêmico que tanto prezou. Sua crítica da universidade não foi, portanto, radical até pelo menos o retorno (1978) do longo exílio na França.

Milton Santos criticou, primeiro, o caráter metropolitano da geografia para, em seguida, sistematizar uma contribuição teórica – e esta, em síntese, foi politizar essa ciência, submetê-la a uma *vontade de explicação*. O território, agora separado nitidamente do espaço, se tornou, com ele, *campo inteligível* da luta social[221]. Para isso, e sem receio de cunhar palavras e expressões, Milton poria em circulação antigas e novas categorias. Pensou tornar a geografia uma ciência social efetiva, casando o geral e o particular, a função e a forma, o natural e o social, o abstrato e o concreto, o lógico e o histórico[222]. Na sua geografia, a paisagem está para o local assim como espaço está para o lugar. E na decifração da sociedade atual insistiu, com veemência, na importância desse último.

Noção complexa, se pode dizer, sumariamente, que em seus textos *lugar* se define pelo encontro de duas coordenadas, uma vertical, dada pelo sistema-civilização capitalista, e outra horizontal (que ele chama também de *espaço banal*), dada pelas formas de sociabilidade cotidianas e territoriais. *Lugar* não é um fragmento do espaço, como supõe o senso comum, mas a sua totalidade em movimento, que se afirma e se nega através do evento, modelando um subespaço do espaço global. O lugar se produz na articulação contraditória entre o mundial que se anuncia e a especificidade histórica do particular[223].

---

221 "O território em si, para mim, não é um conceito. Ele só se torna um conceito utilizável para a análise social quando o consideramos a partir do seu uso, a partir do momento em que o pensamos juntamente com aqueles atores que dele se utilizam. [...] Entre o território tal como ele é e a globalização tal como ela é cria-se uma relação de causalidade em benefício dos atores mais poderosos, dando ao espaço geográfico um papel inédito na dinâmica social". SANTOS, Milton. *Território e sociedade*. São Paulo: Fundação Perseu Abramo, 2000, p. 22-23.

222 "Cada vez mais as idéias de lugar e de localização, antes irmãs gêmeas, aparecem como divorciadas. Uma dada fração do território permanece no mesmo ponto de encontro das coordenadas geodésicas, marcada pelas mesmas características geográficas e freqüentemente guardando o mesmo nome herdado. Isso é o seu lugar físico. Sua localização, isto é, seu lugar econômico e social (e político), está mudando, segundo uma lei que é a da nação como um todo. No caso brasileiro, tal mudança, rude e perversa, freqüentemente decorre de fatores distantes e estranhos, sem possibilidade de contraponto local". SANTOS, Milton. *O país distorcido*. São Paulo: Publifolha, 2002, p. 22.

223 Milton Santos assume aqui as definições de M. L. Silveira e Ana Fani A. Carlos.

Lugar permitiria a Milton chegar, entre outras conclusões, à necessidade de reconsiderar a categoria classe para o caso brasileiro, definida pela sociologia acadêmica, até aqui, do ponto de vista econômico – e, por sinal, uma das suas críticas *públicas* mais veementes, nos últimos tempos, vinha sendo ao economicismo dominante em nossa ciência social. No *lugar* é que se dão o poder, o desejo, o afeto, a informação – a cultura, em suma. No lugar, portanto, eu diria, nascem os processos culturais autônomos com relação ao mercado e ao Estado.

Mas onde a categoria *lugar* se mostrou, nos termos do autor de *A natureza do espaço*, mais fecunda foi na consideração de que, no mundo *veloz* que o capitalismo criou (dentro do computador a escala do tempo se mede em milissegundos), objetos já nascem ideologizados[224]. Na história da humanidade os objetos e as ações, embora distintos, sempre estiveram juntos (assim como a forma e o conteúdo). No mundo atual, porém, se tornaram inextrincáveis. Todo objeto tende, hoje, ao hibridismo – cerveja, por exemplo, como ouvi num botequim do Rio, é cultura. Onde esse hibridismo se tornou mais visível? No *lugar*, acreditava Milton Santos.

Lugar, no mundo atual é, pois, onde a cultura (informação, ideologia, arte, crenças) se torna *interior*, inseparável dos objetos e fatos – daí, entre outras conseqüências, a exponenciação da dominação social através da compra e venda de objetos ideologizados por natureza; e, em sentido contrário, a função crítica ampliada do intelectual. Em *Técnica, espaço e tempo*, buscando definir meio técnico-científico, Milton o divide em *tecnosfera* (o resultado da crescente artificialização desse meio) e *psicosfera* (o resultado das crenças, desejos, vontades e hábitos que inspiram comportamentos filosóficos e práticos, nas relações interpessoais e a comunhão com o Universo). Psicosfera é um outro nome do que, neste livro, chamo *plano anterior*, como se aos diferentes planos do real tivéssemos que acrescentar mais este. Na civilização capitalista atual este plano anterior é cada vez mais interior aos objetos. Na atualidade, a

---

[224] "De fato, somente algumas pessoas, firmas e instituições são altamente velozes. O resto da humanidade, em todos os países, vive e produz de uma outra maneira. [...] Essa velocidade exacerbada, própria a uma minoria, não tem nem busca sentido, serve à competitividade desabrida, coisa que ninguém sabe para o que realmente serve, de um ponto de vista moral ou social. Fruto das necessidades empresariais de apenas um punhado de firmas, tal velocidade põe-se a serviço da política de tais empresas". SANTOS, Milton. *O país distorcido*. São Paulo: Publifolha, 2002, p. 163.

ideologia, para só tomar um aspecto decisivo da cultura, passou a ser, ao mesmo tempo, um dado da essência e um dado da existência. Está na estrutura do mundo assim como nas coisas, é um fator constitutivo da história presente – e o leitor perceberá mais adiante a coincidência entre esse ponto de vista e o que defendo neste livro (Capítulo 3):

"*Quando, num lugar, a essência se transforma em existência, o todo em partes e, assim, a totalidade se dá de forma específica, nesse lugar a história real chega também com os símbolos. Desse modo, há objetos que já nascem como ideologia e como realidade ao mesmo tempo. É assim que eles se dão como indivíduos e que eles participam da realidade social. Nessas condições, a totalidade social é formada por mistos de 'realidade' e 'ideologia'. É assim que a história se faz"*[225].

Também se pode chegar à idéia de *plano anterior* pela emergência das *redes* que, "da verdadeira ciência da ligação e da comunicação entre as substâncias" (a química de Lavoisier) até hoje, vêm criando um mundo virtual *atrás* do que chamamos e sentimos como real. Na verdade, as redes são reais e virtuais ao mesmo tempo, preexistem a todo contato entre pessoas e objetos e desaparecem quando o contato se realiza. (Aquilo mesmo que chamamos de economia é composta, aliás, de realidades *absolutamente* materiais, como as estradas por onde circulam produtos e trabalhadores, e *relativamente* materiais, como os bancos, por onde circulam valores.) Fisicamente concretas, as redes socialmente são abstrações: nelas o que há são projetos, mensagens, valores etc. O que chamamos rede, na atualidade, é, pois, diferente da rede da etapa histórica do imperialismo, malha de vias comerciais que trabalhava pela mundialização dos mercados. Esta tinha limites financeiro, fiscal, diplomático, militar e ideológico. Já a rede sob o capitalismo tardio é ilimitada e, tendo por base física as telecomunicações e os computadores, está em funcionamento 24 sobre 24 horas. Servindo para estruturar o conjunto das atividades econômicas, é deliberada (diferente da rede anterior, relativamente espontânea e dependente da natureza e da política). Seus modelos mais elementares são as redes de comércio internacional, os sistemas de reserva de transporte aéreo, as redes bancárias, as de telecomunicações etc. São em si um alto investimento, permitindo o quase monopólio do setor (ou do ramo) às empresas que as possuem. Essas

---

225 SANTOS, Milton. *A natureza do espaço*. São Paulo: Hucitec, 1996, p. 102.

redes são multifuncionais: coletam informações, divulgam-nas, compram e vendem produtos, financiam, garantem segurança às suas atividades, gerenciam e administram pessoal etc. "A imagem de um mundo apanhado nas malhas das redes de empresas capazes de observar e de intervir 24 horas por dia no mundo inteiro para gerar os seus lucros não pertence totalmente ao domínio da ficção científica", concluiu um especialista[226]. As redes comandam, portanto, a globalização, ao imporem às relações econômicas um tempo distinto – cada vez mais veloz – aos tempos reais. É como se, por sob as "terras-história" que sempre conhecemos, acrescentassem um "espaço contemporâneo do tempo real"[227].

As redes – e aqui está o principal – têm um discurso (eventualmente contraditório) que as organiza, não são espontâneas ou caóticas. É o discurso das normas e das ordens convenientes à globalização e, em especial, à desmaterialização do dinheiro e seu uso instantâneo (Milton Santos). Uma dessas normas é a da fluidez da circulação – de produtos, de dinheiro, de mensagens, das próprias idéias. A fluidez é uma norma antiga, gerou oleodutos, gaseodutos, canais, autopistas, aeroportos em quase todo o planeta, mas hoje passou a construir edifícios e bairros *inteligentes*, teleportos, tecnoportos etc., dispensando a ação humana, lenta e por suposto *burra* – já não para circulação de fluxos mas como fluxos eles próprios. O que chamávamos cultura de massa acaba por obedecer a esta norma: cinema, teatro, moda, lazer, culinária, literatura se fluidificam para circular e circulam para fluir. Assim, o que os governantes chamam *desregulação* da economia (e desburocratização da administração) não passa de troca de muitas normas por uma só.

Milton Santos foi, como se vê, um pensador crítico, toda a sua obra, desde *A cidade nos países subdesenvolvidos* (1965) até *A natureza do espaço* (1996), ainda que heterogênea e desigual, revela preocupações éticas e políticas. Não aceitava a geografia fora do debate político nacional e, embora não se dissesse marxista, reconhecia o marxismo e o existencialismo como paradigmas da parte final de sua obra[228].

---

226 Michel Fouquin, apud SANTOS, Milton, ibidem, p. 212, pé de página.

227 As expressões são de Pierre Musso, *Communiquer demain: nouvelles technologies de l'information et de la communication*. Paris: Éditions de l'Aube, 1994.

228 "E assim voltamos ou chegamos à história, base imortal do método de Marx. E a história atual é muito mais sistematicamente palpável do que as anteriores, o que é uma chance para todos nós. [...] Como o futuro jamais é um só, é isso que pode nos unir na tarefa de pensar os futuros e escolher um. Como essa forma de analisar deve ser feita a partir de tudo o que existe, trata-se de uma forma existencialista de construção do pensamento". SANTOS, Milton. *O país distorcido*. São Paulo: Publifolha, 2002, p. 178.

De volta ao Brasil, o autor de *O país distorcido* passou a considerar a universidade como um lugar decisivo para entender o país[229] e, conseqüentemente, para elaborar estratégias a serem universalizadas pelos partidos políticos (que ele considerava indispensáveis à disputa política brasileira, mas não na forma atual). Diante de uma nação por concluir, e num contexto desfavorável, se tornaria filisteu (a expressão é minha) o professor que não assumisse a função de intelectual[230]. Via esse encolhimento, essa baixa-estima, como reação ao processo geral de globalização, não como inexplicável idiossincrasia, tanto que o filisteísmo veio de braços dados com a burocratização da universidade, tendência deliberada a transformar o professor em bedel de luxo, cumpridor de normas e regras. Uma universidade só realiza a sua finalidade quando intercambia com outra. Por que a velha repartição da universidade em faculdades, escolas, institutos, centros de estudo e de pesquisa freqüentemente emperra a sua produção intelectual senão porque os departamentos se converteram em baias? Quanto ao pequeno prestígio científico que desfrutamos, como universidade e como país, se deve a sermos meros importadores de saberes, só excepcionalmente oferecendo aos outros o que é nosso saber específico. Milton foi crítico duro dessa importação acrítica.

Há, por fim, um outro grave sintoma da crise da universidade que Milton, como tantos observadores, também aflorou: o abandono do aluno. A tendência, em nosso caso, é de os programas de pós-graduação determinarem os de graduação. Currículos, avaliação, bibliografia etc., da graduação, acabam engessados pelos da pós-graduação. Obcecados pela sua pesquisa e questões teóricas, cabíveis apenas no nível acadêmico mais alto, mestres desprezam a graduação, tentando metê-la numa camisa-de-força. Organizados, assim, de cima para baixo, nossos cursos de graduação em ciências humanas se transformam em fábricas de frustrações. A razão de tudo isso estaria na função que se designa aos professores universitários: prestidigitadores do conhecimento sem responsabilidade social. Muitas mazelas do nosso ensino universitário resultam desse niilismo da maioria dos docentes, preocu-

---

229 Milton Santos só foi reintegrado à Universidade da Bahia, em que se formara, em 1995.

230 "Desse modo, um grave obstáculo a que se instale um processo de reflexão conseqüente é o contraste crescente, na universidade, entre os seus grandes momentos e esse cotidiano tornado miserável pela ameaça já em marcha de uma gestão técnica e racionalizadora, que leva ao assassinato da criatividade e da originalidade". SANTOS, Milton. *Técnica, espaço e tempo*. São Paulo: Hucitec, 1997, 3. ed., p. 26.

pados todo o tempo com salários, relatórios, prazos de pesquisa, gratificações e currículos.

Milton Santos que, por ironia, só foi ouvido além universidade quando lhe restavam poucos meses de vida, se inscreve na linhagem de Josué de Castro, Monteiro Lobato, Darcy Ribeiro – intelectuais iracundos, no dizer deste último. Ele atingiu o limite da *consciência possível* desde o seu lugar social. Instrumentalizado quando criança para bem utilizar as regras burguesas que o tornassem "alguém na vida" (numa cidade animista como Salvador dizia nada ter sabido da *tradição dos orixás* até adulto), Milton se deixou acalentar a vida inteira por ilusões de classe – por exemplo, a de remissão dos negros pelos títulos e saber acadêmico, a de sua valia pela distinção pessoal etc. Alargou seus limites, é verdade, ao estudar sistematicamente Marx e os existencialistas, durante o auto-exílio europeu, mas a partir daí só avançaria se questionasse o edifício inteiro de suas *crenças*. Provavelmente percebeu isso, se aproximando nos últimos anos desses intelectuais dos pobres que são os *rappers* da periferia paulista.

Intelectual: intelectuais

Intelectual no sentido estrito é aquele que dialoga com a sociedade a partir de um saber específico. Esse diálogo, pairando sobre os saberes, é conhecimento – que a *sociedade* vai usando ou desprezando conforme sua necessidade. O problema é que todo saber é de grupo (classe, ordem, estamento, etnia) e todo conhecimento, sendo *comunicação*, é ideologicamente apropriável. Para quem o intelectual foi, sucessivamente, produzindo conhecimento no Brasil? A que grupo e/ou *sociedade* serviu? Que grupo e/ou *sociedade* necessitou, ao longo do tempo, de seus saberes? Que foi feito desses saberes nos quinhentos anos de existência do país – alimentaram a formidável fábrica de pobreza que somos ou, ao contrário, a utopia de uma sociedade sem pobres?

Como grupo socioocupacional se pode dizer que houve no Brasil os seguintes intelectuais:

1 *Intelectuais pedantes* – que serviram, direta ou indiretamente, à sociedade escravista

Lévi-Strauss escreveu em algum lugar que "a função primária da comunicação escrita é facilitar a escravidão". Estaria se referindo às sociedades arcaicas, mas o juízo vale para a *sociedade patriarcal* que o escravismo brasileiro criou. Ali, a quase totalidade da população não escrevia; mesmo entre os europeus essa habilidade, nos dois primeiros séculos, foi privativa dos jesuítas, funcionários e militares superiores, se estendendo, com a mineração e a chegada da Corte, a uma estreita franja de profissionais liberais. Tomás Antônio Gonzaga tinha, por pouco, a mesma quantidade de livros que Emmanuel Kant (cerca de 400) mas, tirando livros de oração e vidas de santos, nenhuma casa-grande possuía biblioteca. Assim, os gatos-pingados que se diziam homens de letras, reunidos em academias (*Os Seletos, Os Felizes, Os Esquecidos* etc., etc.) encarnavam os perfeitos *amos de Hegel*: se afirmavam um diante do outro, sem precisar em nada dos escravos: "Ninguém é herói para o seu criado de quarto – não porque ele não é um herói, mas porque o criado é um criado". Essa perversão é que cria o *intelectual pedante*: aquele que fala em código. Macunaíma aproveitava o seu ócio paulistano se aperfeiçoando nas duas línguas da terra, o brasileiro falado e o português escrito. Quando aprendeu esta última mandou uma carta pras icamiabas:

"É bem verdade que na boa cidade de São Paulo – a maior do universo, no dizer de seus prolixos habitantes – não sois conhecidos por 'icamiabas', voz espúria, sinão que pelo apelativo de Amazonas; e de voz, se firma, cavalgardes ginetes belígeros e virdes da Hélade clássica; e assim sois chamados. Muito nos pesou a nós, Imperator vosso tais dislates da erudição porém heis de convir conosco que, assim, ficais mais heróicas e mais conspícuos, tocadas por essa platina respeitável da tradição e da pureza antiga"[231].

O pedantismo sobreviveu à escravidão. Um exemplo é, ainda hoje, o livro que se publica para aumentar currículo, não para comunicar uma idéia, um sentimento, uma crítica, uma visão de mundo, dotado unicamente de valor de troca no mercado especializado da "cultura". O virtuosismo (atributo do pedantismo) se perpetuará mesmo na tecnocultura sob a forma dos efeitos especiais e códigos lingüísticos (por exemplo, o *inglês eletrônico*), que valorizam os seus usuários e ignoram o homem comum (deixando para ele apenas o efeito narcótico do fluxo de imagens e informação, a "morte por diversão").

---

231 ANDRADE, Mário. *Macunaíma*. Belo Horizonte: Villa Rica Editoras Reunidas, 1997, p. 55.

Os intelectuais

O intelectual pedante não estava mecanicamente a serviço da classe dominante no escravismo, em alguns casos a *intenção* do seu texto é mesmo contra ela. Ele apenas expressa um "conteúdo de idéias" próprio à formação social escravista, de que a forma caprichada, esteticizada, iniciática, é o componente principal. Seus sucedâneos são o beletrista à Coelho Neto e o troca-tintas à Humberto de Campos, em cuja prolixidade pouco se encontrará de significação social. Se poderia dizer o mesmo do *ecletismo*.

O *ecletismo*, designação da tentativa intelectual brasileira de harmonizar Deus e Razão, vinha de antes (as reformas pombalinas, Montalverne etc.), mas foi no final do século 19 que se tornou *cultura* das elites – uma salada de liberalismo, escolástica, direito romano, direito natural, revelação cristã, cientificismo, socialismo utópico, positivismo etc.[232]. No vocabulário corrente, *ecletismo* significa composição superficial de crenças e filosofias, mas ele foi, entre nós, um movimento historicamente determinado e deliberado, se estendendo até cerca de 1930. O movimento incorporava mesmo concepções bem definidas, como os socialismos utópico e científico, o evolucionismo, o positivismo, diluindo-os. O socialismo utópico e o positivismo acabariam por se desvencilhar da miscelânea ecletista, que era de fato superficial, mas não no sentido de incipiente – incipiência, enquanto classificação, é um anacronismo. A sua superficialidade estava em que os intelectuais do escravismo – aqueles que literariamente se expressam de maneira pedante – não podem incorporar ao seu pensamento a *realidade* da sociedade escravista. O pensamento *Frankenstein* (feito de partes mortas recolhidas no cemitério intelectual europeu) é a sua *consciência possível*.

Conforme se caminha para o fim do século, dois daqueles membros defuntos vão ganhando consistência, aparecem como vivos: socialismo

---

[232] Em 1844, a revista *Minerva brasiliense* falava pelos *ecléticos* do Rio de Janeiro: "A religião, que era o elemento conservador, o princípio vital de antiga sociedade, enfraqueceu-se, atenuou-se nos corações e nos espíritos desta nossa geração, filho do materialista Cabanis. A religião, portanto, não pode vir senão da instrução regenerada, porque mal doutrinados como estão os povos pelas obras destes e outros filosofantes, abrigam mil prejuízos contra as idéias religiosas". Apud LEONÍDIO, Adalmir. *Positivismo e utopia: as idéias do socialismo utópico no Brasil na segunda metade do século XIX*. Rio de Janeiro: Seropédica, ICHS, 2003, mimeo, p. 158. Além de Montalverne (1784-1855), foram assumidamente *ecléticos* Moraes e Vale (1824-1886), Domingos de Magalhães (1811-1882) e, sobretudo, Antônio Pedro de Figueiredo (1814-1859), conhecido como o "Cousin fusco" (de Victor Cousin, admiradíssimo aqui por seu *Curso de história da filosofia moderna*. Cousin, Karl Krauss, George Sand, Ortolan e Théodore Jouffroy foram gurus do nosso *ecletismo*).

utópico-positivismo, às vezes fundidos. Como a classe operária industrial estava na sua infância se explica, em geral, a emergência do socialismo utópico-positivismo como manifestação ideológica, ingênua, confusa, alienada de uma classe incipiente. Classe incipiente, manifestações incipientes. Esse modo de ver pressupõe que no futuro o sistema de classes se desenvolveria e elas se delineariam. Não foi o que aconteceu. No futuro, o sistema (ou bloco) de classes dividiria o espaço brasileiro com um sistema (ou bloco) de desclassificados (ou pobres). Na verdade, aqueles publicistas, adeptos do positivismo e/ou do socialismo utópico, não eram intelectuais ingênuos (alienados, confusos) de uma classe operária incipiente, mas porta-vozes do bloco de classes a que os trabalhadores nascem atrelados e de que não se libertaram até hoje, pois são a sua negação dialética. Aqueles publicistas parecem ideólogos mal formados da classe operária mas são, na verdade, intelectuais orgânicos da *ordem* moderna que se opõe, de um lado, à *ordem* oligárquica e, de outro, à *ordem* do povo. A categoria *ordem*, melhor que a categoria *classe*, organiza e dá sentido aos fatos da simbiose socialismo utópico-positivismo que ocorreu em nossa passagem do século 19 para o 20.

2 Intelectuais classistas – que serviram à sociedade de classes

Sociedade de classes no Brasil é aquela que se ergue sobre o padrão capitalista de acumulação, mais ou menos a partir de meados do século 19 (aí por 1880, o Barão de Mauá ainda era acusado de comunista no Parlamento por querer transformar propriedades agrícolas em papéis, ações e títulos para mais facilmente dividi-las depois). A extensão de intelectuais *a serviço*, direta ou indiretamente, dessa *sociedade* é infinita, pois a prática intelectual, enquanto profissão, é um subproduto do capitalismo. São intelectuais classistas todos os que se utilizam de meios universais (a fala, a escrita, as técnicas de representação e já agora as telemáquinas de simulação/dissimulação etc.) para representar valores universais (a beleza, a verdade, a transcendência etc.), uma vez que esses meios e valores se disponibilizaram historicamente com o advento da moderna sociedade de classes. A heterogeneidade dessa sociedade (dividida em classes, grupos, camadas, instâncias de poder, contextos culturais, níveis de renda etc.) separa, no entanto, os seus intelectuais – qualquer estudante de literatura sabe a diferença entre um Tolstói e um Proust, entre um Jorge Amado e uma Clarice Lispector.

Grosso modo, uns se posicionaram ao lado do capital, outros do trabalho – sem que isso significasse, automaticamente, opção a favor ou contra o sistema capitalista.

Intelectuais classistas, noutra definição, são os que se colocam como grupo autônomo especializado na manifestação de idéias, no interior da ordem moderna. Podem ser *passivos* ou *compassivos*. Dentre os passivos há os beletristas e os tecnoburocratas. O traço comum entre os dois é o ceticismo/niilismo. Tecnoburocratas são administradores, técnicos, cientistas e educadores – uma camada enorme, onipresente, que atende à necessidade de alta racionalização do capitalismo atual. São pagos (bem pagos) pelo *excedente* global, extraído por empresas e pelo Estado. Fazem parte da burguesia, portanto. São o *capital humano* da terminologia gerencial – nem são exatamente capital, nem criatura humana. Seu código (língua comum) é a cultura tecnocientífica. Como asseguram a si e a seus filhos segurança policial, bem como acesso aos canais educacionais, acreditam que o sistema capitalista é o fim da história por assegurar "igualdade de oportunidades" aos que apresentam méritos para tanto (racionalidade, rapidez, competência). É o que se chama "meritocracia" ("carreira aberta aos talentos"). A cultura científica, rebaixada, se tornou assim uma forma de socialização de gerentes. "A ênfase na racionalidade da atividade científica serviu para mascarar a irracionalidade da acumulação incessante", concluiria Wallerstein[233].

3 Intelectuais compassivos

Mais de uma vez, Darcy Ribeiro, polígrafo inquieto e militante, disse de si próprio ser um "intelectual iracundo" por oposição a "intelectual contente". Darcy se colocou, no fundamental, fora do *lugar* de classe (na visão sociológica convencional, o autor de O povo brasileiro foi um mentor do populismo), mas sua classificação se ajusta a um sem-número de intelectuais classistas: reclamante impertinente da exploração social *desde* o lugar da classe média ou alta burguesia. Seu movimento em direção aos pobres é uma compassividade.

Que é compassividade?

Em 16 de novembro de 1931, pouco antes de estourar a contra-revolução paulista de 32[234], o interventor tenentista Manuel Rabelo publicou

---

[233] Op. cit., p. 74.
[234] Alzira Vargas, filha de Getúlio, fazia uma blague: "A Revolução Constitucionalista de São Paulo não foi revolução, não foi constitucionalista e nem de São Paulo".

no *Diário Oficial* do Estado um *Aviso* ao seu Secretário de Justiça e Segurança Pública. O curioso documento revela a existência de uma esquerda tenentista, odiada pelas elites paulistas, perplexas com os atos de Rabelo (como o de féretros de indigentes serem acompanhados de um dos seus ajudantes-de-ordem, representando o Estado). A compassividade de Rabelo se objetivava nesses atos de alta força simbólica. A contra-revolução paulista, como é freqüente, só mobilizou tanta gente explorando símbolos e contra-símbolos.

"Considerando que se não deve desconhecer o alcance social e moral da mendicidade, que é dignamente exercida; considerando que qualquer cidadão pode estender a mão à piedade, implorando a generosidade dos irmãos; considerando que quem pede, em público, geralmente demonstra superioridade de sentimentos, por ter de comprimir o orgulho e a vaidade; considerando que a esmola beneficia tanto o coração de quem a pede como o de quem dá; considerando que a recusa ao trabalho não é um vício peculiar às classes pobres; considerando que a contemplação da sociedade demonstra que o maior número de vadios é formado pela burguesia; considerando que os mendigos, vivendo da bondade alheia, são moral e socialmente úteis, enquanto são nocivos os ricos ociosos, que vivem em pleno desregramento moral, sem nada produzirem; considerando que é covardia e falta de generosidade tratar os mendigos como se entre eles, mesmo excepcionalmente, se encontrassem os maiores hipócritas e os maiores exploradores; considerando que se há falsos mendigos o número destes é sempre diminuto e que nem assim deixam de produzir em outrem reações altruístas; considerando que não basta a robustez de que alguns mendigos parecem dotados para assegurar-se que o seu aparelho cerebral seja são, considerando assim que o pretender-se julgar pela aparência se o indivíduo necessita ou não mendigar pode induzir a grave erro; considerando que ocultar os mendigos aos olhos dos forasteiros é querer iludir a estes quanto à anarquia social em que todos os ocidentais vivemos; considerando que o mendigo desperta a atenção, mesmo dos corações mais duros, para os problemas em prol da felicidade humana; considerando que nada nos pode mais comover do que o sofrimento alheio; considerando que é um dever fundamental o respeito à mulher em qualquer situação em que se encontre; considerando que, embora em princípio – a esmola – deve ser dada, ninguém é a isso obrigado; considerando que a dignidade da mendicidade escapa – como a de qualquer outra função proletária – à competência judiciária dos órgãos do governo e está unicamente sujeita ao juízo

da opinião pública; considerando, portanto, que vedar o livre exercício público à mendicidade é um monstruoso crime de lesa-humanidade; determino que ninguém, sob o simples pretexto de exercer a mendicidade, sofra qualquer constrangimento em sua liberdade; que, quando por motivo insofismável de ordem, algum mendigo deve ser afastado do ponto onde se ache, a autoridade competente o faça com todo o cavalheirismo, ainda mais em se tratando de uma senhora, e, finalmente, que só se procure dar asilo aos mendigos que livremente o solicitarem. Peço, pois, que vos digneis tomar as providências que são necessárias para o fiel cumprimento da presente comunicação. Saúde e Fraternidade. (a) Coronel Manoel Rabelo. Interventor Federal."[235]

Eis o conteúdo ideológico da compassividade: enobrecimento da pobreza, pena e instrumentalização política dos pobres[236]. Sua expressão literária, rica e variada, se encontra melhor acabada e bem-sucedida no romance de Jorge Amado – um romântico, no juízo do realista Graciliano Ramos.

4 Intelectuais dos pobres

Talvez na música popular (a radiofonizada e a que permaneceu autônoma) tenha se concentrado o maior número de intelectuais dos pobres. Ela procede, basicamente, de duas matrizes: o batuque, de origem africana, e a modinha, européia. O samba radiofonizado a partir, mais ou menos, de 1930, acabou por hegemonizar os outros gêneros, se transformou em sinônimo de música popular brasileira, espécie de *nome de atribuição* mas, está claro, uma grande variedade de gêneros e até ritmos se esconde por detrás dele[237].

No capítulo anterior aflorei o caso de Adoniran Barbosa e seu samba *ítalo-paulista*, aí se vê um intérprete talentoso de vagabundos e maloqueiros que "falam errado". Podemos, no entanto, experimentar a hipótese no universo mais notório dos sambistas cariocas tradicionais (ou clás-

---

235 Apud NOGUEIRA FILHO, Paulo. *A guerra cívica 1932, Ideais e lutas de um burguês progressista*. Rio de Janeiro: José Olympio, 1965, p. 318.

236 Compassividade ou *zolismo*. "Portanto, ou com Zola ou com nada, a fraternidade ou a morte. Esta é a nossa divisa. Este é o nosso drama. Esta é a nossa lei." Esta tirada, lembrada por Gramsci, é de Jean Guéheno, apaixonado pelos "quadros históricos" que fez Émile Zola do instante em que o proletariado industrial se separou da pequena burguesia. O frêmito de fraternidade por pobres no Brasil foi freqüente no cinema (cinema novo) no romance, na poesia, na pintura e até na música erudita.

237 O samba na acepção restrita, um determinado ritmo e melodia provenientes do batuque, por outro lado, começou disputando hegemonia primeiro com o samba radiofonizado, depois com a bossa-nova e, nos dias atuais, com o pagodão.

sicos) – sempre sem perder de vista o samba como forma de sociabilidade (ou inserção), mais que um ritmo e melodia determinados; e forma histórica porque abarca *processos autônomos* anteriores, os cordões, os terreiros, as irmandades negras etc., do centro do Rio oitocentista. Essa forma ampliada, *lato sensu*, do que chamamos samba, é que vai desempenhar na construção da identidade nacional brasileira um papel relevante – tão relevante ou mais que o modernismo literário. Um Sinhô, um Noel Rosa pesarão tanto ou mais que um José de Alencar, um Mário de Andrade naquela construção. A quantidade de analfabetos e ágrafos que sempre tivemos, impossibilitava à literatura unificar o país, mas não à música popular que se compunha, notadamente na cidade do Rio de Janeiro, de variados processos culturais autônomos – a revolta contra a vacina obrigatória (1903-1904), que não se limitou, aliás, à capital federal, pode mesmo ser tomada como defesa desses processos, embora a sua etiqueta oficial não seja obviamente esta. Aí por 1910 imperava o maxixe, espécie de casamento da polca importada com o lundu, afro-brasileiro. A passagem do maxixe para o samba foi conduzida por um singular intelectual dos pobres: Jorge Barbosa da Silva, o Sinhô. O primeiro fato notável em Sinhô (1883-1930) é que ele concentrou na sua curta vida as três acepções de samba: uma forma de sociabilidade (*lugar* social), um bem cultural (o gênero musical samba, ritmo e melodia específicos) e uma privatização desse bem (a radiofonização do samba). As três acepções (planos) permitiram a expressão de intelectuais dos pobres, prática contra-hegemônica antiga que consiste em falar da sociedade a contrapelo daquilo que os intelectuais de classe chamam ciência social.

Lembrei o artista plástico Arthur Bispo do Rosário e o arquiteto-*bricoleur* Gabriel Joaquim dos Santos, o Seu Gabriel. Como tantos intelectuais de classe sensíveis à dominação social (um Jorge Amado, um Graciliano Ramos, num plano menor um Amando Fontes, uma Alina Paim[238]), representaram pobres, à diferença que o fizeram desde o lugar dos pobres. O preconceito de ordem desqualifica, contudo, essa representação como "consciência alienada", "cultura da pobreza", "estoque simbólico restrito", produto de "retardos educacionais" etc. Eis o primeiro problema a resolver.

---

238 Alina publicou nos anos 60 um comovente romance de pobres trabalhadores ferroviários, *A hora próxima*, Rio de Janeiro: Editorial Vitória, coleção Romances do Povo, s/data.

Contava Margareth Mead que numa de suas primeiras viagens etnográficas à Polinésia foi visitada de surpresa por um grupo nativo. Estava sozinha, eles reviraram tudo e partiram. Horas depois, ela deu por falta de uma caixa de fósforos. Afinal o que é uma caixa de fósforos, pensou. Depois, caiu em si: Minha sobrevivência nessa terra estranha e implacável com as mulheres está em jogo. Alcançou o grupo quilômetros adiante, exigiu do chefe que revistasse os homens e lhe devolvesse o pequeno objeto. Fez valer, por simples instinto de sobrevivência, uma relação de superioridade histórica e simbólica do branco ocidental sobre o nativo, expressa na cor da pele, nos hábitos e na língua – o próprio termo nativo, aliás, expressa essa superioridade. Bourdieu não foi o primeiro a observar que a relação entre o escritor e o pobre obedece, por analogia, à lei que regula trocas linguísticas entre grupos que falam línguas diferentes[239]. No mercado nacional de bens simbólicos se dá o mesmo: arte e literatura, por exemplo, não têm o mesmo valor de troca que artesanato e literatura oral. Isso é bem visível no submercado da religiosidade: a Teologia da Libertação, uma teologia "para os pobres", vale mais que o pentecostalismo, uma teologia "dos pobres".

Essa relação de superioridade é a explicação tanto para a geral denegação dos intelectuais da pobreza, quanto para o "semiocídio" que quase sempre acompanhou o genocídio de pobres no Brasil. "Quase sempre" porque algumas *estratégias de resistência*, como a que descrevo a seguir, foram bem-sucedidas. No final se verá que esse sucesso estava inscrito previamente na cultura dos pobres pretos brasileiros, era uma aplicação do *jogo* da capoeira: envolvimento, atração, sedução do oponente. Não decorria de uma prática ideológica universal, cuja elaboração teórica é especialidade do intelectual classista[240].

A questão que, finalmente, se põe é qual tipo de "intelectual propriamente dito" será o mais avançado do ponto de vista dos pobres. Intelectuais classistas – críticos, compassivos, pedantes, não importa – ou esbarram, e recuam, no limite de sua classe ou no limite da própria estrutura de clas-

---

239 Troca, no sentido econômico. "Em suma, se um francês fala com um argelino, no limite, não são dois homens que se falam, é a França que fala com a Argélia, são duas histórias que se falam, é toda a colonização, é toda a história de uma relação de dominação ao mesmo tempo econômica, cultural etc." BOURDIEU, Pierre. *O campo econômico. A dimensão simbólica da dominação*. Campinas: Papirus, 2000, p. 24.

240 "Mas nenhuma finalidade estrita comanda o jogo, nem há uma divisão radical entre as formas de luta e as de brincadeira ou as formas de ataque e de defesa. [...] É a mesma estratégia de aranha: evitando o confronto

ses. Poucos pensadores (um Mário de Andrade, um Darcy Ribeiro) pareceram ir além desses limites, provavelmente por não pensarem o país somente como estrutura de classes, mas combinadamente como de classes e de ordens. Ordem, em nosso caso, é uma inserção social por dupla condição (ou situação): o privilégio e a visão de mundo. Mesmo a inserção por classe tem sido no Brasil um privilégio – eis os desclassificados; a apropriação da terra, também – eis os sem-terra; a "boa aparência", da mesma forma – eis os pretos e crioulos; a língua de cultura (portuguesa ou brasileira), idem – eis os que falam a língua "da gente". Quanto às visões de mundo, a brasileira é caleidoscópica: há o brega e o fino, o arcaico e o moderno, o terreiro e a cidade· quase puros ou combinados.

A língua de fogo

Em 1957, véspera de eleição na capital paulista, um jornalista fazia uma reportagem sobre a favela Canindé, beirando o Tietê. Adultos usavam indevidamente um *playground* e uma negra os ameaçou: "Vou botar vocês no meu livro!". Ela tinha, de fato, um diário em seu barraco. *Quarto de despejo. Diário de uma favelada* vendeu cerca de cem mil cópias em um ano (1960), dez mil em três dias, se equiparou em vendas a Jorge Amado e até recentemente foi o mais traduzido dos livros brasileiros[241]. Carolina Maria de Jesus (1914-1977) publicaria ainda, com sucesso declinante, *Casa de alvenaria. Diário de uma ex-favelada* (1961), *Provérbios de Carolina Maria de Jesus* (1969), *Pedaços da fome* (s/data) e, postumamente, *Diário de Bitita* (1986). Grafomaníaca, deixou perto de cento e quarenta cadernos, folhas avulsas, pedaços de jornal e papelão que os filhos guardam com orgulho. Nenhuma especulação sobre intelectualidade e pobreza no Brasil pode passar, portanto, ao largo da antiga catadora de papel (ex-

---

direto, o capoeirista seduz o adversário num espaço circular, envolvendo-o, enlaçando-o. [...] Dizia-se do escravo fugitivo: 'Caiu na capoeira'. [...] Luta com aparência de dança, dança que aparenta combate, fantasia de luta, vadiação, mandinga, a capoeira sobreviveu por ser jogo cultural." SODRÉ, Muniz. *A verdade seduzida*. Rio de Janeiro: Francisco Alves, 2. ed.,1988, p. 203, 304, 205.

241 Na edição italiana, Moravia comparou a vida dos nossos favelados aos párias da Índia. O *New York Times*, no destaque que deu a *Quarto de despejo* o definiu como "penetrante ensaio sobre o significado da fome, degradação e perseverança". Em 1975, apareceu na Alemanha Oriental um documentário motivado pelo livro, *O despertar de um sonho*, que a ditadura proibiu de exibir aqui. Passada sua voga brasileira, curiosamente Carolina continuou a ser lida e estudada nos Estados Unidos, motivando pesquisas, cursos e sucessivas edições.

empregada doméstica, faxineira de hotel, auxiliar de enfermagem, vendedora de cerveja e artista de circo). *Quarto de despejo* se abre assim:

"*15 de julho de 1955. Aniversário de minha filha Vera Eunice. Eu pretendia comprar um par de sapatos para ela. Mas o custo dos gêneros alimentícios nos impede a realização dos nossos desejos. Atualmente somos escravos do custo de vida. Eu achei um par de sapatos no lixo, lavei e remendei para ela calçar*"[242].

Mesmo quando os direitos autorais lhe deram casa de alvenaria, dinheiro e fama, Carolina não deixou de ser pobre, expressando essa condição, de forma imediatamente reconhecível, num texto eloqüente. No entanto, a escritora, três filhos de pais diferentes num barraco exíguo e sujo, não se alçou à condição de intelectual dos pobres: não foi lida por pobres nem os influenciou. Foi uma *pobre sozinha* e isso abarcava os próprios filhos: nunca permitiu "se misturassem" aos vizinhos do Canindé[243]. A relação pessoal de Carolina com *sua* comunidade foi quase sempre hostil – ela os desprezava, eles a detestavam. Quando deixou a favela foi apedrejada pelos ex-vizinhos e uma das poucas amigas rememorou um episódio ilustrativo:

"*Ela escreveu o nosso dia-a-dia, denunciou os problemas da favela, mas uma parte do pessoal não se acostumou bem a isso. Inclusive uma vez ela levou mais de cinco canivetadas. Canivetada na perna! E quem salvou ela fui eu. Fiquei na frente e falei para a Ivone: 'Se você esfaquear a dona Carolina, esfaqueie a mim. Ela não merece. Trabalha duro, sai de manhã para catar os papéis e dar o pão de cada dia para os filhos...'. E a neguinha desistiu, foi embora*"[244].

Para a sociedade envolvente, que a cortejou, fascinada, Carolina representava os pobres – mas o fascínio diminuiu quando viram ser uma "pobre soberba"; já para os pobres que a rejeitaram, desde sempre, suas

---

242 Rio de Janeiro, Livraria Francisco Alves, 1960.

243 Apesar disso, os dois filhos (José Carlos de Jesus e Vera Eunice) garantiam adorar a mãe, zelando pela sua memória. Sobre o barraco: "Nós até tentávamos discutir com ela como guardar melhor o lixo que ficava acumulado dentro do barraco mas, como eu disse, os problemas mais objetivos pareciam não ser de sua alçada. Nesse caso específico, aliás, a questão se complicava porque se ela guardasse seus papéis fora do barraco, corria o risco de ser roubada. [...] Então, ficava tudo amontoado naquele espacinho de um cômodo, mas ela nem percebia". MEIHY, José Carlos Sebe Bom e LEVINE, Robert M. *Cinderela negra. A saga de Carolina Maria de Jesus*. Rio de Janeiro: Ed. UFRJ, 1994, p. 117.

244 Idem, ibidem, p. 112.

letras em nada serviram: não passava de uma "crioula metida"[245]. Seu convívio e sua literatura, que a crítica literária tentou desqualificar, revelam, de fato, um arraigado bovarismo. Com o filho nas costas, enfiando papéis e restos de comida num saco, mantinha ares de preta bonita "que sabia ler e escrever", capaz de dialogar com polícia e autoridades. Só teve amantes brancos, de preferência estrangeiros, evitando pretos e nordestinos[246]. Liderança, solidão e altivez foram suas marcas até morrer no sítio de Parelheiros (vizinho de São Paulo) longe do sucesso e fiel aos cadernos.

Carolina emergiu da pobreza e retornou a ela em menos de dez anos. Seu prestígio espetacular tem a ver com a agitação social e política que o golpe de 64 interrompeu – além dos fatos conhecidos (as Ligas Camponesas, as Reformas de Base etc.), sua fama e prestígio se deveram à imprensa "populista" (adhemarista e janista) do Rio e São Paulo, bem como a um Movimento Universitário de Desfavelamento[247]. E as dificuldades que a tiraram de cena foram, em parte, conseqüência do clima de repressão e censura do regime militar. Por outro lado, a intelectualidade de esquerda, não encontrando no texto de Carolina, e nela própria, o "pobre comunista" de que precisava, a largou de mão. Seu discurso foi sempre "politicamente incorreto": a moral da sua história, sendo radicalmente pessoal, não era universalizável – e ela não era cooptável. Acreditava que uma pessoa "sem cultura" (não era bem

---

245 " ...Sentei ao sol para escrever. A filha da Silvia, uma menina de seis anos, passava e dizia:
– Está escrevendo, negra fidida!
A mãe ouvia e não repreendia. São as mães que instigam." *Quarto de despejo*. Rio de Janeiro: Francisco Alves, 1963, p. 20. Apesar disso, o efeito "prático" da fama literária de Carolina foi a substituição (remoção) da favela do Canindé por um conjunto de habitações populares financiadas.

246 "O tipo físico de Carolina já causava, em si, estranhamento. Ela era bem africana: alta, bonita, com uma postura muito nobre e de uma cor preta retinta. Sempre com o paninho amarrado na cabeça. Aquele era o charme da Carolina. Além disso, era uma pessoa de poucos relacionamentos, que não vivia a vida dos favelados. Em conseqüência, pouco se aproximava do nosso programa [de ressocialização, da Prefeitura]. Ficava trancada no barraco a maior parte do tempo". MEIHY e LAVINE, op. cit., p. 117.

247 "Depois o MUD organizou até seminário nacional para debater o tema das favelas. Nessa ocasião a Carolina era conhecida e foi convidada a dar muitas palestras pelo Brasil. Quando esse processo estava amadurecendo, dando frutos, houve o problema do golpe. Eu, inclusive, acho que isso justifica um pouco a internacionalização da Carolina e do *Quarto de despejo*, porque no Brasil sua publicação passou a ser muito dificultada." O depoimento é da assistente social Maria Teresinha Godinho: "Nunca passou por sua cabeça escrever só para si mas, por outro lado, nunca se preocupou em passar nada para os favelados", in *Cinderela negra*, op. cit., p. 119.

o seu caso) fosse presa fácil da bebida, da favelização e do desemprego. Quem a conheceu garante que não sabia fazer amigos, ricos ou pobres; mesmo o jornalista que a "descobriu" (e discretamente retocou o texto do *Diário*) acabou por se afastar[248].

Carolina foi, em suma, uma escritora-testemunho veraz e talentosa, produzindo no leitor aquele "efeito de estranhamento" (Borges) próprio dos legítimos escritores – ainda quando sua matéria fossem a fome e o abandono extremos que esperam o migrante rural. Viera de Sacramento, lugarejo no interior de Minas, que só produzia café. Freqüentara escola até o segundo ano primário, mas suas lembranças intelectuais se fixaram no avô, a quem chamava de "Sócrates africano"[249]. Muitas vezes sua literatura é *Kitsch* – uma expressão culta, um termo insólito despontam para convencer o leitor de que ela "sabe escrever", que domina o código pedante. Como em Cartola, este artifício (jogar com formas pedantes) era, provavelmente, eco das seletas escolares da primeira metade do século, utilizadas no *primário*, e das pretensiosas radionovelas da Rádio Nacional, que todos ouviam.

Carolina foi uma imperfeita intelectual dos pobres no sentido que dou, neste livro, a esta expressão. Era excepcional na sua obsessão pela representação escrita, mas não era orgânica, pela sua dificuldade em ser *entendida* pelos pobres, representá-los e lhes ditar formas de conduta – salvo que se comportassem conforme a moral e os bons costumes. Desmoralizou o argumento classista de que para ser escritor é preciso dominar a língua, como se esta fosse única para todos. De sua figura (até agora sem biografia) tanto quanto de seus textos (sobretudo *Quarto de despejo*) emana um legítimo carisma: a mulher preta e favelada que não aceitou o seu lugar. Um de seus filhos, Zé Carlos, anarquista politizado

---

248 Audálio Dantas equiparava, em sua carreira, a descoberta de Carolina à denúncia do assassinato, sob tortura, de Wladimir Herzog. "Qualquer referência à história recente do Brasil tem de passar pelo caso Herzog e a sua influência no processo de democratização do país. Ao mesmo tempo, qualquer referência ao problema da favela, ou ao livro no Brasil, tem no *Quarto de despejo* de Carolina um ponto importante." MEIHY e LEVINE, op. cit., p. 107.

249 "Os homens ricos iam visitá-los, e ficavam horas e horas ouvindo-o. E saiam dizendo: – Foi uma pena não educar este homem. Se ele soubesse ler, ele seria o homem. Que preto inteligente. Se este homem soubesse ler poderia se o nosso Sócrates africano. Mas o Rui Barbosa pos uma lei no Senado pedindo para incluir os negros na escola porque vai ser difícil uma classe culta e outra inculta, senão vai gerar confusões." Este texto inédito, encontrado por Levine e Meihy (op. cit.), escrito à máquina, todo em caixa alta, *O Sócrates africano*, é boa amostra dos erros gramaticais, do bovarismo e do talento de Carolina.

("Eu aprendi esta lição dela: quero distância da fama e do reconhecimento"), viu a mãe desta maneira: "Basicamente, a diferença entre mim e minha mãe é que ela foi ingênua e enfrentou os poderes do sistema socioeconômico brasileiro: era favelada e quis ser escritora... Denunciou, tocou fundo nas feridas de gente importante, caciques políticos, e acabou incompreendida, quase tão miserável quanto era no Canindé"[250].

Também é de Zé Carlos:

"'Favelada com fogo na língua', é como os políticos conheciam minha mãe. Ela ia aos comícios durante o período das eleições para catar papel da propaganda, mas se empolgava. Os seguranças ficavam avisados para não criarem caso com a 'negona', senão era pior. Então minha mãe acabava subindo no palanque e de lá descia a lenha nos candidatos, mesmo no Adhemar de Barros. O Adhemar ela respeitava, mas não tinha jeito: escreveu, não leu, o pau comeu"[251].

O inventor das escolas de samba

– Sambista tem de usar gravata e sapato.

Nas primeiras décadas do século 20, a população pobre do centro do Rio, onde se perpetuara um *continuum* afro-baiano de matriz iorubana (nagô), foi deslocada do seu habitat. Núcleos de *famílias extensas* (descendentes de escravos ou de forros) acabaram dissolvidos sob o impacto de reformas urbanas, especulação imobiliária e crises econômicas[252]. Morros mais ou menos próximos do centro começaram a se povoar, ao mesmo tempo em que a Central do Brasil (Madureira, Irajá, Bonsucesso) e as linhas de bonde fixavam os pobres onde hoje se encontram. Essa desterritorialização territorializou nos morros (São Carlos, Mangueira, Salgueiro, Borel, Formiga, Macaco, Favela) e no subúrbio a arte e a religião que até então se faziam no quadrilátero Saúde-Lapa-Praça Onze-morro do Castelo. Provavelmente o macumbeiro solitário e temível que então surgiu, metido no mato, quimbandeiro, tenha sido um fragmento híbrido (meio nagô, meio banto) desse campo simbólico estilhaçado, a comunidade-terreiro.[253]

---

250 MEIHY e LEVINE, op. cit., p. 137.
251 Idem, ibidem, p. 126.
252 Contribuiu também o incêndio do morro de Santo Antônio (1916).
253 O que disse Florestan Fernandes da macumba paulista é idêntico: "Não possuindo [na passagem para o trabalho livre] autonomia social para associar-se através de valores culturais próprios, de cunho autenticamente 'sagrado' e 'tradicional', a 'população negra' perdeu a possibilidade de zelar pela pureza de seus cultos e acabou

Os intelectuais

Uma personagem carismática preencheu a fase anterior à fragmentação, o baiano Cândido da Fonseca Galvão, Dom Obá II, d'África. As casas da rua onde morava (Barão de São Félix, coração da Pequena África) foram descritas por João do Rio:

"São quase sempre rótulas lôbregas, onde vivem com o personagem principal cinco, seis e mais pessoas. Nas salas, móveis quebrados e sujos, esteirinhas, bancos; por cima das mesas, terrinas, pucarinhos de água, chapéus de palha, ervas, pastas de oleado onde se guarda o opelé; nas paredes, atabaques, vestuários esquisitos, vidros; e no quintal, quase sempre jabotis, galinhas pretas, galos e cabritos"[254].

Comparativamente, essas "rótulas lôbregas" – misto de moradia e de culto, como bem se vê – estavam ainda acima das estalagens, "casas de cômodo", hospedarias, "zungas", cortiços e cabeças de porco que constituíam a Pequena África[255]. Aquela humanidade não tinha laços amistosos com as "classes superiores", em cuja visão só produzia ladrões e capoeiras, embora o senso comum, a partir dos anos 30, aprendesse a falar em "democracia racial", "integração entre ricos e pobres" etc. Cândido da Fonseca Galvão tinha a pretensão de ser reconhecido como representante do reino d'África, na realidade foi apenas um vereador *ex officio* daquele enorme aglomerado de negros baianos, ainda muito perto da África. Em sua defesa escrevia apedidos em jornais[256], redigia e

---

assistindo à perversão da macumba pelo branco". Contudo, desconsiderando o caso do Rio, Florestan afirma: "Em conseqüência, [o negro] deixou de beneficiar-se das funções construtivas desses cultos, que requerem um mínimo de aglomeração e oferecem aos negros oportunidades de afirmação pessoal ou coletiva, através da vida social organizada". FERNANDES, Florestan. *A integração do negro na sociedade de classes*. São Paulo: Ática, 3. ed., v. 1, p. 69. Ora, aglomeração, afirmação pessoal/coletiva, e vida social organizada foi justo o que aconteceu ao negro no pós-Abolição (inclusive na cidade de São Paulo), quando ele recompôs pela *cultura* os fragmentos resultantes da abolição e modernização das duas cidades. A visão de Florestan é parcial: do ponto de vista da sociedade de classes avalia o outro "por falta" e, em consequência, preconceituosamente. *Anomia* dos negros no pós-Abolição é um mito da sociologia "dura".

254 RIO, João do. *As religiões no Rio*. Rio de Janeiro: H. Garnier, s/data, p. 8.

255 Esta designação parece se dever a Heitor dos Prazeres que foi menino ali. "Essa população econômica e socialmente marginalizada, composta sobretudo por negros e pardos, nativos ou adventícios, constituiu, pela força do número, uma espécie de cidade paralela, nos imprecisos limites entre o legal e o ilegal. Nessa cidade do Rio de Janeiro, como dizia o nosso alferes de zuavos [Obá II], sempre muito cuidadoso com as palavras, 'todos os viventes procuram meios, ou licitamente [...] ou ilicitamente, em vista da natureza de promoverem os meios de adquirirem o pão cotidiano para si e suas famílias'". SILVA, Eduardo. *Dom Obá II d'África, o Príncipe do Povo*. São Paulo: Companhia das Letras, 1997, p. 76.

256 Conta Lima Barreto, como anedota, que Obá II chegava ao *Jornal do Commercio* com tesoura e goma arábica. Pedia para apreçar o texto e ia cortando. Quanto custa agora? 50$000. E agora? 30$000. "Enfim, quando o seu famoso artigo chegava ao preço de 10$000, por aí assim, é que o Príncipe Ubá, II d'África, deixava-o sair nos 'apedidos' do órgão do Senhor Luís Castro". BARRETO, Luís. *Bagatelas*. São Paulo, Brasiliense, 1956, p. 229.

levava abaixo-assinados às autoridades, endereçava manifestos a seus súditos, tudo num português mal-assimilado e expressivo. Lima Barreto, como a maioria dos contemporâneos, o via como um pobre-diabo (como então se dizia) exótico, exibicionista. Galvão atravessava as ruas num vistoso uniforme de alferes, se apresentava nas solenidades e no beija-mão do Imperador de fraque, cartola, luvas, bengala, guarda-chuva e *pince-nez* de vidro fumado ou monóculo de aros de ouro[257]. Entretanto, aquele homem tinha uma história: nascido em Lençóis, interior da Bahia, por volta de 1845, filho de iorubano forro, foi Voluntário da Pátria na guerra contra o Paraguai (batalhão de negros dito "de zuavos" pelo uniforme semelhante aos zuavos da guerra da Argélia). Reformado como alferes, chegou à Pequena África carioca um ano depois de tia Ciata (1877), morou um tempo nos subúrbios do Engenho Novo e de Benfica.

Alguns elementos daquela "Pequena África" – em que pontificou Obá II –, como o gurufim, foram transplantados e sobreviveram[258]. Outros serviram de crisálidas a formas novas, caso do rancho que deu na escola de samba – e é sintomática, aliás, a demorada *disputa* de hegemonia entre essas duas formas. A transformação, contudo, se vê (e conhece melhor) nas diversas formas de música popular que, aí por 1910, desembocam no que passou a se chamar de samba, convergência de variadas "batidas" – batuque, batucada, samba de roda, samba-choro, partido-alto, maxixe, tanguinho, samba-rasgado etc. – expressa em certos ritmos, instrumentos e versos facilmente reconhecíveis como patrimônio de um *contexto cultural específico*[259].

Lima Barreto não levou o Príncipe Obá a sério. Galvão defendeu, porém, incansavelmente pelos jornais pobres negros desamparados, como aquela velha africana cega que pôs a filha na prostituição para pagar aluguel (*O Carbonário* de 1 nov. 1886, citado por Eduardo Silva, ibidem, p. 79).

[257] "Nos dias de recepção no Paço Imperial, o Príncipe Obá comparecia fardado e, vez por outra, adiantava-se à frente do próprio corpo diplomático, para saudar o imperador ou a imperatriz. [...] No dia 2 de dezembro de 1889, o Príncipe Obá foi a São Cristóvão saudar o imperador pelo seu aniversário. Informaram-no de que D. Pedro II fora deposto e exilado. [...] Obá ficou indignado, dando vivas ao Império. O Governo cassou-lhe a patente que conquistara no Paraguai". CASCUDO, Luís da Câmara. *Dicionário do folclore brasileiro*. Rio de Janeiro: Ediouro, s/data, p. 736.

[258] "Gurufim, s.*m*. Brincadeira para distrair o velório, em redutos negros cariocas e paulistas. [...] De possível origem banta, talvez ligado ao xona *rufu* ou ao haya *olufu*, ambos significando 'morte' [...]; se não for bantuização do português 'golfinho' ". LOPES, Nei. *Dicionário banto do Brasil*. Rio de Janeiro: Prefeitura da Cidade do Rio de Janeiro, s/data, p. 127.

[259] Só Nei Lopes listou 35 tipos de samba (*Sambeabá*. Rio de Janeiro: Folha Seca, 2003). "Na caracterização perfeita do gênero samba, há um problema semântico, não um problema musical. Até o início dos anos 30, chamava-se indiferentemente maxixe, tango ou samba, a um gênero musical oriundo da polca, abrasileirada

Os intelectuais

Ao dizer samba não se está falando, pois, somente de um tipo de música – a própria idéia de música, aliás, não é universal; música é um fato social total para além da "arte de combinar os sons de maneira agradável" (Rousseau) ou mesmo "a ciência ou emprego racionais dos sons segundo uma escala dita gama". A base material do samba são os grupos negros urbanos cariocas em interação (trocas e fricções) com outros, inclusive grupos rurais (Estado do Rio e Minas) recém-imigrados. Samba é o veículo musical da sociabilidade – trabalhos, festas, rituais, linguagem, hábitos – desses grupos[260]. Há, pois, samba gênero musical – *sambas*, talvez fosse melhor dizer – e samba forma histórica de sociabilidade ou *lugar social*[261].

No plano artístico, a individualização concentrada e emblemática desse processo foi Paulo Benjamin de Oliveira, o Paulo da Portela (1901-49). Foi ele o *inventor* da reserva dramática (mais que folguedo) escola de samba, repondo em questão o significado dos intelectuais dos pobres em cotejo com os de classe.

Instrução primária, bem falante e sedutor, mais claramente que Adoniran, Arthur Bispo ou Seu Gabriel, Paulo atenderia aos requisitos de intelectual orgânico dos pobres. Já se especulou se não seria filho do célebre palhaço e ator Benjamin de Oliveira (1870-1954), mas sua paternidade é incerta. Criança no centro do Rio (Saúde, Santo Cristo), entregava marmitas em domicílio. A primeira inflexão de sua vida foi a mudança para a "distante" Oswaldo Cruz (atual Estrada da Portela), pegada a Madureira, onde se tornou lustrador de móveis numa fábrica de bilhar. O bairro então era roça: currais, valões, cavalos pelas ruas sem calçamento, sem água encanada, fileiras de pequenas casas nas bordas de chácaras imensas. O bairro do músico Ricardo Coração dos Outros, criatura de Lima Barreto, era semelhante:

---

      pelo modo de executar e pelo instrumental típico dos chorões, e influenciado pelo lundu, pela modinha, pela música internacional do teatro ligeiro. Esse gênero, cujo último cultivador foi o inesquecível Sinhô, morreu. Substituiu-o um gênero novo, oriundo do batuque africano, que além de ocupar o lugar do gênero defunto apoderou-se também do mesmo nome: samba". SILVA, Marília T. Barboza e SANTOS, Lígia. *Paulo da Portela. Traço de união entre duas culturas*. Rio de Janeiro: MEC/FUNARTE, 1980, p. 67.

260 SANTOS, Maria Regina Meirelles, op. cit.

261 Muniz Sodré, entre outros, tratou essa sociabilidade como contexto cultural: *A verdade seduzida*. Rio de Janeiro: Francisco Alves, 1983 e *O terreiro e a cidade*. Petrópolis: Vozes, 1988.

"Às vezes, nas ruas, há passeios, em certas partes e outras não; algumas vias são calçadas e outras da mesma importância estão ainda em estado de natureza. Encontra-se aqui um pontilhão bem cuidado sobre um rio seco e passos além temos que atravessar um ribeirão sobre uma pinguela e trilhos mal juntos. [...] Vistos assim do alto, os subúrbios têm a sua graça. As casas pequeninas, pintadas de azul, de branco, de oca, engastadas nas comas verde-negras das mangueiras, tendo de permeio, aqui e ali, um coqueiro ou uma palmeira, alta e soberba, fazem a vista boa e a falta de percepção do desenho das ruas põe no panorama um sabor de confusão democrática, de solidariedade perfeita entre as gentes que as habitam; e o trem minúsculo, rápido, atravessa tudo aquilo, dobrando à esquerda, inclinando-se para a direita, muito flexível nas suas grandes vértebras de carros, como uma cobra entre pedrouços"[262].

Os pobres da cidade se divertiam em *blocos*, um pouco mais organizados que os antigos cordões, ao ritmo de batuques variados; ou em ranchos, *levados* por instrumentos de corda e sopro e cantos auto-alusivos em coro. Os remediados se divertiam em Sociedades, que pareciam estagnadas, enquanto as três formas populares *evoluíam* – os blocos, por exemplo, iam dando lugar aos *blocos de corda*[263]. Pesava sobre todos, porém, a tradição de danças e cantos só começarem depois das festas "de lei" (dos orixás) – e ainda hoje, com alguma dificuldade, se percebe em cada bateria das grandes escolas o toque ritual do orixá correspondente. Os ranchos de Oswaldo Cruz, quando Paulo assumiu a sua liderança, seguiam essa norma, brincando mais de jongo e caxambu – formas folclóricas, semi-religiosas – que de samba[264]. Paulo e outros (Antônio Rufino, servente de pedreiro, Antônio Caetano, pequeno-burguês também "empurrado" para o subúrbio) se juntaram, então, para extrair das formas antigas (o disciplinado rancho e o indisciplinado bloco), percebidas como insatisfatórias, uma nova organização. Paulo, o principal *organizador* (já chamado *da Portela* para distinguir de um xará de Bento Ribeiro[265]), ao fundar o rancho

---

262 *Triste fim de Policarpo Quaresma*, São Paulo: Brasiliense, 1959, p. 134.

263 Paulo começou no Moreninhas de Bangu, fundou depois o Ouro Sobre Azul. Bloco de corda: as mulheres se fantasiavam de baianas, os homens de pijamas de listras, macacões ou camisas de malandro, chapéu de palha caído sobre um dos olhos, todos dentro da corda, lembrança dos ranchos de Reis.

264 Jongo é uma espécie de samba de roda, só com percussão, às vezes palmas, canto com estrofe e refrão. Caxambu é a dança em volta de um grande tambor negro.

265 A escola de samba Portela só nasceria em 1929, depois de se chamar passageiramente Grupo Carnavalesco Escola de Samba de Oswaldo Cruz e Vai Como Pode.

Baianinhas de Oswaldo Cruz o faz com uma novidade: diretoria e estatutos. Fundador de blocos, o lustrador de móveis tinha vocação de *legislador*:
– Sambista tem que usar gravata e sapato.

Se mostraria também um agregador, canibalizando pequenas agremiações vizinhas com habilidade de relações-públicas e *marqueteiro*. Ele seduziu e incorporou à "sua idéia" diversos *peritos confiáveis* (A. Giddens) do Estácio, extensão da Pequena África que acabara de registrar a marca "escola de samba" – embora continuasse mais de rancho que de samba[266]. A forma popular (escola de samba) hesitava em largar a pele folclórica (rancho) – hesitação também comum, aliás, ao frevo, ao boi-bumbá, ao bloco afro de Salvador[267]. A nova forma *tinha* de ser protéica, autoral, profana e voltada para fora, o que pedia um líder disposto a se apropriar da arte coletiva e em seu nome lhe conferir valor de troca, dando as costas ao grupo específico que a gerou para lhe fixar um valor (medido pelo equivalente universal) que a tornasse pública. Pedia, em suma, um intelectual[268].

Até hoje associamos escola de samba a suburbano (ou favelado), mas ela só hegemonizou as outras formas, se tornando cada vez mais escola, quanto mais se abriu para não-negros. Escola de samba, nos termos em que Paulo da Portela a "inventou", é de negros mas não *para* negros. Aos outros líderes do grupo interessava basicamente a organização para dentro, não eram intelectuais; a Paulo, para fora. Sua habilidade social consistiu na educação dos seus iguais e na sedução dos diferentes. São muitos os depoimentos sobre a função *pedagógica* (que começa, aliás, pelo designativo escola) do "pai das escolas de samba":

"O Paulo não foi um sambista assim conforme hoje [1980], *um passista, um batuqueiro. Paulo não era isso, era mais de canto mesmo. Ele sabia muita coisa, aprendia muita coisa, estava sempre fora, andava pela cidade, em outras escolas de samba. Então, ele trazia muitas novidades pra Portela. O Paulo bolou muitas coisas, ele tinha muita cabeça.*

---

266 Heitor dos Prazeres, Ismael Silva, Brancura, Baiaco, Bernardo Mãozinha, Aurélio Gomes e outros.

267 Historiadores costumam informar que o frevo derivou das marchas militares e das evoluções dos capoeiras à frente das bandas. Costa e Silva viu, no entanto, em 1972, o frevo (ao som de sansas, tambores e pífanos) numa antiga dança de máscaras senufa (Costa do Marfim). SILVA, Alberto da Costa e. *O vício da África e outros vícios*. Lisboa: Edições João Sá da Costa, 1989, p. 95.

268 O avanço da escola de samba em direção ao profano não significa que ela (e Paulo, portanto, como seu intelectual) tenha abandonado o terreno cujo sentido é um vitalismo.

Sabia entrar em qualquer lugar, ia se infiltrando. Compunha marchas, introduziu samba com voz masculina e feminina. No início, no 412, primeira sede da Portela, só se cuidava de futebol. Paulo é que queria implantar o samba. Ia muito no Estácio, na Mangueira"[269].

Dominando as técnicas do grupo (cantava, compunha, dançava, batucava) Paulo foi moldando passo a passo o que chamamos hoje escola de samba. Das Sociedades (Tenentes do Diabo, Fenianos etc.) transplantou, entre outros elementos, a comissão de frente[270], a alegoria e a fantasia elaboradas; dos ranchos, manteve o grupo das baianas, fixando-o como ala, o abre-alas, o mestre-sala e porta-estandarte, mas largando a sua majestade e lentidão. Quando queria, golpeava sem pena a tradição: no sexto ano de desfile "oficial" (1935), por exemplo, arrostando os mais velhos, tirou os *versadores* da escola (já havia tirado os sopros e introduzido o surdo)[271]. Não foi um capricho. Os sambas que conduziam os blocos tinham uma parte fixa (coro) e outra variável (improvisada pelos versadores ou *tiradores*), marca antiga de africanidade. Era bonito, mas seu andamento *atrasava* a exibição, sendo, além disso, impossível de *julgar* no tumulto do desfile – este devia parecer "um rio passando" na vida do público. Paulo impôs o samba de parte única e fixa, previamente ensaiada, como espinha dorsal do desfile – o samba-enredo[272].

A partir da comunidade negra da estrada da Portela, o antigo entregador de marmitas reinou sobre Madureira, capital do subúrbio. Sua obsessão: o reconhecimento público do valor dos sambistas ("sambista tem de usar gravata e sapato"[273]). Com o tempo se tornou padrinho obrigatório, chanceler elegante de ranchos, blocos e escolas nascentes; e cicerone de artistas e autoridades pelos morros e subúrbio (ciceroneou

---

269 Ernani Rosário in SILVA, Marília T. Barbosa e SANTOS, Ligia, op. cit., p. 60.
270 A comissão de frente, que no começo se chamava linha de frente, pode ter vindo dos times de futebol. A coreografia do mestre-sala é atribuída ao baiano Getúlio Marinho.
271 O primeiro desfile oficial, em 1929, foi promovido pelo Jornal do Brasil.
272 O samba de escola tem menos células rítmicas que o rancho, e melodia de maior extensão que o samba amaxixado anteriores.
273 O sapato, principalmente este, e a gravata eram signos do preto livre. "Não andaríamos longe da verdade se disséssemos que uma escola de samba é um rancho, em tudo o que se refere aos aspectos plásticos, mas que substituiu os elementos rítmicos por outros novos: o ritmo e a coreografia do samba. Paulo, velho participante dos sambas e, na verdade, nunca desligado totalmente deles, contribuiu decisivamente para essa adaptação artística. E contribuiu mais ainda para adaptação social dos batuqueiros – uma turma da pesada – à disciplina indispensável do sucesso das escolas de samba". SILVA, Marília T. Barbosa, op. cit., p. 70.

Walt Disney, entre outros). Seu apogeu de sambista *coincidiu* com o apogeu da democracia populista (1940-55) e parecia inevitável fosse atraído, cedo ou tarde, pelo trabalhismo e o prestismo, namorando (como Lobato e Mário de Andrade) com o Partido Comunista – a diferença é que para ele isto não significava *capitulação* à outra cultura, perda de *alegria*. No entanto, sua *obra* principal foi a autonomização da forma escola de samba ("samba não é rancho nem é gira"[274]). Enquanto processo cultural autônomo, com relação ao mercado e ao Estado, a escola de samba existiu aproximadamente entre 1930 e 60 – Paulo da Portela primeiro a autonomizou das formas anteriores para depois subordiná-la. Nos dois momentos agiu deliberadamente.

O intelectual da sedução

Paulo foi um intelectual sedutor. Isto pode ser tomado em dois sentidos. Conversado, maneiroso até mesmo com estranhos – não foi coincidência que no futebol, *reinventado* naqueles mesmos contextos negros suburbanos, tivesse um similar, Leônidas da Silva, o Diamante Negro – só andava de ternos bem talhados, sapato lustroso, cativando jornalistas, políticos e mulheres. Mas é no sentido antropológico que o *caso* principalmente interessa – Paulo teria sido um elo entre "duas culturas". Que duas culturas? A da *cidade* e a do *terreiro*.

O Brasil como *melting-pot*, convivência do arcaico com o moderno etc. é tema surrado e, em geral, pouco fecundo[275], salvo em Muniz Sodré que, na esteira de Baudrillard, identificou a sedução como sentido principal da cultura negra (*continuum* afro-brasileiro). Sedução vem de *seducere*, desviar, tirar do seu caminho. A dificuldade em usá-la como categoria antropológica – desviar o discurso do caminho de produção da verdade – é que em nossa língua sedução ganhou uma acepção exclusivamente sexual, com um fim próximo e banal (o gozo), mas o termo pode designar o jogo *anterior* ao desejo, a troca ritual ininterrupta e não a polarização positivo/negativo, uma reversão dos termos e não apenas a sua inversão ou subversão. Sedução nada mais é que o nome do jogo

---

274 Gira: roda ritual para cultuar as entidades no candomblé e na umbanda.
275 Uma exceção é *O espelho de Próspero*, do *brazilianista* Richard Morse (São Paulo: Companhia das Letras, 1988).

de reversibilidades[276] praticado sem cessar no interior das culturas arcaicas (animistas) como são as negro-brasileiras ou as ameríndias. Nóbrega se impacientou muitas vezes com *seus* índios: como se convertiam imediatamente, esta era a prova de que não se converteriam nunca. Marco Aurélio Luz conta algo parecido: em Minas, século 17, no momento de prova de adesão ao cristianismo, escravos costumavam dizer o seguinte fragmento de oração: "Reco-Reco Chico disse". O que era? Latim: *Ressurrexit sicut dixit*[277]. Se compreende a irritação dos intelectuais de classe com a ignorância e inconseqüência política dos pobres. Essa reversibilidade (sedução) e a *alegria* que engendra são o *segredo* das culturas negro-brasileiras e, por extensão, a dos nossos pobres.

Anos atrás, eu mesmo tentei *explicar* a um *scholar* norte-americano a alegria arcaica. Estávamos na quadra da Imperatriz Leopoldinense, poucos minutos após o anúncio da sua vitória no desfile. Uma alegria incontida, circular, de festim bárbaro, era *produzida* ali dentro sem deixar *resto*. Banhavam uma passista com cerveja. O americano perguntou: "Por que eles estão tão alegres?" Uma vitória no carnaval não justificava tamanha alegria. Respondi, sem pensar: "Acho que ainda estão comemorando a Abolição". Era um disparate, mas a única explicação com sentido para o "branco doido" que é um historiador moderno. Logicamente a alegria dos arcaicos não assenta na memória e no tempo progressivo, mas no *esquecimento* e no tempo circular. Se digo ao meu amigo que estava diante do axé, ou ele a tomaria na acepção midiática, vulgar, quase folclórica, ou na iniciática nagô, análoga, por exemplo, ao *princípio dinâmico* (fogo) do arcaico Heráclito – a hora não era, em todo o caso, de erudições.

A sedução é da ordem da *aparência*. Seria a cultura negra uma cultura de *aparência*? Como tantos outros, o termo em princípio é pejorativo. A alegria dos indígenas (conversão imediata/impossibilidade de conversão) e a festa de uma escola de samba (ausência de motivo lógico para o

---

276 "Toda a forma *positiva* acomoda-se muito bem a sua forma negativa mas conhece o desafio mortal da forma *reversível*. Toda a estrutura acomoda-se à inversão ou à subversão mas não à reversão de seus termos. Essa forma reversível é a da sedução. [...] Os prestígios da sedução são bem superiores aos consolos cristãos do gozo. Querem-nos fazer tomá-los como um fim natural – e muitos tornam-se loucos por não atingi-lo. [...] A lei da sedução é primeiro a de uma troca ritual ininterrupta, de um lance maior onde os jogos nunca são feitos, de quem seduz e de quem é seduzido e, em virtude disso, a linha divisória que a vitória de um e a derrota de outro é ilegível – e não há outro limite para esse desafio ao outro de ser ainda mais seduzido ou de amar mais do que eu amo senão a morte." BAUDRILLARD, Jean. *Da sedução*. Campinas, 1991, p. 28-29.

277 LUZ, Marco Aurélio. *Do tronco ao opa exin. Memória e dinâmica da tradição africana-brasileira*. Salvador: Edições SECNEB, 1993, p. 41.

júbilo intenso) são práticas de aparência, ou melhor, de um jogo de formas que constitui ele próprio o sentido, sendo inútil buscar o que está por debaixo: não há nada. Muniz Sodré lembra que na definição de Protágoras (séc. 5 a.C.), *phantasia* (aparência) não indicava nenhum conhecimento enganoso, mas tudo o que seduzia o falante ou o ouvinte. Não havia qualquer verdade sob a enunciação da verdade: verdade é aquilo de que nos convencemos. O triunfo histórico da maneira metafísica de ver (há uma verdade do Ser, oculta pela aparência) sobre a outra não é mera questão filosófica, mas fato histórico e antropológico decisivo em nossa civilização – basta ver que a própria estrutura de nossas línguas assenta num sujeito que realiza ações sem se confundir com elas. (Exemplo: O *passarinho* voa, O *passarinho* canta, O *passarinho* come... O sujeito *passarinho* realiza diversas ações sem deixar de ser passarinho. O que se insinua aí é a prevalência do Ser.)

O que a sociologia *dura* chamou "cultura da festa"[278] – e que fiel ao seu método apresentou como "ideologia de barragem" à integração do negro na sociedade de classes – é basicamente a prática da sedução, que só agora pode ser vista como um desmantelamento da produção e do poder[279]. À irreversibilidade destes, a sedução responde com um "mínimo de reversibilidade" (Baudrillard). Nos contextos produtivos, por exemplo, o sexual acaba por se reduzir à forma energética do desejo, enquanto nos de sedução (arcaicas) ele se amplia por todo um jogo de riscos, desafios, blefes, simulações, brincadeiras com a morte etc. Nada menos sexual que uma "dança primitiva", embora o senso comum, longamente induzido pelos missionários coloniais, *veja* o contrário[280].

---

278 Duas definições *duras* de "cultura da festa". "Muitos homens [negros] entregaram-se, assim, à ociosidade permanente e descobriram, no convívio com outros homens da mesma condição, um ótimo passatempo. As reuniões em pequenos grupos, pelas esquinas, e principalmente a concentração em botequins fizeram desse passatempo algo mais atrativo, do ponto de vista seja das relações de camaradagem, seja do prazer que se poderia retirar dessa rotina. A contrapartida moral dessa situação de dependência aparecia na desmoralização crescente do negro, primeiro no seu próprio estilo de vida, depois na consideração aberta dos brancos". FERNANDES, Florestan. *A integração do negro na sociedade de classes*. São Paulo: Ática, 3. ed., 1978, p. 79. "Quase não possuindo hábitos de vida familiar, [ao negro] a idéia de acumulação de riqueza lhe é praticamente estranha. Demais, seu rudimentar desenvolvimento mental limita extremamente suas 'necessidades'. Sendo o trabalho para o escravo uma maldição e o ócio o bem inalcançável, a elevação do salário acima de suas necessidades – que estão definidas pelo nível de subsistência pelo escravo -- determina de imediato uma forte preferência pelo ócio". FURTADO, Celso. *Formação econômica do Brasil*. Rio de Janeiro: Fundo de Cultura, 1959, p. 167.

279 A categoria sedução foi trabalhada entre outros por Michel Serres e Paolo Fabbri.

280 É possível que Stravinsky tenha percebido essa "sublimação" do sexual nos contextos arcaicos (selvagens) em *A sagração da primavera* ou, ao menos, alguns dos seus *metteurs-en-scène*. Sobre o tema há um romance de Alejo Carpentier, *La consagración de la primavera*, Barcelona Plaza & Janes Editores, 1986.

Dissemos, acima, sistemas de produção. São aqueles que visam a criar excedentes (*restos*), a serem apropriados por um ente não coletivo, como é o caso dos sistemas econômicos modernos, depois que se lhes atribui um valor medido num equivalente geral (dinheiro). Sistemas (contextos) de sedução, embora não sejam antagônicos daqueles, são espaços curvos em cujo interior se dão os jogos de reversibilidade, de "reciprocidade na troca, de possibilidades de respostas" (Muniz Sodré), em que nada se produz. A magia, como tantos mostraram, é uma peça indispensável desse jogo, mas também o é o segredo – que não passa da brincadeira de blefar que há um segredo. A mulata é uma mulher como qualquer outra, mas há quinhentos anos o Ocidente acredita que "é a tal". Também se acredita que "negros dançam melhor que brancos". É verdade apenas no sentido em que os contextos arcaicos falam com o corpo – na tradição nagô, por exemplo, Exu Bara (Exu é o princípio do movimento), o dono do corpo, é quem outorga individualidade ao ser humano e lhe permite falar. É o seu impulso que leva "o corpo a garimpar a fala" (Muniz Sodré). Samba no essencial é, pois, um jogo de alegria e tristeza que se joga com o corpo. Desse ponto de vista, sedução, sensualismo, vitalismo são quase sinônimos.

Essas considerações – longas, mas necessárias – permitem compreender que um intelectual dos pobres (como Paulo da Portela) se diferencia essencialmente de um intelectual *propriamente dito* pelas *ordens* a que pertencem. Na cidade do Rio de Janeiro e nos primeiros decênios do século 20, as "casas de baiana" ou *terreiro* eram o centro de gravidade do mundo dos pobres – terreiro no sentido de território de reprodução de regras simbólicas afro-brasileiras[281]. Desse terreiro sairiam a macumba, o samba urbano carioca, a maneira brasileira de jogar futebol e a escola de samba. O principal intelectual desta última foi Paulo.

---

[281] Além da casa de Tia Ciata de Oxum, são melhor conhecidas as de Tia Amélia do Aragão (mãe de Donga), Tia Perciliana de Santo Amaro (mãe de João da Baiana), Tia Veridiana (mãe de Chico da Baiana).

3
O PLANO ANTERIOR

"Tudo é real porque tudo é inventado."
Guimarães Rosa

"Que quando cuido que acerto vou mais fora do caminho."
Gil Vicente

"A escada de pedra é feita de pedra com pensamento."
Seu Gabriel, da Casa da Flor

O comício, o palanque e a madeira do palanque

No último comício das Diretas-já (1984), cerca de um milhão de pessoas entre a Central do Brasil e a Candelária (Rio de Janeiro), um amigo assistiu a uma cena insólita.

Espremido ao seu lado por várias horas, um *negão* não perdia um só movimento dos oradores. Beiço caído, olho rútilo, bebia as palavras de Tancredo Neves. Uma energia formidável, emanando da massa, parecia possuí-lo. Comovido, meu amigo indagou do sujeito:

– O que está achando?

Sem desviar a vista do palanque, ele respondeu:

– O que o senhor acha que eles vão fazer com aquela madeira toda?

Havia desse jeito, naquela noite histórica, um *comício*, um *palanque* e uma *madeira do palanque*. Anos atrás, hierarquizaríamos assim esses três fatos: *madeira do palanque* (plano das relações de produção), *comício* (plano político) e *palanque* (plano simbólico). Sociedade, política e cultura. Ocorre que esta hierarquização de planos não funciona mais, é uma *hipótese* cada vez mais insuficiente para organizar e explicar os fatos da *sociedade*. Como é possível – escreveu alguém – pensar o presente e um presente bem determinado, com um pensamento elaborado em face de problemas de um passado freqüentemente bastante remoto e ultrapassado?[282]

A própria idéia de *sociedade*, aliás, parece ter mudado – e isto não diz respeito, exatamente, como se poderia pensar, à suposta falência do marxismo como teoria social[283]. Os postulados principais do marxismo continuam a se sustentar: a contradição como motor da história, a materialidade das idéias e sentimentos, a definição do capitalismo como síntese de um modo de produção e processo civilizatório etc. É possível, aliás, que o marxismo tenha mais condições de sobreviver no século 21 que qualquer outra teoria social da civilização industrial, livre agora dos dogmas e aparelhos ideológicos "marxistas" (partidos, células, sindicatos, Estados etc.) – governantes comunistas do leste europeu, sinceros ou não, haviam se tornado peças da simulação que fortaleceu a legitimação moral do capitalismo.

Alguém definiu os conceitos como "pedais do conhecimento". Eles não podem ser, de nenhum jeito, o objetivo do esforço intelectual, mas apenas funções – como se vê, por exemplo, no conceito de sociedade brasileira[284]. Nos dicionários de sociologia, sociedade brasileira é definida, *grosso modo*, como o conjunto das relações sociais (de produção) do espaço brasileiro. A função dessa definição é valorizar as relações sociais decorrentes da produção (ou organização econômica) e traz como corolário o conceito vigente de história social brasileira: as mudanças, no tempo, das relações sociais do espaço brasileiro, de Cabral até hoje.

Poderíamos, no entanto, conceituar sociedade brasileira (e, por conseguinte, história brasileira) de outra maneira?

---

282 Bourdieu: "Mas a oposição entre a infra-estrutura e a superestrutura ou entre o econômico e o simbólico é apenas a mais grosseira das oposições que, ao encerrar o pensamento dos poderes em alternativas fictícias, coerção ou submissão voluntária, manipulação centralista ou automistificação espontaneísta, impedem que se compreenda completamente a lógica infinitamente sutil de violência simbólica que se instaura na relação obscura por si mesma entre os corpos socializados e os jogos sociais em que eles estão engajados". BOURDIEU, Pierre. *O campo econômico*. Campinas: Papirus, p. 119.

283 "Não sem Marx, não há futuro sem Marx, sem a memória e sem a herança de Marx: em todo caso, de um certo Marx, de seu gênio, de um ao menos de seus espíritos". DERRIDA, Jacques. *Espectros de Marx*. Rio de Janeiro: Relume Dumará, 1994, p. 30.

284 Um exemplo de onanismo intelectual foi, nos anos 60, o debate sobre *o modo de produção brasileiro* (capitalista ou feudal), esticado muito além do necessário às estratégias políticas de esquerda. Nem possuíamos bastante informações sobre a sociedade brasileira para qualquer generalização, nem consultávamos várias disciplinas para passar da categoria (conjunto de conceitos no interior de um sistema conceitual) ao conceito. Experimentávamos um certo gozo em longas e ásperas discussões sobre uma categoria, um modelo, que no máximo seria "pedal" do conhecimento sobre a realidade brasileira. Quarenta anos depois, podemos concluir: como metafísica, os dois lados tinham razão.

O plano anterior

O Bumba-meu-boi é o folguedo popular mais universal do Brasil. Como o *Boeuf Gras* da França, por exemplo, ou o *Boi Ápis*, do antigo Egito, pertence ao ciclo difundidíssimo em todo mundo de rituais de nascimento-morte-ressurreição[285]. O nosso, porém, é original: o auto dramático é seguido de baile de rua em que o próprio Boi, verdadeiro ou simulado, dança[286]. Esse auto dramático redefine o que é sociedade brasileira, pois sendo uma *representação* de negros, brancos e índios para negros, quebra o monopólio de representação da sociedade pelo branco, apresentando de cabeça para baixo o modelo internalizado por todos.

O monopólio da representação pelo macho branco é, de fato, uma forma peculiar e renitente do racismo no Brasil. O negro representar o brasileiro – na publicidade, no livro didático, na política, na diplomacia etc. – é impensável para a mente brasileira, salvo nos lugares previamente demarcados do futebol e da música popular. [Ao dizer "negro" e "branco" estou falando de lugares sociais, não de "raças". Raça, no caso humano, não nomeia nada geneticamente objetivo, salvo no sentido que lhe deu, entre outros, Lévi-Strauss, o de "raças invisíveis": conjunto de freqüências genéticas responsável (por exemplo) por imunidades, não por fenótipos. Ao dizer "negro" e "branco" estamos nomeando um *topo*, um lugar social cujas coordenadas são a aparência externa, a origem histórica, a classe social, o patrimônio cultural e a percepção em-si e para si[287].]

O enredo do Boi, por sob uma variação enorme, é simples. Uma escrava grávida, Catirina, tem desejo de comer língua de boi e leva seu marido, Pai Francisco (ou Mateus), a sacrificar um animal do senhor. Satisfeito o desejo da mulher, ele reparte os despojos entre os companheiros de trabalho. Depois da festa, foge. Por azar, o animal era o preferido do amo que, irado e choroso, manda índios amigos à sua procura. Pai Francisco é capturado, castigado e, depois, ele próprio se empenha em resolver o proble-

---

[285] A difusão do bumba-meu-boi pelo país (também chamado boi-bumbá, boizinho, boi de mamão etc.) se deveu a afro-brasileiros e caboclos trabalhadores da agroindústria e pecuária, desde mais ou menos 1700.

[286] O baile de rua acabou por se descolar do auto, ficando este – salvo nas encenações folclóricas encomendadas – como a razão "sem significado" daquele. Para os brincantes de hoje, consumidores da indústria de entretenimento, a dramatização comunitária não passa de um prólogo dispensável. Para a maioria só contam o baile e o cortejo (como na famosa festa do Boi de Parintins, por exemplo).

[287] Clóvis Moura, sobre a correspondência de colonialismo e incapacidade brasileira de se ver como negro: "[O branco] é mais uma categoria sociológica que antropológica e reflete mais a nossa posição de subordinação visual aos padrões das nações que nos exploram do que uma visão autoconsciente da nossa composição étnica". *O negro: de bom escravo a mau cidadão?*. Rio de Janeiro: Conquista, 1977, p. 20.

ma. Convocam-se especialistas de diferentes tradições – médico, feiticeiro, pajé, curandeiro etc. – que ressuscitam o animal pela aplicação de um clister no rabo. O auto termina com a festa da ressurreição.

Quais são os tempos desse enredo? O desejo da negra, a repartição dos despojos, a fuga e captura por índios amigos, o castigo, a culpa e a purgação do escravo, a ressurreição do animal totêmico após a pajelança. O elemento fundador do Boi, seu tempo forte, porém, é o desejo da negra. Ao reconhecer esse desejo, o negro (Mateus) institui a mulher (Catirina) e a si próprio como humanos, coisa impensável para o senhor que os vê como coisa, *instrumentum vocale* no direito da época. Os negros escravos anônimos que "inventaram" essa história capaz de atravessar séculos se reconheciam, implicitamente, como desejantes e a essa luz se representavam a si e ao amo – que se opunha à realização do seu desejo[288]. Não admira que os intelectuais orgânicos da sociedade escravista – padres e bispos – exigissem do Estado a repressão aos folguedos de Boi. Não apenas a ordem pública corria perigo, mas a própria ordem social e, em última instância, não apenas esta mas a própria ordem do mundo. Emergindo da África profunda, um espectro rondava a sociedade escravista brasileira: o Boi Ápis.

À distância, a sociedade escravista colonial parece compacta, encarcerada pela dialética amo-escravo. A uma vista mais próxima, entretanto, mostrará camadas e interstícios, pequenas frinchas, terras de ninguém que os "excluídos" do bem-estar e do poder – *os convivas recusados* da expressão de Richard Aldington – aproveitarão vorazmente.

Havia, para começar, um grupo numeroso de homens brancos pobres, embrião da futura classe média. Naquele instante não são ainda classe média: sua renda não é média e sua noção de constituir um grupo à parte é zero; se consideram assim como senhores caídos em pecado. Não devemos chamá-la senão grupo intermediário. Há um grupo, também numeroso, de negros não-escravos. Nos três primeiros séculos será sempre menor que o de negros escravos, mas a partir de 1850 (para tomar uma data) a proporção de negros e mulatos livres em comparação

---

288 "O termo *desejo* tem um sentido específico nas teorias contemporâneas da subjetividade e se refere fundamentalmente ao movimento inconsciente do psiquismo para um objeto não-real, mas 'imaginário' ou 'simbólico'. Desejo é aí algo fadado à radical insatisfação, uma vez que seu objeto (um traço 'mnésico', na doutrina freudiana) é da ordem da falta com relação ao real, não tem nenhum valor de realidade". SODRÉ, Muniz. *Reinventando @ cultura*. Petrópolis: Vozes, 1996, p. 101.

com os escravos será de 6/1. Este "grupão" de negros não-escravos se formou de três maneiras principais: o abandono do escravo pelo senhor – essa *confissão* de impotência econômica que se torna comum no Norte e Nordeste, com intermitência, desde cerca de 1750; a emancipação – cativos libertados pela repressão ao tráfico e pela Lei do Ventre Livre; e a alforria, individual ou em grupo, que cresceu lentamente. Esse foi o embrião de classe média negra que o pós-Abolição abortou.

Aos negros livres, mas também aos que permaneceram escravos todo o tempo, a sociedade escravista deixava algumas brechas – e não foi isto um processo de todo espontâneo; diversos *intelectuais* do sistema lhe perceberam a necessidade, só insistindo num completo e impossível fechamento seus representantes mais atrasados. A imagem que nos vem aqui é o dessas formidáveis rochas do sertão nordestino que mostram, de perto, delicadas fissuras, pequenos nichos de verdes samambaias e gravatás. Tal é o caso dos chamados folguedos populares como o Boi ou a festa da Penha, no Rio de Janeiro. A morte e ressurreição do Boi – qualquer tenha sido o caminho até chegar aqui, arquétipo que é das sociedades pastoris – significaram, desde fins do século 17, o *teatro* do negro nortista: espaço e tempo da sua dramatização do mundo dos brancos em que estava metido. No Boi o negro é autor e protagonista e ali faz desfilar os parceiros branco e índio. Muita coisa incomodava a "boa sociedade" nortista naquela brincadeira de pretos, que começava invariavelmente a 23 de junho – coincidindo com o São João português – e se fechava a 30. O barulho, esse diabo que tanto atormentou o europeu nos trópicos (ainda hoje se lê em botequim carioca de português: "É proibido batucar nas mesas") primeiro que tudo; depois, a luxúria, associação de sexo e perigo, a promiscuidade, a selvageria, o bodum. Aquilo incomodava, fazia mal e atraía ao mesmo tempo; mas se suportava. O que, no entanto, a boa sociedade nortista não agüentava era o caráter de representação do Boi. O Boi como auto mais que o Boi como espetáculo. As mais furiosas diatribes contra ele lhe apontam a monotonia, a falta de sentido, a tautologia, fazendo carga contra a *representação*[289]. Os ini-

---

[289] Como esta, do Padre Lopes Gomes, no famoso *O carapuceiro* de Pernambuco, 1840: "Um negro metido debaixo de uma baleta é o boi; um capadócio, enfiado pelo fundo de um panacu velho, chama-se o cavalo marinho; outro, alapardado, sob lençóis, denomina-se burrinho; um menino com duas saias, uma de cintura para baixo, outra de cintura para cima terminando para a cabeça com um urupema, é o que se chama caipora; há, além disto, outro capadócio que se chama o Pai Mateus. O sujeito do cavalo-marinho é o senhor do boi, da burrinha, da caipora e do Mateus". O que irrita Lopes Gomes fica ainda mais claro adiante: "Há danças ao som de violas,

migos do Boi – e conseguiram proibi-lo, formalmente, no Maranhão, entre 1861 e 68 – talvez o aceitassem como festa, não como drama.

Inúmeros folguedos brasileiros começam por aí: o negro que deseja e, por força do reconhecimento do seu próprio desejo, representa subversivamente a sociedade em que está inserido. Também a literatura culta brasileira captou o desejo e a capacidade de representação do negro como desestabilizadores sociais – redefinindo, ao cabo, o que chamamos de sociedade brasileira. Lembremos O *demônio familiar* de José de Alencar, encenado na Corte, sob polêmica, em 1858. O moleque Pedro deseja ser cocheiro para usar farda com libré. A família a que pertence (uma viúva com casal de filhos adultos) não tem, porém, fortuna para carruagens. Pedro, analfabeto e inteligentíssimo, começa então a enredar os jovens senhores com membros casadoiros de uma família rica. Faz isso manipulando cartas e recados dos amos – ele distingue mesmo uma carta de amor pela letra e a disposição na página. *O demônio familiar* expõe as vísceras da família patriarcal escravista, suas misérias ganham visibilidade a partir do desejo de um simples moleque. De que pode aquele moleque ser acusado? De manipular as regras da sociedade – competição, engodo, hipocrisia, libidinosidade – para satisfazer o *seu* desejo. Descoberto, recebe no final o mais exemplar dos castigos: "Toma, diz o amo, agora és livre", e lhe dá a carta de alforria.

O segundo elemento forte do Boi, como disse, é a repartição.

A partilha do corpo do Boi feita por Pai Francisco (ou Mateus) é uma metáfora do destino vulgar do povo brasileiro. Se repartia, no tempo da escravidão, antes de tudo, a sorte de despossuídos. Sob a escravidão (4/5 da história brasileira), o que conferia identidade comum a trabalhadores oriundos dos mais diversos pontos da África era a não-posse do próprio corpo – uma espécie de patologia de massa[290] – circunstância, em geral,

---

pandeiros e de uma infernal berraria", morte e ressurreição do boi "por virtude de um chiste, que pespega o Mateus" e ainda o aparecimento de "um sujeito vestido de clérigo, e algumas vezes de soquete e estola, para servir de bobo da função. [...] Esse padre ouve de confissão ao Mateus, o qual negro cativo faz cair de pernas ao ar o seu confessor, e acaba, como é natural, dando muita chicotada no sacerdote!"

290 "Quando se trata do sadomasoquismo e da sexualidade, é também impossível assumir o direito ao corpo próprio. A apreensão do desejo é pela parte do corpo do outro, isto lhe é inerente, e não vem sem a agressividade necessária à revivescência desta parte cortada. Do ponto de vista do fantasma sexual, o direito à propriedade do corpo vem como reivindicação histórica paralela a uma frigidez sintomática. Ou pode se manifestar com violência na tentativa frustrada de apropriação, implicando o dano ao corpo real. A idéia da propriedade do corpo leva a uma patologia, do ponto de vista psicanalítico". "Psicanálise e ética do bios", in BECKER, Paulo. *Bioética e sociedade brasileira*. Rio de Janeiro: Espaço e Tempo, 1999, p. 107.

desprezada por historiadores. Escravo não era classe, era condição jurídica: aquele que pertence a outrem, como uma mesa ou um cavalo. A via mais freqüentemente trilhada pelo africano no Brasil, a fim de refazer sua humanidade, era se associar a outro despossuído em irmandades religiosas, em comunidades-terreiro – que faziam lembrar o *compound* nigeriano – em clubes de ajuda mútua etc. O africano se reinventava. Essa reinvenção se fazia, inclusive, à margem do direito, como na prática do *esusu*, por exemplo, espécie de consórcio pela alforria; ou ressuscitando formas esquecidas do direito romano, como o *escravo vicário*, escravo do escravo. A própria língua brasileira, como tantas vezes já se assinalou, é um capítulo dessa reinvenção.

Contudo, a repartição organizada que o boi-bumbá alegoriza não é apenas a da despossessão do corpo – repartição *do que faltava*, por assim dizer. Se repartia também o comunitarismo arcaico, esse mesmo que emprestou à sociedade brasileira como um todo o ar de grande família – de parentesco "cordial" – que ao menos no passado parecia nos singularizar. O que Richard Burton (descobridor inglês do lago Tanganica) admirava nos africanos, e que a Europa não tinha, é hoje herança esmaecida dos brasileiros pobres: uma afeição suave repartida por coisas, gentes e bichos.

O senso comum supõe duas coisas opostas das relações escravistas (além de supor que a sua longa duração nada tem a ver com o Brasil atual): ou um regime diuturno de tortura ou um regime cordial encabeçado por senhores bons e maus, em que só estes castigavam. Na verdade, a escravidão era um regime de tortura sistemática – independente de haver senhores bons e maus – e que, no entanto, deixava margem à negociação entre senhor e escravo. A tortura, fosse de caráter preventivo ou corretivo, tinha um limite: a passividade do escravo. Em geral só se torturava quando *era preciso*, mas o fato de que freqüentemente *fosse preciso*, não tornava a vida do escravo um permanente inferno. Era possível *ser feliz* sob a escravidão, como hoje também é possível ser feliz nos mocambos e favelas. Qual a receita? Não desejar além do permitido, policiar o próprio desejo – ao contrário do que fizeram Catirina, a negra que desejou língua de boi, e Mateus que, lhe reconhecendo o desejo, se fez ladrão para satisfazê-la. O limite do desejo consentido só não era tão estreito quanto se poderia pensar, pois a escravidão brasileira juntava no mesmo espaço (a fazenda) unidade produtiva e unidade familiar, trabalho e afetividade, escravidão e sexualidade. Daí o cotidiano escravista (que a história oficial oculta) ser um circo de horrores sadomasoquista: a mãe preta que fura o ouvido do neném com agulha de tricô, olhos da mucama sedutora servidos em vinagrete pela sinhá ao seu marido...

Contudo, mesmo rompendo os limites do permitido, era possível negociar o castigo. Bastava colaborar – uma possibilidade obviamente não generalizada, mas real. Em suma, aos antagonismos que caracterizam qualquer relação entre desiguais (sob a escravidão desiguais são mais desiguais que outros), devemos acrescentar a possibilidade da negociação. Negociação, eis a chave que permitiu à maioria dos escravos africanos e seus descendentes alargarem, em seu proveito, as brechas do sistema escravista. Foi assim que sobreviveram, originando o povo brasileiro atual. O castigo e o arrependimento de Mateus alegorizam esse fato.

O que quer que chamemos sociedade brasileira tem quinhentos anos de existência. Quatrocentos foram de escravidão. A escravidão é, portanto, a nossa tradição mais legítima, a que reside no fundo de qualquer invocação do passado para pensar e agir no presente, o fator a se levar em conta no entendimento do direito e sua atualização, da política cultural e sua democratização, da política econômica e sua implementação e assim por diante. A escravidão é o primeiro dos nossos fatores de "longa duração". Fernand Braudel, que consagrou esse termo, o define como os gestos repetidos, as histórias silenciosas e como esquecidas dos homens, tudo o que teve peso imenso e rumor quase imperceptível[291].

É *assim* que parece funcionar a sociedade brasileira, mesmo alterada por ondas de modernização que se sucederam desde a metade do século passado: ela produz, sem cessar, um espécie de *desejo sobrante*. Tanto a nossa literatura popular quanto a culta são pródigas nesse tema.

Machado de Assis narra a história de um certo Candinho, capitão-do-mato que ia diariamente à luta com uma corda e classificados de jornal no bolso. Seu olho perito identificava com facilidade um fugitivo, caçava-o e recebia a recompensa. Bom e simpático rapaz, um dia se apaixona e casa. Mal dos pesares, escravos fugidos começam a rarear (ou a oferta de caçadores ultrapassou a demanda), a mulher engravidou, a tia foi morar com

---

291 Um bom exemplo de "longa duração" é o regime biológico da Europa (relação numérica entre vivos e mortos) que levou quatrocentos anos (de 1400 a 1800) para se alterar em favor dos vivos. Quatrocentos anos! Que historiador convencional contabilizaria esse fato? E, no entanto, sem ele nada teria mudado. Ver BRAUDEL, Fernand, *Civilização material e capitalismo*. Lisboa: Cosmos, 1970.

eles, o aluguel atrasou. O senhorio lhe deu cinco dias. Decidiram levar a criança para a Roda dos Expostos, da Santa Casa (uma roda de pau, meia circunferência para fora, meia para dentro, o enjeitadinho era depositado naquela, as irmãs, invisíveis, giravam a roda e filho nunca mais). A tia e a mulher ficaram chorando, ele saiu com o bebê. Ia lento, agasalhava-o do sereno, beijava-o. Perto da Santa Casa enxergou um vulto de mulher. Consultou os classificados. Era uma preta fugida. O dono oferecia cem mil-réis pela sua captura. Nenhuma fortuna, mas podia dá-los como entrada para um empréstimo. Pagaria as dívidas e, mais importante, sustentaria o próprio filho. Candinho entra numa farmácia e pede que lhe guardem a criança um minutinho. Arminda (era o nome da escrava) pediu, chorou, firmou os pés na parede. "Estou grávida, meu senhor! Se vossa senhoria tem algum filho, me solte!" Arminda alegava que o senhor a açoitaria, e grávida... "Você é que tem culpa – lhe dizia Candinho, sem pena. – Quem mandou fazer filho e fugir depois?" O dono de Arminda estava em casa. "Aqui está a fujona", disse Candinho. "Meu senhor!" – a escrava caiu de joelhos. "Anda, entra", ele ordenou com fria voz. Enquanto Candinho embolsava duas notas de cinqüenta, Arminda, no chão, desesperada, começa a estrebuchar. De repente se forma uma poça de sangue. Abortara. Candinho pegou o filho na farmácia, correu para casa. A mulher e a tia mal acreditaram na sorte. Riam à toa. Entre lágrimas verdadeiras, o capitão-do-mato abençoava o destino. De vez em quando se lembrava de Arminda: "Nem todas as crianças vingam" – lhe dizia então o coração. Esse conto de Machado se chama "Pai contra mãe".

A ciência psicológica, na sua forma ortodoxa ou na psicanalítica, pode, de alguma forma, contribuir para a noção de sociedade brasileira? Em sentido estrito (sociedade como estrutura de classes e relações sociais) provavelmente não. Como, no entanto, se precisa admitir alguma estrutura externa à sociedade, algum "lado de fora" – algo que a institui como objeto precisamente pela sua externalidade ou anterioridade, seria possível, nesse caso, utilizar a categoria *desejo*. Uma pequena dificuldade é que desejo, em nossa língua, tem acepção quase somente sexual, de concupiscência. Freud utilizava o termo *Wunsch* (*wish* em inglês) que designa sobretudo uma aspiração, um voto formulado[292]. Foi Lacan, como

---

292 O nosso *desejo* seria *Begierde* ou *Lust*. Ver LAPLANCHE, Jean; PONTALIS, Jean-Bertrand, *Vocabulário da psicanálise*. Rio de Janeiro: Martins Fontes, p. 158-9.

se sabe, quem procurou ajustar e trazer essa noção ao primeiro plano da teoria analítica, distinguindo-a de necessidade e de exigência. O desejo nasceria do afastamento entre a necessidade e a exigência, sendo irredutível à primeira por não ser, fundamentalmente, relação com um objeto real, independente do indivíduo, mas com o fantasma (fantasia); e à segunda na medida em que procura impor-se sem ter em conta a linguagem nem o inconsciente do outro, exigindo ser reconhecido em absoluto por ele[293].

Esse *saber* não-sociológico nos ajudaria a redefinir sociedade brasileira. Ela seria, então, o conjunto de relações sociais estruturado sobre a posse, pelo que chamamos branco, do corpo do Outro, que chamamos preto. A negação desse fato é o que chamamos História do Brasil. As sociedades, como os indivíduos, podem adoecer, uma das possibilidades de isso acontecer é quando a vontade de gozar do Outro destrói a estrutura simbólica sobre a qual ela se ampara, impossibilitando o desejo. Nessas circunstâncias não havia desejo do branco sobre o negro, salvo patologicamente, ele estava impossibilitado de desejar pelo regime em que era o dono do corpo do Outro – concebido como extensão do seu, corpo extensional. Mas o negro não tinha essa impossibilidade, ele pode desejar o corpo do outro negro – que não é extensão do seu – e mesmo o corpo do branco, havendo para isso uma só condição: que ele projete esse desejo fora da sociedade escravista, isto é, que se oponha simbolicamente a ela, identificando seu desejo com a destruição dessa sociedade, representando-a no sonho ou na arte – o que ajudaria, aliás, a explicar a vitalidade artística dos contextos culturais negro-brasileiros. Só o escravo pode se libertar a si e ao amo.

É possível ser este o significado do negro do Brasil: o corpo do *desejo sobrante*. É, entre outras, uma leitura que se pode fazer da novela *Dãolalão (o devente)* de Guimarães Rosa[294]. Soropita se refugiara no mais longe sertão das Gerais, protegendo sua paixão por Doralda. Ela fora puta em Montes Claros. Periodicamente ele ia a Andraquicé e entre outras coisas trazia para os vizinhos a audição dos últimos capítulos da novela de rádio. Certa vez, num retorno, prelibando o reencontro com a mulher, encontra um bando de valentes a que pertencera no muito antes, tenta

---

293 Idem, ibidem, p. 160.
294 ROSA, Guimarães. *Noites do sertão*. Rio de Janeiro: José Olympio, 5. ed., 1976.

evitá-los, mas vão na mesma direção. Um do bando é o negro Iládio. Deflagra a fantasia de Soropita: e se o negro tiver metido seu pau enorme em Doralda?[295]. E se ela gostou? Se ela nunca esqueceu? Na última página, o bando vai partir, depois de acampar no sítio de Soropita. Ele rende aos berros o negro Iládio, ninguém sabe por quê. O outro, inocente, se ajoelha. "Tou morto, tou morto, patrão Surupita, mas peço não me mate, pelo ventre de Deus, anjo de Deus, não me mata... Não fiz nada! Não fiz nada!... Tomo bênção... Tomo bênção..." Esta novela não é enigmática; como outro reacionário político, Nelson Rodrigues, Guimarães compreendeu o significado do negro na civilização brasileira: o corpo do desejo sobrante: " – Apeia, negro, se tu não tem caráter! Eu te soflagro!...".

O fim do social

Mudanças históricas, mais ou menos da Segunda Guerra para cá, realizaram o conhecido prognóstico de Engels: a superestrutura se tornará o lugar principal da reprodução do capital e, por conseguinte, do sistema social moldado por ele.

Não admira, assim, que os pensadores mais influentes no circuito acadêmico brasileiro hajam sido, nos últimos anos, aqueles que, de uma forma ou de outra, desde a "escola de Frankfurt", pensaram ou trataram a cultura como *plano anterior* – Foucault, Deleuze, Derrida, Lyotard, De Man, Barthes, Kristeva, Baudrillard, Bourdieu, Bernstein, Paul Virilio, Maffesoli...[296] A lista é quase toda francesa, o que apenas comprova o galicismo da "inteligência" brasileira, por qualquer razão incapaz de ir além do saber importado. Também a tríade de Frankfurt (Marcuse, Adorno e Benjamin) exerceu seu esforço teórico sobre um objeto que já não era o funcionamento da organização social e econômica, mas algo vagamente chamado "cultural" – arte, pensamento, comportamento, religião,

---

295 "Ela tãozinha de bonita, simples, delicada, branquinha como uma princesa – e aceitando o preto Iládio, membrudo, franchão, possanço... Ah, esse cautério!" Idem, ibidem, p. 39.

296 Derrida/Vattimo: "O mundo que emerge a partir do fim da 'guerra fria' e dos blocos Oriente/Ocidente caracteriza-se por um evidente policentrismo, onde as diferenças *ideológicas* retrocederam em benefício dos *substratos culturais*". *A religião*. Lisboa: Relógio d'Água, 1997, p. 120. Pierre Bourdieu, com seu conhecido rigor sociológico, foi outro a desvelar o que chamo *plano anterior* (ou *épura do social*). Chama de *campo econômico* a dimensão simbólica da dominação. Para ele cultura nada mais é que o mundo econômico às avessas. A idéia de campo, trazida da física, corresponde aos meus *plano anterior* (da geometria) e *épura* (da geometria descritiva).

visão de mundo, linguagem, sexualidade etc. É como se tivéssemos acordado, de repente, para o fato de que a sociedade contém outras dimensões além das econômico-sociais. O que aconteceu?

"Ora, algumas experiências profundas de transformação social de nosso tempo – deliberadas ou inconscientes, revolucionárias ou puramente evolutivas – forçaram a teoria crítica da sociedade a inclinar-se com maior minúcia sobre essas dimensões. Em particular o fato de que, uma vez alterado o regime social econômico de determinadas nações, toda uma série de problemas tivesse continuado a embargar o atingimento dos ideais de justiça e felicidade que haviam animado os movimentos de mudança, alertou vivamente os analistas mais sensíveis para a complexidade e o relevo assumidos, na totalidade do processo social, pelos elementos propriamente 'culturais'"[297].

Jean Baudrillard – que escapa muitas vezes da sociologia pela poesia – em *À sombra das maiorias silenciosas*[298], por exemplo, aponta a noção de *massa*, preciosa para as antigas estratégias de esquerda, como "buraco negro" das ciências sociais: ela absorve toda a eletricidade do social e do político e as neutraliza, sem retorno:

"Elas [as massas] *não irradiam, ao contrário, absorvem toda a irradiação das constelações periféricas do Estado, da História, da Cultura, do Sentido. Elas são a inércia, a força da inércia, a força do neutro"*[299].

O que parece dizer Baudrillard é que o comportamento errático da *massa* só se tornará explicável, se o for, no plano *desalienante* da cultura, pois neste plano já não existe a polaridade que caracteriza todos os sistemas (disjunção ou distinção de pólos, *um* e *outro*), havendo somente comportamentos erráticos (como os átomos no vácuo). Se, por hipótese, aceitarmos a intuição de Baudrillard (massa como "buraco negro") ficaria decretada a morte da política – pois ela é um exercício de atribuição de *sentido*. A essência vital da massa é o espetáculo, enquanto os políticos (salvo os midiáticos, como Collor) o que lhes oferecem são *sentidos*[300].

---

297 Essa explicação correta mas parcial é de Merquior. MERQUIOR, J.G. *Arte e sociedade em Marcuse, Adorno e Benjamin.* Rio de Janeiro: Tempo Brasileiro, 1969, p. 13.

298 BAUDRILLARD, Jean. *À sombra das maiorias silenciosas.* São Paulo: Brasiliense, 1985.

299 Idem, ibidem, p. 9.

300 "Nenhuma força pode convertê-las [as massas] à seriedade dos conteúdos, nem mesmo à seriedade do código. O que se lhes dá são mensagens, elas querem apenas signos..." Idem, ibidem, p. 15.

Diversos pensadores apontaram o impasse da política em países como o nosso: as propostas transformadoras, ou apenas reformistas, jamais seduzirão as massas, a personagem principal da história contemporânea ocidental. Isto foi possível até a Revolução Francesa, quando eram chamadas vagamente de Terceiro Estado. Parece impossível hoje manipular o seu desejo para torná-lo um desejo revolucionário[301]. Por que a política se meteu nesse beco sem saída? Ela perdeu a nobreza: "todo político rouba", crê o senso comum. Em nosso país, a imagem do homem público entrou em colapso há uns cinqüenta anos. As manifestações públicas, idem. "Exagerando-se apenas um pouco, poder-se-ia dizer que cinqüenta sujeitos inteligentes que conseguem obter cinco minutos na tevê para um *happening* bem-sucedido podem produzir um efeito político comparável ao de meio milhão de manifestantes"[302]. Mas o fenômeno é mundial e decorreu, por um lado, de uma certa perda de controle do Estado sobre seu território, do outro, da perda de controle sobre a economia. Há minorias hoje com poder de usar armas de grande porte e se esfumou a crença numa paz territorial sonhada quando da criação da ONU[303]. O declínio da política teria, assim, duas pontas – uma externa, a perda de potência dos Estados; e outra interna, a impossibilidade de manipular as massas.

Das minhas lembranças de preso político (1972-74), emerge um rosto negro de menino, Pelezinho, assaltante de fôlego curto. Preso, matou com um cabo de vassoura lascada o "dono" da cela que ia estuprá-lo. Acreditávamos, naquele momento, combater o capital, seus cães de fila, para tirar do crime meninos como ele. Pelezinho era capaz de compreender a nossa luta armada, mas não o motivo dela – a defesa atual do trabalhador e a sua felicidade futura – pela simples razão de que todo trabalhador para ele era um bunda-mole. Seu pai vinha visitá-lo aos sábados, lá ficava no pátio com uma marmita no colo. Cinco minutos antes de terminar a visita Pelezinho descia, trocavam uns monossílabos e o velho partia. Um dia lhe

---

301 "Tal é a massa, um conjunto no vácuo de partículas individuais, de resíduos do social e de impulsos indiretos: opaca nebulosa cuja densidade crescente absorve todas as energias e os feixes luminosos circundantes, para finalmente desabar sob o próprio peso. Buraco negro em que o social se precipita". Idem, ibidem, p. 10. Também para os *desclassificados* (fora da sociedade de classes, mas não fora da sociedade) a indústria cultural produz uma "estética sem estética, uma política sem política". Em suma, uma forma sem sentido.

302 Bourdieu, citado por HOBSBAWM, Eric. *Era dos extremos*. São Paulo: Companhia das Letras, 1995, p. 314.

303 Eric Hobsbawm, in *Folha de S. Paulo*, 8 jun. 1997. George Bush, Joseph Blair e Ariel Sharon lançaram a pá de cal à ONU em fevereiro de 2003.

perguntei a razão daquela ingratidão: "É um bosta de um sapateiro, nunca ganhou nada". No seu contexto cultural – o dos pequenos assaltantes da cidade de São Paulo[304] – trabalho tinha um significado oposto ao que tinha no nosso, o de classe média rebelde. Não gostávamos também do trabalhador passivo, mas o Trabalhador era a nossa razão de lutar. Quando Pelezinho soube que assaltávamos bancos "para dar a operários" perdeu o pouco de admiração que tinha por nós. Ao dizer "trabalhador", embora Pelezinho usasse o mesmo vocábulo em circunstâncias parecidas, o que ele "recebia" era uma noção e um sentimento negativos. A chance de vencer sua alienação era infundir nele a acepção (o sentido) positiva do signo trabalhador. Esse sonho "dialético" – concentrar os trabalhadores no pólo oposto ao da alienação – embalou gerações de esquerda desde a Grande Revolução de 1789. A sociedade de massas, entrementes, parece ter criado uma consciência sem pólos, em circulo, em vórtice – nenhuma consciência passará de um a outro. Por falta de horizonte parecem morrer, desse jeito, a esquerda e a política: eis o niilismo de volta. Pessimismo da análise, otimismo da ação – a isso estão obrigados como *imperativo moral*, os homens e mulheres de esquerda, tendo de recomeçar do zero a cada fase histórica. Como produzir sentido nas circunstâncias de um mundo cuja identificação é justo a morte do sentido?

Macunaíma na Califórnia

– Por que os pobres trabalham para nós?

Trinta anos antes de Baudrillard dois pensadores *não-escritores* – sem o vício portanto da sua metodologia "de espelho", em que tudo tende a ser visto como mero reflexo de tudo – lançaram as bases do que chamo *plano anterior*. Foram ambos, não por acaso, mentores intelectuais de maio de 68 – outono de 69.

Desde San Diego, após uma passagem pela Suíça (onde se refugiara do nazifascismo) Herbert Marcuse escreveu: "Considero-me um incorrigível otimista... Apesar de tudo, não consigo imaginar que o melhor regime capitalista possa durar eternamente"[305]. Bem, esse otimismo era

---

[304] Os assaltantes de banco e empresas, enquadráveis, como os presos políticos, na Lei de Segurança Nacional, estavam um degrau acima.

[305] As obras mais influentes de Marcuse foram: *Eros e civilização; O marxismo soviético; Razão e revolução; O homem unidimensional; O fim da utopia; No caminho da libertação* e *A ontologia hegeliana e a teoria da historicidade*.

contraponto a que pessimismo? O que advém do triunfo do pensamento positivo, unidimensional, glorificador do empirismo mercantil, chamado agora "pensamento único".

– Por que os pobres trabalham para nós?

Resposta de Marx: por necessidade, repressão e/ou religião. Nos anos 30 do século 20, Marcuse e outros buscaram atualizar essa resposta. Ele partiu de três dispositivos que articulavam dominação política e poderio técnico – nazismo, stalinismo e capitalismo –, dispositivos que fazem em tempo integral a mobilização da natureza, dos espíritos e dos corpos. Pois bem, a eliminação dos dois primeiros dispositivos e o triunfo do terceiro é parte da tragédia de nosso tempo. A máquina indolor de doutrinar, invisível, consentida, se vê em funcionamento a cada programa Sílvio Santos, mas também nos "programas de bom nível" da televisão a cabo – e é difícil, aliás, escapar à idéia de que o doutrinador é o próprio veículo, o que nos devolveria ao pessimismo que Marcuse precisamente queria negar. A sociedade de massa, parece evidente, não reprime *desde fora*, mas *desde dentro,* numa espécie de formidável *lavagem cerebral* que para ser compreendida exigiria categorias de uma psicologia dinâmica[306], o que conduziu Marcuse, como se sabe, à tentativa de casar Marx e Freud. A tevê é o lugar em que se produz o discurso da verdade hoje. Ela é a retórica do capital, a sua linguagem de convencimento, a sua única ideologia (proposição capaz de ocultar a sua mentira de si própria). Como seu lugar de enunciação é a empresa, a verdade só pode ser a da mercadoria. A tevê é a morada da verdade sofística: a publicidade. A publicidade é a única verdade possível no capitalismo atual.

Não há novidade, a rigor, nesse diagnóstico. Ou melhor, há uma: com o tempo a verdade (ou retórica) da televisão se tornou totalitária, o que Marcuse previu. Toda a sociedade passou a ser organizada através daquela verdade: pobres, ricos, pretos, brancos, todos sem exceção se relacionam por seu intermédio e não mais por intermédio das relações de produção. Críticos já fizeram notar que, salvo criados e choferes, nenhuma personagem de telenovelas trabalha. Nada mais realista: nas telenovelas nenhum ser humano se relaciona por meio da sociedade como a entendíamos até aqui.

Por outras palavras, Marcuse foi levado à necessidade de considerar os fatos da organização social *antes de se mostrarem como tal*, enquanto

---

[306] Isto é, que parta do conflito entre os impulsos naturais do homem e as barreiras antepostas pela sociedade.

fatos simbólicos. Aquela repressão-extra, instituída pela sociedade de massa, conduziu-o diretamente ao que chamo *plano anterior*. Nada mais explícito nesse sentido do que as palavras de abertura do seu *Eros e civilização*: "Este ensaio emprega categorias psicológicas porque elas se converteram em categorias políticas"[307].

Pois Marcuse entrou para a história do pensamento como um dos que acendeu o estopim no interior da "fábrica de consentimento" (Chomsky), em que se tornou a megamáquina ocidental. Se recusou, e arrastou a essa recusa parte da juventude americana dos anos 60, ao papel de *serviçal de si mesmo* (Hegel), ao prosaísmo, à inércia, ao horizonte curto (filisteísmo), à capitulação diante das *tecnologias de mobilização*[308]. Ao se colocar no plano da cultura – o da interioridade e anterioridade – Marcuse abriu uma perspectiva de ação para si e seus estudantes: assumir a mobilidade, levando às últimas conseqüências a paciência e corrosividade do *pensamento negativo* (no sentido hegeliano)[309]. Como um Macunaíma na Califórnia poderia abrir os braços e dizer: "Não vim ao mundo para ser pedra".

No *Macunaíma*, Mário de Andrade levou o seu a herói uma intrigante descoberta: os homens da cidade sofrem porque não têm iaras explicáveis que tornem o mundo suportável para eles. Freud interpretava a sociedade contemporânea em termos da tendência à resolução da autonomia do ego conjugada ao retorno à horda primitiva – a obediência irracional ao *fuehrer*. Marcuse ressalvou que o advento de sociedade de massa requer uma nova categoria: *a sociedade sem pai*. Nos tornamos sem consciência moral, agressivos ao extremo, destrutivos, quase sem instinto vital: sem pai. Sem pai não significa, porém, sem controle. O princípio de realidade (nos termos freudianos), perdendo a intermediação dos superegos individuais, passou a ser intermediado (na sua função controladora) por uma entidade impessoal: a publicidade.

---

307 MARCUSE, Herbert. *Eros e civilização*. Rio de Janeiro: Zahar, 1968, p. 25.
308 CHÂTELET, Gilles, *Folha de S. Paulo*, 9 ago. 1998.
309 "No impulso dialético que nega continuamente o dado e o existente, no passo rebelde e crítico da destruição criadora, Marcuse descobre a medula da posição de Hegel. [...] Na mola da negatividade dialética, Marcuse revela como as aspirações libertárias se fundem no cerne da conceituação especulativa de Hegel. [...] A essência criadora do homem se assimila ao pensamento do negativo." MERQUIOR, José Guilherme. *Arte e sociedade em Marcuse, Adorno e Benjamin*. Rio de Janeiro: Tempo Brasileiro, 1969, p. 21.

Se diria que a passagem das "iaras explicáveis" em *Macunaíma* é uma ilustração da análise marcusiana. As cunhãs (moças) que ele encontra na cidade se relacionam com as máquinas através de superegos enfraquecidos. A publicidade de suas projeções pessoais e/ou pedagógicas é que nos explica o mundo das máquinas. Alguém que vem de outro mundo (da roça, do mato, da aldeia), como o herói, não se satisfaz, contudo, com as explicações. *Estranha* o mundo das máquinas. Quem depende de quem? Quem manda em quem? No mundo indígena havia as iaras (mulheres belas, vozes fascinantes, habitando rios e lagos) que todos entendiam: cada iara tornava compreensível para todos cada máquina, cada fenômeno do mundo. Tornavam, pois, a realidade suportável. Não havia empate como em nosso mundo: "Os filhos da mandioca homens brancos da cidade não ganham da máquina nem ela ganha deles nesta luta. Há empate".

Maio de 68 já foi analisado de muitas maneiras e mesmo análises de direita lhe são simpáticas. "Fat is a feminist issue". "Tomo meus desejos por realidade pois acredito na realidade de meus desejos". "O pessoal é político". "Chamarei de político qualquer coisa que me preocupa". "Quando penso em revolução quero fazer amor". "Não confie em ninguém com mais de 30 anos". Esses gentis *slogans* vão ecoar ainda por muito tempo em nossos ouvidos, sinais de uma *revolução juvenil* sob cuja rubrica um historiador do futuro talvez enfie criaturas díspares como James Dean, Bob Marley, Fidel Castro (ele chegou ao poder com 32 anos) e Guevara – que, não querendo envelhecer como Fidel, ficará talvez mais perto dos Beatles que de Mao Tsé Tung[310].

A juventude se tornara, de fato, agente social independente – o que, no Brasil, se deveu, além disso, à urbanização acelerada daqueles anos. Se abrira um espaço entre o menino e o adulto[311]. Espaço para o capital,

---

310 Hobsbawm, aliás, chama a atenção para um fato pequeno e eloqüente: em meados dos anos 60 o movimento de Baden Powell, os *boy scouts*, abandonaram o *boy* do nome e trocaram os velhos *sonbreros* pela boina.

311 Humberto Eco lembrou o "fenômeno Rita Pavone", no final dos anos 50. Quando surgiu, ela tinha por volta de 18 anos, mas *fazia* uma personagem (a Pavone) entre 13 e 15. Não era apelo sexual exatamente, pois este conserva ainda algo de "natural". Era um triunfo espetacular da adolescência, a sua estréia (ou a estréia de um espetáculo definitivo), para o público interno e para exportação. A adolescência ganhava, pela primeira vez, uma qualidade histórica geral: a "medianidade". Rita se despediu dos palcos (provisoriamente) com um *show* de nome "Não é fácil ter 18 anos". De caso clínico (conclui Eco) Rita Pavone se transformou em Norma Ideal, se estabilizando como Mito (*Obra aberta*. São Paulo: Perspectiva, 2001, p. 311-312). No Brasil, o correspondente foi a Jovem Guarda, de Roberto Carlos e Wanderléia, adolescência convertida em "classe biológica", sem compromisso de qualquer espécie com o mundo.

antes de mais nada: cresceram vertiginosamente, a partir de então, a "indústria de juvenescimento" (cosméticos, higiene pessoal, natural e esportiva e afins). A tecnologia se tornou causa e efeito desse juvenescimento: computadores e programas foram projetados e criados por pessoas na casa dos 20 anos para serem usados, com humilhante vantagem, por cabeças jovens[312]. É verdade que, com os avanços da saúde pública e da medicina, se tinha mais chance de envelhecer; mas paradoxalmente, num mundo cada vez mais jovem, o apogeu do homem ocidental passou a ser entre os 20 e 30 anos. "É pecado não ser jovem no Brasil", reclamava Nelson Rodrigues, em 1968, sob fogo cruzado da esquerda e da direita.

A *revolução jovem* não consiste exatamente em que os jovens (entre o infante e o adulto) passem a ser um grupo social autônomo, produzindo, por exemplo, música (o *rock*) e de traje distinto (o *blue jeans*). Consiste em que o ideal da vida humana se torna *ser jovem* – e jovem quer dizer *tutto e subito*. Jovem é, pois, uma *economia do tempo*, uma *maneira* de empregá-lo: vertiginosa, alucinatória e, por conseqüência, drogável[313]. Do ponto de vista especificamente econômico era previsível o *boom* atual do tráfico de drogas. O sistema capitalista desde sempre caminhou para a mercantilização de tudo. Quando este *tudo* vai finalmente ser alcançado, os intelectuais do capital se organizam, em defesa de homens que reverenciam o dinheiro desde meninos como *medida geral equivalente* (os homens de bem), para impedir que outros (narcotraficantes) tratem o dinheiro como *medida geral equivalente*. Nos últimos metros, quando Aquiles vai, finalmente, ultrapassar a tartaruga, os juízes da prova correm para freá-lo. Por outro lado, se revelou a enorme capacidade

---

312 HOBSBAWM, Eric. *Era dos extremos*. São Paulo: Companhia das Letras, 1995, p. 318.

313 "Muito mais do que uma questão de fórmula e mecanismo neurofarmacológico, na droga se põe em jogo a própria humanidade do homem. [...] O grande desafio de nossa época é o desafio de uma conversão do homem para sua jovialidade. Impõe-se uma conversão, que reponha o homem no lugar de sua humanidade, a sua essência de futuro. Ora, vários são os caminhos em que, neste contexto sufocante, a juventude busca esta conversão. É a terceira pergunta: Como a juventude procura realizar a jovialidade no mundo de hoje? [...] Não encontrando espaço e expansão para suas possibilidades de futuro, a juventude contesta e contradefine o sistema de controle em todos os níveis da linguagem: no verbal e imaginativo, no gestual e perceptivo, no situacional e coletivo. Pois é aqui, na dinâmica desta contradefinição, que se insere o uso de drogas e entorpecentes. O sentido hermenêutico do tóxico é, portanto, essencialmente ambíguo. Articula-se em duas dimensões. Mais profundamente exprime a dinamização de um projeto de jovialidade e de futuro. Mais na superfície, nos caminhos de sua concretização situacional, desvirtua-se num compromisso com a própria essência da sociedade afluente e da subjetividade moderna". LEÃO, Emmanuel Carneiro. *Aprendendo a pensar*. Petrópolis: Vozes, 1977, p. 41-43.

(ou força) de internacionalização da cultura jovem: *rock* e *blue jeans* se tornam igual a *moderno*[314]. A *revolução jovem* começou a montar o "inferno sobre a terra" em que vivemos hoje. Sartre se enganou: o inferno não são os outros, são os *jovens*.

Em suma, por mais diversa leitura que se faça de seu legado, Marcuse foi buscar fora da economia e da política[315] respostas a velhas perguntas que atormentavam a esquerda mundial. Pode, então, preconizar o que está hoje na boca de todos: o "fim da sociedade do trabalho"[316]. Contudo, o que faz dele, em minha leitura, um verdadeiro precursor do que chamo *plano anterior* é o seu apelo à sensibilidade moral de jovens, intelectuais, mulheres, grupos religiosos e outros – as minorias marginalizadas – para salvarem a sociedade. Eis a chave da sua *praxis*: "Uma das coisas que aprendi [...] é que moral e ética não são mera superestrutura ou mera ideologia".

Marcuse era filosoficamente quase um eclético – Habermas, que o conheceu bem, o chamou de "o primeiro Heideggermarxist" – e fala, com freqüência, da solidariedade da razão e do sentimento. É pouco, contudo, para explicar o papel que teve na rebeldia da geração 60. Este se deveu, ainda segundo Habermas, à coincidência entre os impulsos de sua filosofia vitalista de matizes freudianos e a emergência da *juvenilidade* no pós-guerra. Eis como o próprio Marcuse viu, em síntese, a atitude da juventude que orientou: "Essa oposição [ao sistema] é simultaneamente uma revolta sexual, moral, intelectual e política. Nesse sentido, é uma revolta total, voltada contra o sistema como um todo"[317].

---

314 A juvenilização da sociedade assentou também nas transformações do sistema escolar, concluiu Bourdieu: "Em primeiro lugar, acho que a inflação e a correspondente desvalorização dos títulos escolares tiveram efeitos muito gerais: poderíamos ligar a isso certos aspectos do movimento dos jovens, da ecologia, do movimento feminista, certas mudanças profundas na política, o aparecimento do esquerdismo etc. [...] Assim é que, para dar conta de certos fenômenos atuais, por exemplo, o aparecimento de esportes novos como o *surf*, o *windsurf*, a asa-delta, eu devia analisar essa transformação profunda de sociedade [em *La distinction*] que está ligada às transformações do sistema escolar". BOURDIEU, Pierre. *O campo econômico*. Campinas: Papirus, 2000, p. 39.

315 Marcuse, entretanto, foi um intelectual essencialmente político. Na juventude integrou um conselho de soldados em Berlim e muitos anos depois ainda sofria com o assassinato de Karl Liebknecht e Rosa Luxemburgo. No começo dos anos 60, já na América, fez campanha contra a guerra do Vietnã e, finalmente, se fez guru dos movimentos estudantis na Europa e na América. Muito antes do Clube de Roma, ele denunciou a "produtividade progressista, para a qual a natureza está ali, grátis, pronta para ser pilhada" – isto é, a união fatal, em nossa civilização, entre produtividade e destrutividade. Procurou distinguir socialismo de capitalismo "não tanto pelo grau de desenvolvimento das forças produtivas, mas sim em seu redirecionamento, pré-condição para a abolição do trabalho, a autonomia das necessidades e o apaziguamento da luta pela existência".

316 Ver, entre outros, *O horror econômico*, de Viviane Forrestier, São Paulo: Unesp, 1997.

317 Jürgen Habermas, "O centenário de Marcuse e os ritmos diversos da filosofia e da política", *Folha de S. Paulo*, 9 ago. 1998.

Não confundia revolta com revolução, aquela seria apenas fagulha desta. O tempo correu, a identificação da juventude com uma vanguarda revolucionária deixou de fazer sentido na era das academias de musculação, mas Herbert Marcuse levantara a lebre: no plano anterior à política e à economia está a chave para abrir a compreensão do impasse social em que nos metemos.

Síndrome de Eustáquio

Em 1994, um casal de amigos assistia pelo *Jornal Nacional* à inauguração do primeiro McDonald's em Moscou. Fila enorme, empurra-empurra. O marido, velho comunista, perdeu a estribeira:
– Isso eu não agüento! Não agüento!
Foi à janela, berrou para a rua:
– É demais, não agüento!
A mulher tentou acalmá-lo:
– Calma, Eustáquio, é só o McDonald's em Moscou....
– Mas é isso que eu não agüento!
Vinte e sete anos antes do surto de Eustáquio, um jovem e enigmático pensador parisiense previu a derrocada fragorosa do "mundo socialista" para a macdonaldização – Guy Debord, autor de um livro que já nasceu clássico, *A sociedade do espetáculo*[318], expressão, aliás, cunhada por ele. Direita e esquerda se insurgiram imediatamente contra a obra (a primeira pelo desprezo). Enquanto isso, a "esquerda acadêmica", autoproclamada, pouco depois, pós-moderna, optava por "saquear" o livro, desconsiderando um pensador imune às galas universitárias – Debord foi maldito de propósito, sem trabalho fixo, sem contato com instituições, não freqüentou qualquer universidade, nunca deu entrevista ou participou de congressos. "Vivi em toda parte – escreveu em algum lugar – menos entre os intelectuais desta época". E, ainda, contra a ilusão da notoriedade do intelectual: "Considerarei tão vulgar tornar-me uma autoridade na contestação da sociedade quanto na própria sociedade"[319].
Mas o que é "sociedade do espetáculo" nos termos de Guy Debord?

---

318 DEBORD, Guy. *La société du spetacle. Commentaires sur la société du spetacle*. Paris: Buchet-Cartel, 1967. Há uma tradução da Contraponto, Rio de Janeiro, 1997.
319 DEBORD, Guy. *Oeuvres cinématographiques complètes*. Paris: Gallimard, 1994, p. 269-270.

O plano anterior

Sob as modernas condições de produção, tudo o que era vivido diretamente teria se tornado uma representação, de forma que o espetáculo já não é apenas um conjunto de imagens mas uma relação social entre pessoas, *mediada por imagens*. Dessa premissa, Debord extrai uma conclusão: o espetáculo é a *principal produção* da sociedade atual. Sendo, na sua origem, o produto das técnicas de difusão maciça das imagens, se converteu numa visão de mundo materialmente traduzida – uma visão de mundo que se objetivou. Outrora podíamos pensar o espetáculo como um suplemento do mundo real, um reflexo, quase uma decoração, que lhe é acrescentado, mas isso ficou pra trás: o espetáculo é o âmago do irrealismo da sociedade real. Ele não diz nada além de "o que aparece é bom, o que é bom aparece". O espetáculo não deseja chegar a nada que não seja ele mesmo. A sociedade que se baseia na indústria moderna não é fortuita ou superficialmente espetacular, ela é fundamentalmente *espetaculoísta* – o que significa que nela o diálogo é impossível (por este ser o contrário do espetáculo) mas também que o espectador não se sente em casa em lugar algum, pois o espetáculo está em toda parte. O que chamávamos antes "realidade objetiva" está presente tanto na sociedade real quanto no espetáculo, cada noção só se fundamenta em sua passagem para o oposto: a realidade surge no espetáculo, e o espetáculo é real. Essa alienação recíproca é a essência e a base da sociedade moderna atual.

O espetáculo, sob todas as suas formas – informação, propaganda, cinema, publicidade, esporte, arte, *show* etc.– constitui, portanto, o *modelo* atual da vida dominante na sociedade. No mundo *realmente invertido* do espetáculo, a verdade é, portanto, um momento do que é falso. Considerado nos seus próprios termos, o espetáculo é a *afirmação* da aparência e a afirmação de toda vida humana como simples aparência.

O espetáculo é, em síntese, uma negação da vida que *se tornou visível*. A abstração generalizada é uma conseqüência da sociedade capitalista da mercadoria, da qual o espetáculo é a forma mais desenvolvida. E, enfim, com o desenvolvimento do capitalismo, o tempo irreversível se unificou mundialmente – por meio do espetáculo.

Eis porém o mais importante na análise de Debord: o espetáculo nada mais é que o *sentido* da prática total das formações sociais ditas modernas, a sua maneira de *emprego do tempo*. O espetáculo em nossa sociedade corresponde, pois, a uma fabricação concreta da alienação. Sendo uma produção industrial específica da formação social moderna, ao crescer "espetacularmente" só faz crescer a alienação que estava em seu núcleo original. O espetáculo, em suma, é o *capital* em tal grau de acumulação que se torna imagem[320]. Ele se apresentava (no início dos anos 60) sob três tipos: o *espetáculo difundido* (ou democrático, como na França); o *concentrado* (ou ditatorial, como na União Soviética); e o *integrado* (como o atual, dito pós-moderno). Este último, o espetáculo integrado, se caracterizaria pela combinação de cinco aspectos principais: a incessante renovação tecnológica; a fusão econômico-estatal; o segredo generalizado; a mentira sem contestação; o presente perpétuo.

Na visão de Debord não havia, portanto, qualquer possibilidade de o regime soviético (o do *espetáculo concentrado*) ganhar a corrida. O comunismo de Estado, que vigorava ali, acabava mesmo favorecendo o espetáculo difuso e democrático ocidental: servia para os comunistas de todo o mundo terem na União Soviética a imagem da revolução, enquanto a ação real era deixada aos Estados e partidos comunistas, cúmplices, por essa maneira indireta, do espetáculo ocidental – a perda da esperança no leninismo, conseqüente ao desabamento da União Soviética, no fundo, foi a perda de esperança no liberalismo centrista[321]. Meu amigo Eustáquio teria se indignado com essa hipótese de Debord. Ou com o desabafo melancólico de um historiador comunista: "Já então [aí por 1960], como um jovem intelectual, me parecia evidente que não havia nenhum comunista na União Soviética. Havia, sim, gente que trabalhava, vivia e amava sob um regime comunista, o que é diferente"[322]. Ambos parecem desclassificar sua vida de sofrimentos pela Revolução.

---

320 Quem leu o livro de Debord percebe que "editei" as suas 34 primeiras teses, visando a responder ao seguinte: o que é sociedade do espetáculo?

321 "O colapso do comunismo foi um golpe muito maior para a estabilidade da civilização capitalista do que os acontecimentos de 1968. Antes, havia quem pudesse desculpar os fracassos de alguns movimentos anti-sistêmicos e sugerir que eles eram inerentemente fracos por terem abraçado de maneira insuficiente o modelo soviético". WALLERSTEIN, Immanuel. *Capitalismo histórico e civilização capitalista*. Rio de Janeiro: Contraponto, 2001, p. 139. Uma testemunha contou o espetáculo da morte de um ditador comunista (1990): "Quando foi levado para fora, Ceausescu começou a cantar pedaços da Internacional. Eu estava a 100 metros de distância, observando a cena com cerca de 100 homens. Ele gritou algo como 'Morte aos traidores!' Então os pára-quedistas o encostaram (ele e a mulher). Acho que ele enfrentou a morte bravamente". In *Jornal do Brasil*, 23 dez. 1999.

322 Eric Hobsbawm, in *Folha de S. Paulo*, 8 jun. 1997.

Contra a sociedade do espetáculo, Debord pregava um movimento novo (fundou uma Internacional Situacionista[323], entre 1957 e 72), inspirado no conteúdo libertário da arte moderna, na revolução da vida cotidiana, na realização dos desejos oprimidos, na recusa aos partidos, aos sindicatos e outras formas de luta "alienadas e hierárquicas", na abolição do dinheiro, do Estado, do trabalho e da mercadoria. Se candidatou, assim, a guru de Maio de 68, espécie de Karl Marx (ele foi também leitor inclassificável de Hegel) da era dos Beatles. No contexto de transformações radicais da Guerra Fria e do parto da "aldeia global", pretendeu retomar a luta por intermédio de conselhos (ele dizia terem sido os soviets a melhor coisa de 1871 e de 1917)[324]. Vendo política em toda parte, Debord acreditava, pois, como Marcuse, na morte da *política*.

A Internacional Situacionista fechou, Debord se matou em 1994, aos 63 anos[325]. Como Guevara também não quis envelhecer. Suas 221 teses, sua recusa à exposição, irradiam até hoje certa simpatia que ele, certamente, desdenharia. Que lições podemos tomar, de seu livro e de sua vida, os que rejeitamos a soturna condição do capitalismo? A primeira lição é que a condição de intelectual em si é cúmplice ou vã, se não gerar a de *trabalhador da cultura*. Atribuem esta sentença a Nietzsche: "Nenhuma verdade radical é possível nas universidades". Somente o intelectual crítico, se escapa à imaginação papeleira (essa também é de Nietzsche), do tipo "jogo do espírito", pode desempenhar algum papel na luta contra um sistema aparentemente invencível e mutante de quinhentos anos.

A segunda lição de Debord é: a economia transforma o mundo, mas o transforma apenas no mundo da economia.

Fetiche, uma palavra predileta de Marx, vem, como se sabe, do português feitiço. Feitiçaria é transformar uma coisa em outra, para o bem

---

323 *Situacionismo*, nos termos de Debord, era a atividade prática de construir situações, e *situacionista* aquele que se engaja na construção de situações. Em 1957, ao lançar a Internacional Situacionista, escreveu: "A construção de situações começa além do desmoronamento moderno da noção de espetáculo. É fácil ver a que ponto está ligado à alienação do velho mundo o princípio mesmo do espetáculo: a não-intervenção". Apud JAPPE, Anselm. *Guy Debord*. Petrópolis: Vozes, 1999, p. 19.

324 1871: Comuna de Paris; 1917: Revolução Soviética.

325 Explicou o gesto num *cartoon*: "Doença denominada polineurite alcoólica, detectada no outono de 1990. No começo, quase imperceptível; depois, progressiva. Tornou-se verdadeiramente dolorosa só a partir do fim de novembro de 1994. Como em toda doença incurável, ganha-se muito em não procurar nem aceitar tratar-se. É o contrário da doença que pode ser contraída através de uma lamentável imprudência. Ao contrário: para contraí-la é necessária a fiel obstinação de toda uma vida".

ou para mal, aproveitando a convicção arcaica de que tudo tem a ver com tudo. Feitiçaria é virar um pedaço de metal redondo e amarelo, cor de merda, em "suprema alegria" da vida. Feitiçaria é transformar a vida em espetáculo. Feitiçaria é transformar esse espetáculo em acumulação de mais metal redondo e amarelo. Nisso, e apenas nisso, consiste a transformação econômica dos tempos modernos: feitiçaria. Marx não devia afirmar que a religião é o ópio do povo, não experimentou nenhum dos dois [326]; mas a feitiçaria. Em *Manuscritos econômicos e filosóficos*, escreveu:

"Eu sou desajeitado, mas posso comprar para mim a mais bela das mulheres. Portanto, eu não sou desajeitado, porque o efeito do desajeitamento, sua força repulsiva, é destruída pelo dinheiro. Eu, segundo minha individualidade, sou paralítico, mas o dinheiro me proporciona vinte e quatro pés; eu não sou, portanto, paralítico. Eu sou um homem mau, desonesto, sem consciência, sem espírito, mas o dinheiro é respeitado, portanto o seu possuidor também. O dinheiro é o bem soberano, portanto o seu possuidor é bom. Demais, o dinheiro me dispensa da pena de ser desonesto, portanto eu sou presumidamente honesto. Eu sou sem espírito, mas o dinheiro é o <u>verdadeiro espírito</u> de todas as coisas; como o seu possuidor poderia ser desprovido de espírito?"[327].

Ora, contra a feitiçaria, só há um recurso: a contrafeitiçaria.

Chegamos à terceira "lição" de Debord: a necessidade de uma "vida autêntica" como contrafeitiçaria[328]. Se criticou, com certa razão, o fundador do situacionismo como "idealista" por seu anseio de uma "vida autêntica" – espécie de idade de ouro ou estado natural rousseauniano, que nunca existiu. Também lhe apontaram uma certa paranóia diante do videocapitalismo (como se diz hoje) e, quem sabe, preconceito aristocrático contra a difusão da cultura. No entanto, Debord viveu o que pregava: não se deixou espetacularizar. Não era um passadista, pois acreditava que a "vida autêntica" só se instalará no futuro, quando a sociedade do espetáculo, depois de vencer os seus adversários, sucumbirá ela própria à sua loucura e irracionalidade. Desejando permanecer no âmbito do marxismo, seu pensamento não é uma simples crítica da mídia, mas uma

---

326 Essa blague é de Paulo Coelho.
327 Apud LUKÁCS, G. *Goethe et son époque*. Paris, 1949, p. 267. É difícil não pensar, aqui, numa obsessão da telenovela brasileira: a glamourização, pela posse do dinheiro, de personagens nefastos. Nefastos mas ricos.
328 A expressão contrafeitiçaria é minha. Emprego-a no mesmo sentido em que Pierre Bourdieu fala de contrafogo: *Contrafogos, táticas para enfrentar a invasão neoliberal*. Rio de Janeiro: Jorge Zahar, Editor, 1998.

crítica do capitalismo na época da mídia. O que ele buscava era uma totalidade que se opusesse à totalidade da sociedade do espetáculo – talvez os artistas de vanguarda, as mulheres, as crianças, os homossexuais, os negros; talvez os fundamentalistas islâmicos (se fosse vivo), talvez os pobres do Terceiro Mundo (se tivesse se interessado por eles).

O que chamo, neste livro, de *plano anterior* é, pois, em parte, na atualidade, a sociedade do espetáculo de Debord. No seu interior, e só nele, se pode pensar a construção de uma *vida autêntica*, que não seja imitação de imagens criadas por outros. (No apogeu da Rede Globo, aí por 1970, tivemos no Brasil um exemplo dessa perversão: cerca de 50 milhões de brasileiros tinham da vida uma imagem gerada por algumas dezenas de produtores, diretores, telenovelistas, programadores etc., moradores permanentes ou ocasionais de Ipanema–Leblon, Zona Sul do Rio.)

Dissemos acima que a esquerda acadêmica saqueou o livro de Debord. Talvez fosse melhor dizer que lhe tomou as idéias, desprezando, ao mesmo tempo, a atitude de trabalhador da cultura – organizador de sovietes, produtor de revistas, panfletos, grafites, histórias em quadrinhos, manifestos, escândalos (situações) etc.[329] Em meados dos 60, tais idéias estavam no ar, o mérito de Debord sistematizá-las. Um pouco o que aconteceu com Descartes: se o lemos hoje não tem graça, incorporado que está definitivamente à maneira moderna de pensar.

Consideremos, por exemplo, o que ficou de Debord em Muniz Sodré. Em *O social irradiado*, Muniz trabalha a idéia de que as teletecnologias militares e civis (a superioridade norte-americana em grandes computadores devida a investimentos militares) deslocaram a política em sua forma clássica, tecendo novas formas de sociabilidade em que os laços interindividuais são indiretos ou mínimos[330]. Em *Reinventando @ cultura*, Muniz recusa a redução das mutações culturais da contemporaneidade a termos de mercadoria, exploração e mais-valia – isso seria perder de vista o que já se chamou "dessublimação das forças produtivas". Muniz prefere ver aquelas mutações como uma operacionalização

---

[329] Nesse sentido, tem razão Robert Kurz (JAPPE, Amselm, op. cit.): "Mas Guy Debord não merece ser confundido com Baudrillard e ser reduzido ao formato de um pôster *pop* cultural".

[330] SODRÉ, Muniz. *O social irradiado*. São Paulo: Cortez, 1991, p. 44. E ainda: "Na crise da política – esvaziada pela perda do poder da classe política para o estamento organizacional e pelo enfraquecimento ético das formas tradicionais de representação – os meios de administração ou gestão hipertrofiam-se em detrimento dos fins coletivos" (p. 56).

das trocas sociais sob a égide do *signo*, o que equivaleria a uma espécie de espetacularização da vida social; e vê o poder ou o controle na sociedade do espetáculo como discursivamente sutis[331]. Ele se aproxima e depois se afasta de Debord ao admitir que a sociedade do espetáculo não obedece à lógica da mercadoria, enquanto para Debord a sociedade do espetáculo é precisamente a lógica da mercadoria aplicada ao mundo da aparência. Se pode ver essa lógica em ação, por exemplo, no campo do jornalismo atual, no da tevê em especial – e, por via deles, no campo da cultura. Essa contaminação não é novidade. A rigor, a chamada "literatura industrial" (a grande imprensa e o folhetim da segunda metade do século 19) já despertara reações de escritores e artistas – segundo Raymond Williams viria daquelas, aliás, a própria idéia de cultura do século seguinte. Na atualidade, contudo, é que se criaram os canais de importação da lógica do mercado para o interior do jornalismo cultural. Um empresa jornalística e/ou televisiva se constitui de receitas publicitárias, ajuda do Estado (por via de publicidade, concessões ou subvenções) e grau de concentração de anunciantes[332].

A questão, porém, não está nesse canal "comercial" que leva do mercado (incluindo o Estado) às redações e estúdios. A quantidade e a fluidez do dinheiro que corre por ela diz da maior ou menor autonomia dos jornais e da tevê – só excepcionalmente a autonomia é zero. Lembra Bourdieu que quando o campo jornalístico se constituiu, no século 19, havia separação entre duas lógicas, que eram também dois princípios de legitimação: o reconhecimento do jornalista pelos seus pares ou o reconhecimento pelos compradores de jornal (ouvintes e espectadores no caso do rádio e tevê). Em nosso tempo prevalecerá a segunda (mantendo-se a primeira de forma modificada) através dos veredictos do mercado, da sanção direta (da clientela) ou indireta (índice de audiência). Por exemplo, a habitual prática televisiva de falar de livros, a entrevista. A entrevista com um autor nada mais é do que autopublicidade disfarçada: ninguém fala mal do próprio livro. Vão se impondo ao ofício jornalístico os critérios "índice de audiên-

---

331 SODRÉ, Muniz. *Reinventando @ cultura*. Petrópolis: Vozes, 1996, p. 23.

332 "A influência que o campo jornalístico e, através dele, a lógica do mercado exerceu sobre os campos de produção cultural, mesmo os mais autônomos, não tem nada de uma novidade radical: poder-se-ia compor sem dificuldade, com textos extraídos dos escritores do século passado, um quadro inteiramente realista dos efeitos mais gerais que ela produz no interior desses universos protegidos". BOURDIEU, Pierre. *Sobre a televisão*. Rio de Janeiro: Jorge Zahar, 1997, p. 101-102.

cia", "fazer simples", "fazer curto", "fotografa bem na televisão" (sic), "vende bem" – até que em 1998, por exemplo, Eco já podia constatar que "a imprensa italiana é completamente submissa à TV"[333]. A divisão interna da categoria se acentua: os veteranos de função, em geral, mais elevada (diretores de emissora, redatores-chefes etc.) capitulam primeiro. Se trata da produção de um bem altamente perecível – notícias – e o *furo* (a prioridade da informação) se transforma numa obsessão, não para servir à clientela, mas para valorizar o jornalista no mercado de jornalistas[334]. Velocidade – um jogo vertiginoso que impossibilita a memória e, portanto, a reflexão – e renovação permanente se tornam, então, os atributos principais, além da espionagem (para descobrir como e por que o outro teve sucesso). Aonde levam essas práticas comerciais do jornalismo? Um convicto neoliberal responderia que à liberdade e diversidade da escolha. Levou, de fato, à uniformidade da oferta, basta ler, por exemplo, os grandes jornais e emissoras a propósito do que se "combinou" chamar guerra contra o terrorismo, após a derrubada das torres do World Trade Center (setembro de 2001). Nunca o alinhamento ao Império foi tão completo. Há tempos, em suma, a profissão de jornalista nos grandes jornais e emissoras pouco se distingue da do tecnoburocrata – controlar gerencialmente um conhecimento específico em favor da economia transnacional (as agências de notícias).

Nenhum analista hoje, mesmo os que se dizem ou disseram marxistas, faz tábula rasa da nova socialização instituída pelos *media* – e não se trata apenas daquele poder enorme de "cinqüenta sujeitos inteligentes que, obtendo cinco minutos na TV para um *happening*, produzem um efeito político comparável ao de meio milhão de manifestantes"[335]. No livro citado, Muniz Sodré utiliza a terminologia (de Guilhaume[336]), *encadeamento* e *irradiação*, para abordar os modelos atuais na vida social contemporânea (mais precisamente na relação entre as massas e os moder-

---

333 ECO, Humberto. *Cinco escritos morais*. Rio de Janeiro: Record, 1998.
334 O assassinato no Rio, em 2002, do "repórter especial" da Rede Globo, Tim Lopes, por uma quadrilha de narcotraficantes, mobilizou a mídia do país. Tim foi apresentado como mártir do "jornalismo investigativo", eufemismo que encobriu a responsabilidade da emissora na sua morte. O investigador de polícia que no seu relatório sugeriu, com sensatez, distribuir responsabilidades, foi exonerado pela governadora. É o poder da mídia.
335 Não é a opinião de Pierre Bourdieu: "Um dos erros teóricos e práticos de muitas teorias – a começar pela teoria marxista – foi esquecer de considerar a eficácia da teoria". *Contrafogos*. Rio de Janeiro: Jorge Zahar, 1988, p. 73.
336 GUILHAUME, M. "Digréssions sur les masses et les médias", in *Masses et Post-Modernité*. Klincksieck, 1989.

nos meios de comunicação). *Encadeamento* seria a circulação seqüencial dos efeitos da mídia na coletividade (por exemplo a epidemia, o rumor, a imitação...); já *irradiação* é quando um centro irradia efeitos das mensagens simultaneamente sobre a coletividade (as vacinas, os meios de comunicação de massa, o controle social pan-óptico, em que se vê sem ser visto, a dissuasão nuclear...)[337].

Esse modelo de *telerrealidade* parece imaginoso, mas encontra correspondência na vida econômica, no jogo político, na esfera artística, no direito, na arquitetura, nas formas religiosas e assim por diante. Preenche, pois, a condição de totalidade que se requer para historicizar um fenômeno, é uma mutação histórica. Que mutação? Aquela que Debord, primeiro que todos, chamou "sociedade do espetáculo": a implantação da prótese no lugar do real tradicional. Nos termos do materialismo histórico, essa mutação corresponde ao modo de produção resultante da extensão do capital a todo o planeta – a "globalização" do senso comum. A economia-mundo pariu o *shopping center* global. A velocidade máxima da circulação mercantil criou um novo tempo (uma nova vivência do tempo), e este um novo modo de organização social, constituído por formas de êxtase, formas vazias, alucinógenas. Ainda se distingue droga de mercadoria, mas será por pouco tempo.

Em nossa época, a mídia se colocou, como mesmo disse, entre a sociedade e o lucro. Ela é o lugar em que se produz o discurso da verdade: verdade é o que a tevê diz ser a verdade. Já não há Verdade transcendente (com v maiúsculo). Como esse lugar de enunciação de verdade é a empresa, a verdade acaba sendo, pois, o desejo pela mercadoria. A televisão é, portanto, a ideologia (proposição que oculta a si própria a sua mentira) do capitalismo atual: ele é um videocapitalismo. E a publicidade a Retórica do capital, a sua *palavra*, uma palavra sofística que tem apenas valor-de-troca: assim-é-se-lhe-parece. Antes havia anúncio, o reclame, a propaganda; agora há a publicidade, a verdade totalitária: a sociedade inteira (pobres e ricos, brancos e pretos, incluídos e

---

[337] Muniz ressalva, no entanto, que "irradiação" é um termo problemático. Na sociedade midiática, a rigor, não há um centro irradiador, mas apenas "lugares" de maior absorção e transformação do fluxo histórico-dinâmico da vida social em êxtases fantasmagóricos. A "irradiação" ele parece preferir "telerrealidade". Quem liga a televisão brasileira sabe o que é isso.

excluídos) passa a se organizar por intermédio do seu discurso – não mais por intermédio de relações de produção.

Cultura *versus* mercadoria

A origem da palavra cultura é *colo*, eu moro, eu ocupo (e, por extensão) eu trabalho, eu cultivo o campo, que no particípio passado se dizia *cultus* e no particípio futuro *culturus*. Havia, portanto, no latim, o reconhecimento de um fundamento (*cultus*) e de um destino (*culturus*). Cultura teve, na sua origem, e nada impede que continue a ter, uma dimensão comunitária (fundadora) e, ao mesmo tempo, de projeto, implícita, por exemplo, no mito de Prometeu, "que arrebatou o fogo dos céus para mudar o destino material dos homens". Quem lembrou isto, em *Dialética da colonização*, foi Alfredo Bosi[338].

Ora, quem diz fundamento diz espírito comunitário; quem diz destino diz projeto, porvir, ideal, utopia. São essas, qualquer que seja a definição, as principais dimensões da cultura[339]. A terminação *urus*, em *culturus*, indica processo, ação em realização, e não produto. Cultura é, pois, a ponte entre fundamento e destino. Não é, um objeto, um ente concreto, um produto mas um processo, algo que se esconde dentro e atrás do produto. Cultura não é, por exemplo, a garrafa de cerveja; é a maneira de fazer e tomar a cerveja, o seu nascimento e a sua intenção. Um carro é produto de borracha, vidro e metal, mas o seu significado não é borracha, vidro e metal – é transporte. O significado transporte é a cultura do carro.

Já *mercadoria* é outro significado. Não há um objeto, uma coisa chamada mercadoria, ela é o significado que ganha qualquer coisa quando levada ao mercado, quando objeto de compra e venda[340]. É um significado ontológico porque, provavelmente, comprar e vender aciona o dispositivo que nos faz humanos: o dispositivo do jogo. Uma civilização, porém, se estruturou so-

---

338 Bosi lembra ainda a relação intrínseca entre cultura e pedagogia: "Como ideal de *status*, já descolado do antigo culto religioso, [o termo cultura] aparece tardio em Roma, espelhando o programa, igualmente tardio, da *paideia* que só se autodefine a partir do século 4 a.C. conforme esclarecem os estudos capitais de Jaeger e de Marrou. *Paideia*: ideal pedagógico voltado para a formação do adulto na pólis e no mundo". BOSI, Alfredo. *Dialética da colonização*. São Paulo: Companhia das Letras, 1992, p. 16.

339 Recentemente (2001) um desembargador e diretor-geral da Escola de Magistratura do Estado do Rio tentou melhorar o perfil de seus juízes. "A cultura é fundamental", declarou. Criou uma galeria de arte, uma biblioteca e aulas de ópera.

340 "Veio, finalmente, um tempo em que tudo o que os homens tinham encarado como inalienável, tornou-se objeto de troca, de tráfico e podia ser alienado. Este foi o tempo em que as próprias coisas que, até então, eram

bre o significado mercadoria, daí modo de produção capitalista e civilização moderna capitalista coincidirem. O que chamamos história moderna é, pois, o tempo histórico criado pelo capital entre os séculos 15 e 20.

Mercadoria, por definição, se realiza no *tempo presente*. Quanto mais rápido o tempo de realização, mais mercadoria. Ela não admite, portanto, o fundamento (o tempo passado), nem o destino (o tempo futuro), não poder ser *cultus* nem *culturus*. O tempo que vivemos hoje, em nossa civilização, só pode ser o tempo da mercadoria: veloz, sem história, sem projeto, sem futuro, sem cultura. Jean de Léry, o cronista calvinista da França Antártica (1555), teve um diálogo com um "selvagem" tupinambá em que se vê, com clareza, a exclusão desses dois significados (cultura e mercadoria):

"Os nossos tupinambás muito se admiram dos franceses e de outros estrangeiros se darem ao trabalho de ir buscar o seu arabutan [pau-brasil]. *Uma vez um velho perguntou-me: – Por que vindes vós outros, mairs e perós* [franceses e portugueses] *buscar lenha de tão longe para vos aquecer? Não tendes madeira em vossa terra? Respondi que tínhamos muita, mas não daquela qualidade, e que não a queimávamos, como ele o supunha, mas dela extraíamos tinta para tingir, tal qual o faziam eles com os seus cordões de algodão e suas plumas.*

Retrucou o velho imediatamente: – E porventura precisais de muitos? – Sim, respondi-lhe, pois no nosso país existem negociantes que possuem muito mais panos, facas, tesouras, espelhos e outras mercadorias do que podeis imaginar e um só deles compra todo o pau-brasil com que muitos navios voltam carregados. – Ah! retrucou o selvagem, tu me contas maravilhas, acrescentando depois de bem compreender o que eu lhe dissera: – Mas esse homem tão rico de que me falas não morre? – Sim, disse eu, morre como os outros.

Mas os selvagens são grandes discursadores e costumam ir em qualquer assunto até o fim, por isso perguntou-me de novo: – E quando morrem, para quem fica o que deixam? – Para seus filhos, se os têm, respondi; na falta destes, para os irmãos ou parentes mais próximos".

É irrelevante saber, quinhentos anos passados, o que é mais importante no sistema capitalista, se o modo de produção que o faz diferir de

---

transmitidas, mas jamais trocadas; dadas, mas jamais vendidas; adquiridas, mas jamais compradas – virtude, amor, opinião, ciência, consciência, etc. – em que tudo enfim passou ao comércio. Este foi o tempo da corrupção geral, da venalidade universal ou, para falar em termos da economia política, o tempo em que tudo, moral ou físico, tornando-se valor venal, é levado ao mercado, para ser apreciado no justo valor". MARX, Karl. *Oeuvres I– Misère*. Paris, 1963, p. 11-12.

outros, se as *ideas y creencias* (Ortega y Gasset) que lhe permitiram funcionar como civilização, mais do que como sistema social. Para um economista, o foco recairá sobre a produção fabulosa de objetos segundo a lei da mercadoria, mas como esta lei só foi acionada *após* a superação de dilemas subjetivos, escolha entre caminhos que se bifurcavam e exploração de possibilidades reais sucessivas, ao longo de quinhentos anos, o observador pode falar num plano anterior ao econômico-social. Não se trata de uma instância imaterial e, às vezes, abstrata por oposição a outra concreta, isso não se dá na existência real. O capitalismo histórico realmente existente não se criou como os modelos, cada peça no seu lugar, a *infra-estrutura* primeiro, a *superestrutura* depois, ou ao contrário. Os que desde sempre se opuseram a ele precisaram vê-lo como um modelo a ser substituído por outro, e, desse jeito, seu olhar racionalizante, analítico, se concentrou nas suas partes mais visíveis e espetaculares, a mais-valia, por exemplo. A luta contra o capitalismo se pretendeu muitas vezes científica, mas não passou de empiria. Hoje, contudo, os adversários do capitalismo podemos vê-lo como um fenômeno histórico *total*, sistêmico, em que as anterioridades do modo de produção, *ainda que tenham operado, em alguns casos, a posteriori,* como *superestrutura*, foram também *causa* do desenvolvimento do sistema como um todo. O sistema capitalista pode ser visto hoje, numa palavra, como civilização capitalista. Ora, essa visão (que admite um plano interior/anterior ao modo de produção criado pela lei da mercadoria) é que reabre, hoje, possibilidades de ação aos seus adversários. *Antes* de se mostrar como vertiginosa reprodução de mercadorias, o capitalismo foi crenças complementares e/ou contraditórias – universalismo[341], individualismo, racismo, cientificismo, confiabilismo[342] etc.

---

341 É esse também o modo de ver de Wallerstein: "A crença no universalismo é a pedra fundamental do arco ideológico do capitalismo histórico". WALLERSTEIN, Immanuel. *Capitalismo histórico, civilização capitalista*. Rio de Janeiro: Contraponto, 2001, p. 70 e ss. O universalismo é uma epistemologia, conjunto de crenças sobre *o que* pode ser conhecido e *como* pode ser conhecido. É uma fé também: exige respeito e reverência a uma verdade indefinida, porém real. E, aliás, não se opõe ao racismo e ao sexismo como se pensa, mas se combina com eles em favor da eficácia do sistema-mundo que é o capitalismo.

342 Confiança, como mostrou Antony Giddens, entre outros, é uma crença (e uma palavra) essencialmente moderna. Ele substituiu a antiga crença no invisível. Todos os mecanismos de acumulação modernos, sejam tecnológicos (o telefone, por exemplo), ou econômicos (a bolsa de valores, por exemplo) exigem, para operar, confiança cega, *a priori*, em seu funcionamento. Confiança é, pois, uma interioridade/anterioridade da civilização (ou sistema) capitalista.

Economia da cultura *versus* cultura da economia

Definidas cultura e mercadoria como significados antagônicos, como nasceu, em certos círculos intelectuais, a idéia de que cultura é indústria e deve em primeiro lugar buscar rentabilidade, criar riqueza, dar empregos, pagar impostos e assim por diante? De onde vem, em suma, a expressão "economia da cultura", que se tornou, na atualidade brasileira, um refrão entre produtores e autoridades culturais? "Economia da cultura" é o nome da fabricação concreta, por parte do Estado, da alienação da cultura em mercadoria, ele designa uma prótese do real, um reconhecimento da vitória da sociedade do espetáculo, não passando, em última análise, de instrumentalização da idéia de cultura pelo capital.

Na atualidade, os governos, de qualquer nível, sob pressão do mercado, ao praticarem a política da "economia da cultura", concentrando seus esforços na geração de renda, sofrem da "síndrome de Pedro" – aquele moleque de *O demônio familiar* cujo supremo desejo era servir de palafreneiro na carruagem dos amos. Há, de fato, muito dinheiro investido na "indústria cultural" (num estado como o do Rio de Janeiro, por exemplo) mas só a inocência pode acreditar que essa dinheirama será gerida pelo Estado e não pelos executivos da indústria cultural. Gerida não por ele, mas (com toda lógica) pelos investidores, em que se transformarão os órgãos de cultura? Em palafreneiros de libré doirada.

Estamos, em suma, diante de duas políticas culturais divergentes: a da mercadoria, que converte os órgãos do Estado em guardiões do cofre da indústria cultural; e a da cultura, que visa a convertê-los em ponte entre o fundamento (*cultus*) e o destino (*culturus*). Adotar a segunda não significa desconhecer o mercado, a indústria cultural, a cultura de massa, o lucro, a rentabilidade etc. Significa atender ao aviso que Maanape, o irmão feiticeiro, deu a Macunaíma, diante de um certo palacete da rua Maranhão, onde tinham ido recuperar a Muiraquitã perdida:

"Chegou na porta de casa e cantou feito pássaro: Ogoró! Ogoró! Ogoró! Parecendo muito longe. Macunaíma secundou logo: – Ogoró! Ogoró! Ogoró! Maanape sabia do perigo e murmurou: – Esconde, mano! que é o gigante Piaimã, comedor de gente!".

A intimidação dos trabalhadores da cultura em nossa sociedade, visando à sua substituição por *produtores culturais*, se faz pelo pragmatismo: devem ser práticos e evitar as teorias, pois sem dinheiro "não se faz nada". No entanto, a expressão "indústria cultural" é pejorativa, só poderia evocar a quem conhece a origem da indústria o inferno sobre a terra. Se a negação da mercadoria não é, em si, revolucionária, a sua afirmação é consensual na esfera política – um consenso que é, verdadeiramente, o princípio do "pensamento único". Entre a negação possível da mercadoria e a sua inviolabilidade cerra fileiras o exército de Lilliput[343]. Na verdade, não se precisa do socialismo – da idéia socialista e/ou do "modo de produção" socialista – para se opor à mercadoria e ao capital, que o digam pensadores como Keines, Marcel Mauss, Bataille e tantos outros. O lugar da mercadoria, ali onde ganha seu sentido, é o dinheiro; o lugar da cultura, onde se produz o seu sentido, é o não-dinheiro.

O campo atual da cultura

No limiar do século 21, os intelectuais e trabalhadores da cultura estão obrigados a redefinir o campo da cultura e, em conseqüência, a reprogramar as suas estratégias. A própria dinâmica social se encarregou de fazer isso, aliás, cabendo-nos tão-somente ajustar a nossa visão e as nossas ações. Para começar, *cultura* herdou alguns significados e intenções de *revolução*.

A esquerda católica do pós-guerra, como se sabe, assimilava capitalismo e morte, contrapondo-os a socialismo e vida. Onde estava socialismo, o mundo pós-Muro de Berlim passou a ler cultura. Houve troca também da base para o *homem novo*, de Guevara: a cultura, e não a revolução, é tida hoje como a parteira do sujeito comunitário, sem egoísmos. No sentimento de hoje – e o sentimento de cada época é que dá às palavras suas distintas acepções – *cultura* é a chance de furar o *pensamento único* e sobreviver às mortes decretadas da história e da geografia. Ainda por muito tempo haverá quem tome cultura como sinônimo de saber, ou de patrimônio artístico e científico. Em nossa era *imaginal*, porém, ela pode ser melhor definida como uma substância plástica de que tudo é feito, os objetos e os interstícios entre os objetos. O queijo é cultura, mas os buracos do queijo

---

343 "O cinema brasileiro não pode ser uma coisa só. Deve experimentar linguagem, ser audacioso, mas também precisa ter coragem para competir internacionalmente e conquistar mercado interno, pois esta é a única forma de se ter uma indústria saudável". Luis Carlos Barreto, *O Globo*, 23 ago. 2002, Segundo Caderno. "Não há linhas de financiamento para filmes que propõem riscos e aí não há condição de ter filme bom. O lado bom é o desenvolvimento técnico que esse cinema comercial proporcional, mas sem cabeça e busca de identidade não adianta." Paulo Caldas, idem, idem.

também o são. As diferentes qualidades de queijo levadas ao mercado são um produto cultural, já o trabalho dos vermes – "explorado" por seres humanos – que o fez queijo é um processo cultural. Ambos são cultura. Os processos – antes de se materializarem ou não em produtos –, os vazios, as lembranças e os esquecimentos constituem campo da cultura. Não se pensava assim há trinta anos.

Pierre Bourdieu foi um que contribuiu para essa ampliação, com a idéia de *campo* (social)[344]: a estrutura social *mais* a economia de bens simbólicos *mais* a cultura[345]. Por analogia com a física, campo seria o corpo físico *mais* a alteração que ele provoca no espaço-tempo por força da gravidade e outras formas de interação. No mundo físico, um corpo não está em contato exatamente com outro, como parece. Os contatos entre corpos se dão por meio de campos – tal como os grupos e classes sociais que só *aparentemente* se relacionam pelas relações de produção. A classe dominante da sociologia convencional, por exemplo, formaria um campo de poder: a propriedade exclusiva dos instrumentos de produção não lhe constitui exatamente o poder, mas a propriedade acrescentada, modificada, *curvada* (para manter a analogia com a física) pelo simbólico e pelo cultural. Com esse espaço *curvado* é que as classes e grupos dominados estão em contato, o que provoca, por sua vez, sua curvatura[346]. A idéia de campo, similar à do meu *plano anterior*, é o que permite a Bourdieu escapar à noção comum de classe, mais enganosa, aliás, no capitalismo periférico que no central. O que inicialmente ele tenta mostrar é que há uma relação entre a posição que as pessoas ocupam no espaço social e seu estilo de vida o que, em si, não é novidade. Bourdieu insistirá, no entanto, no caráter indireto dessa relação: a mediação entre essa posição no espaço social e as práticas, as preferências, as ojerizas é o *habitus*, uma disposição geral diante do mundo que pode ser relativamente independente da posição ocupada no momento

---

344 BOURDIEU, Pierre. *O campo econômico. A dimensão simbólica da dominação*. Campinas: Papirus, 2000.

345 Simbólico e cultural não são sinônimos perfeitos. Simbólico é a diferença (distinção) que se representa por alguma forma; cultural é a diferença que se estabelece na percepção do e na relação com o mundo. O cultural é, pois, anterior ao simbólico. Este é tão-somente a distinção encarnada (como a gravata em nossa civilização, por exemplo) em algum objeto reconhecível por todos os diferentes.

346 "A corte, tal como Elias [Nobert Elias] a descreve, é um belíssimo exemplo do que chamo um campo em que, como num campo gravitacional, os diferentes agentes são arrastados por forças insuperáveis, inevitáveis, num movimento perpétuo, necessário para manter as hierarquias, as distâncias, os afastamentos". BOURDIEU, Pierre. op. cit., p. 48.

considerado, por ser o rastro de toda uma trajetória passada, e que está no princípio de tomadas sistemáticas de posição. Fica evidente, assim, a força do poder simbólico, cuja peculiaridade é esconder, de si próprio e dos outros poderes, que é poder enquanto é, de fato, o único poder que se reconhece e goza de reconhecimento no mesmo passo em que realiza sua violência arbitrária. O poder simbólico se realiza num *plano anterior* ao dos simples fatos sociais – e essa localização é uma forma de identificá-lo. Pensemos na linguagem – ou é um simples meio de comunicação ou é uma objetivação de poder. As palavras (insiste Bourdieu) exercem um poder tipicamente mágico: fazem ver, fazem crer, fazem agir. Que condições sociais tornam possível a eficácia mágica das palavras? É toda a primeira educação, no sentido mais amplo, que deposita em cada um as molas que as palavras (uma bula papal, uma palavra de ordem de partido, uma fala de psicanalista um parecer técnico de psicólogo num julgamento de divórcio etc.) poderão, num ou outro dia, desencadear[347].

É nesse ponto que se põe e repõe a questão da língua (e suas diferenciações) como poder, isto é, como atributo dessa forma de inserção chamada ordem – há uma língua para cada ordem e as trocas entre elas obedecem *às leis gerais da troca*. A primeira dessas leis é a da desigualdade dos valores-de-troca. No Brasil, mesmo pessoas letradas costumam se referir a línguas africanas como dialetos, o que parece inocente mas já é em si uma atribuição de valor (baixo). Os seus falantes, tanto os de hoje quantos os que entraram no Brasil como escravos, valem menos porque a sua língua vale menos (e vice-versa). Muitos jesuítas aprenderam o tupi-guarani (Anchieta compôs mesmo a sua primeira gramática), mas não o consideravam capaz de exprimir alta espiritualidade, somente pouco mais que práticas rituais. Condescendiam em falar a língua geral para melhor afirmar a superioridade do cristão sobre o gentio, seu *direito natural* de dominação. Quanto ao colonizado (gentio de África ou etíope da América) seu aprendizado da língua do colonizador se faz *por baixo*: ele nunca conseguirá *falar* a língua do amo, a estropia, é uma fala *broken*, é uma inferioridade *natural*, pois se refere à sua condição humana. Está certo, como quer Bourdieu, que quando um francês fala com um argelino, não

---

347 "O princípio do poder das palavras reside na cumplicidade que se estabelece, por meio delas, entre um corpo social encarnado num corpo biológico, o do porta-voz autorizado, e corpos biológicos socialmente moldados para reconhecer suas ordens, mas também suas exortações, suas insinuações ou suas injunções, e que são os 'sujeitos falados', os fiéis, os crentes". BOURDIEU, Pierre, op. cit., p. 61.

limite, não são dois homens que se falam, é a França que fala com a Argélia, mas o descompasso, do ponto de vista do colonizado (ou do pobre, do analfabeto, do ágrafo, de mulher, em certas circunstâncias, do crioulo etc.), é mais profundo. É a sua humanidade que está em questão.

Essa inferiorização só será superada por uma radicalidade. Contra o imperialismo da língua do amo, o escravo defenderá a "língua que a gente fala" (um exemplo dessa defesa é a língua de Adoniran Barbosa)[348]. Pois as línguas são atributos nacionais, se referem ao Estado-Nação. Nossa língua foi a portuguesa enquanto fomos colônia, passou a brasileira, em fins do século 19, quando se projetou a nação. Ocorre que a nação ficou inconclusa e nesse momento começaram a falhar os mecanismos de imposição das normas e padrões da língua brasileira. A "língua que a gente fala" é distinta da língua oficial.

Não há novidade nesse diagnóstico, só temos agora de conectá-lo à questão do funcionamento histórico real, não o presumido, da sociedade brasileira. A existência de duas línguas, a partir do século 20, sugere a existência de uma ordem do povo (a língua que se fala) e um bloco formado pelas ordens oligárquica e moderna (que fala a língua brasileira).

Anterioridade do Social

Essas últimas considerações parecem recair na gratuidade dos "jogos de espírito", que os intelectuais de esquerda desprezam, se afastando do que efetivamente interessaria: o papel dos trabalhadores da cultura nas lutas sociais e políticas. Na verdade se aproximam, pois não se vê como fazê-lo sem antes obter clareza sobre o campo específico da cultura.

A díade arcaico-moderno – e não qualquer dos dois termos de per si – integra o campo da cultura[349]. E civilização brasileira nada mais é que um estágio daquela díade, o seu equilíbrio precário. Nossa originalidade nacional – um dos problemas magnos do campo da cultura – não se encontra, como é óbvio, na megamáquina ocidental, a parte comum de nossa civilização, mas no encontro dela com a ordem tradicional. Se pode dizer que o lugar do Brasil naquela megamáquina é um

---

348 Em dissertação interessante (*A língua que a gente fala*, Faculdade de Letras, UFRJ, 2003), Germano Correia usa a expressão como substantivo acompanhado de artigo e não como locução pronominal.

349 Arcaico entendido não como estágio inferior do moderno, mas como sua negação dialética.

problema de economia política, mas o Brasil *como lugar* é de política cultural, de forma que o principal insumo brasileiro é a sua civilização (assim como a sua natureza é a sua biodiversidade). Cultura, numa palavra, nada mais é que uma das vias brasileiras para a globalização.

A tecnoburocracia, *grosso modo*, é a forma de administração pública da etapa de economia globalizada, assim como a burocracia foi a da etapa das economias nacionais, e a patrimonialista a da etapa das economias pré-capitalistas. Correspondendo a uma realidade histórica, ela é, portanto, *incontestável*. Onde se instala a megamáquina aí se instalam a tecnoburocracia, a luta de classes, a teoria dos direitos humanos, a visão sistêmica, o *pensamento único* etc. *Pensamento único* mas não realidade única. A própria dinâmica social vai se encarregando de frear as pretensões da globalização e seus entusiastas: com impaciência os responsáveis pelas reformas tecnoburocráticas do aparelho do Estado acabarão por ensarilhar suas armas[350]. A cegueira da tecnoburocracia não decorre apenas de pensarem o Brasil como um lugar passivo que, mais cedo ou mais tarde, graças a iniciativas modernizantes, se ajustará à tendência global desconsiderando, portanto, o País como "ponto de fuga" ele próprio, capaz de retificar o desenho das tendências mundiais. Decorre também de uma visão *economicista* das tendências da megamáquina ocidental, desconsiderando o "estilo estético" de nosso tempo – outra maneira de designar a sociedade do espetáculo. (Estilo não em seu sentido estrito, mas antes como um quadro geral no qual se exprime a vida social em um dado momento, assim como se pôde falar de um estilo teológico, na Idade Média, ou de um estilo econômico durante a modernidade e até recentemente.)

De fato, o quadro contemporâneo parece indicar, salvo para os ingênuos da razão triunfante, um espocar do "imaginal", do hedonismo, do tribalismo, do comunitarismo etc., uma *subjetividade de massa*, em suma, o que condena ao fracasso as estratégias de governo e controle baseados na racionalidade, no individualismo, na eficiência, e assim por diante, como pretende a "administração gerencial".

Já se disse que a modernidade baniu a filosofia, pois nela os problemas só existem conforme podem ser detectados e medidos. O narcotráfico, por exemplo, é um problema sociológico, político e de governo. Suas outras dimensões, tidas como vagas e teóricas, não interessam a plane-

---

350 Foi o caso da Reforma Bresser Pereira que o Executivo encaminhava ao Congresso em 1996.

jadores e autoridades policiais. A filosofia é a "louca da casa", não deve e não pode ser apresentada aos visitantes. Ocorre que a louca agora ocupa o cômodo de entrada e não se penetra nos demais sem passar por ela. Todos os problemas têm uma anterioridade que a pós-modernidade (ou como se queira chamar) não pode ignorar. A primeira anterioridade do narcotráfico, para começar, são as drogas. Essas, por sua vez, ou são tratadas como um mero (e complexo) problema social, de competência médica, jurídica e policial ou, de outra forma, numa anterioridade ainda *mais anterior*, como expressão de um sentido essencial da civilização contemporânea ocidental, a jovialidade[351]. Eis o *kit* completo da jovialidade: sexo, drogas e *rock'n'roll*.

Também se pode tomar o caso da mais renitente das tradições brasileiras, a tortura. Enquanto prática criminosa, interessa exclusivamente aos órgãos de polícia (sic) e justiça. Ocorre que no Brasil a tortura, sendo prática universal, é uma forma eficaz de dominação social[352] e, nesse nível, interessa aos partidos de esquerda e às ONGs que brandem contra ela a teoria dos Direitos Humanos – e já estamos aqui num nível anterior à prática criminosa (mas não ainda a rigor no campo da cultura).

Em sociedades pluriculturais como a nossa, a eficácia da tortura contrasta com a ineficácia dos Direitos Humanos. Da Magna Carta (1215), à Declaração Universal da ONU (1948), passando pelo *Bill of Rights*, pela Enciclopédia e as Declarações de 1789, francesa, e de 1798, americana, a história dos Direitos Humanos é a história da civilização ocidental. Junto com o universalismo, o racionalismo, o individualismo, o antropocentrismo, o tecnologismo etc., eles constituem o *ethos* do Ocidente Moderno. Desse jeito, supor que conceitos como democracia, direitos humanos e seus corolários possam ter o mesmo efeito em quaisquer contextos culturais é se render ao universalismo mais vulgar. A harmonia e a felicidade humanas possíveis só podem ser a convergência de *homeomoformias* funcionais[353], nunca o transplante de valores e sentidos. Transplantados,

---

351 A jovialidade, está claro, não é a única anterioridade da droga. Vale como exemplo. Vide LEÃO, Emanuel Carneiro. *Aprendendo a pensar*. Petrópolis: Vozes, 1993.

352 Inclusive a tortura de presos políticos durante as nossas ditaduras.

353 "As operações de tradução são mais delicadas que os transplantes cardíacos. O que devemos fazer, então? Devemos cavar profundamente até que apareça um solo homogêneo, ou uma problemática similar: devemos trazer a lume o 'equivalente homeomorfo' – no caso presente, o equivalente homeomorfo do conceito dos Direitos do Homem. 'A homeomorfia não é idêntica à analogia; ela representa uma equivalência funcional diferente da descoberta através de uma transformação topológica'. Ela é uma espécie de analogia funcional existencial. [...] As duas palavras Brama e Deus, por exemplo, não são nem análogas, nem simplesmente equívocas (nem unívocas, naturalmente). Elas também não são exatamente equivalentes. Elas são homeomorfas.

os Direitos Humanos têm sido aqui "idéias fora de lugar". E, pior que ineficazes, funcionam, ao contrário, como instrumentos de mais injustiça e autoritarismo.

A quem cabe localizar os *homeomorfos* da democracia e do equilíbrio social no universo das nossas culturas tão rico e includente em contraste com a estrutura social, tão perversa e "excludente"? A quem cabe, enfim, escrever a versão brasileira do que Lévi-Strauss chamou o problema magno de nossa espécie – viver juntos, nós os diferentes – senão aos intelectuais críticos agindo por intermédio do Estado? O problema das *homeomoformias* (ou como queiramos chamar) é a Esfinge, às portas de Brasília: se o deciframos nos habilitará a discutir os rumos da civilização universal desde um lugar original.

O campo da cultura está circunscrito, em síntese, pelas anterioridades[354]. Nada do que é anterior lhe é estranho. Exemplo são as reformas do aparelho do Estado, intentadas periodicamente desde a Revolução de Trinta – tendo a sua anterioridade na redefinição do papel do Estado brasileiro, essas reformas pertencem ao campo da cultura. São assuntos sérios demais para serem deixados aos tecnoburocratas. Não poderia, assim, um Ministério da Cultura permanecer fora da Câmara da Reforma do Estado (como foi o caso da proposta Bresser Pereira, 1996). Na atuais circunstâncias do mundo (prosseguimento da globalização econômica e comunicacional) ou o Estado aprende a operar no campo da cultura ou estará condenado à anomia – e, em nosso caso, mais cedo ou mais tarde provavelmente ao autoritarismo. Quanto à cultura ou ela se torna uma entrada para o social ou permanece, simplesmente, belas-artes. Para constatar a importância do campo da cultura em nosso tempo – um campo expandido, horizontal e verticalmente – bastariam as metáforas *culturais* que a globalização vulgarizou, desde a "aldeia global" de McLuhan: "terra-pátria", "nave espacial", "nova babel", "Disneylândia global", "fim da geografia", "fim da história", e tantas outras[355]. Globalização

---

Elas desempenham um certo tipo de função manifestando uma correspondência nas duas diferentes tradições, no seio das quais estas palavras vivem". PANIKKAR, Raymundo. *É a noção dos direitos do homem um conceito ocidental"* in *Diógenes*. Brasília: EUBr, 1983, p.7 e 26 (nota 4).

354 Cultura no âmbito mais geral é tudo o que fazemos para escapar do dilema *tudo* ou *nada*. Não podemos compreender e aceitar o *tudo* (um privilégio dos deuses); nem o fragmento, o desconexo, o singular, o irrepetível (o nada) em que a natureza, na realidade, está. Conjuramos, então, os dois sentimentos insuportáveis por meio da arte, da religião e da ciência.

355 IANNI, Octavio. *Teorias da globalização*. Rio de Janeiro: Civilização Brasileira, 1995.

não significa a mera extensão a todo o planeta de mercadorias-objetos, antigas ou novas, mas a disponibilização *on line everywhere worldwide all time*, como se diz, de informações. Ora, quem diz informação diz cultura. Na era do *modem*, Livingstone nada tem a fazer no lago Victoria.

Centralidade da cultura. Cultura como rede

Como o garçom demorasse a servi-lo ouvi, certa vez, um sujeito berrar num botequim carioca: "Cerveja também é cultura!". Cerveja é um bem material, produzido numa fábrica e posto à venda numa loja (processos econômicos). Desde sempre envolveu um cultivo de cereais, uma maneira de fazer, uma degustação e um prazer dos seus bebedores (processos culturais). Os dois fatos, o econômico e o cultural, se materializam no objeto à minha frente.

Cultivo e cultura pertencem, na origem, como lembrei, ao mesmo campo semântico: do latim *colo*, eu moro, eu ocupo a terra, eu cultivo o campo. O que devemos explicar é por que o aspecto cultural ("Cerveja também é cultura") passou a ser tão decisivo em nossa época. Por que razão uma categoria antes reservada às criações da classe alta (a literatura e a música clássicas, as belas-artes etc.) hoje é aplicada a qualquer objeto ou ente?

Uma hipótese (Maffesoli, Morin e outros), que também já aventei, é que a atual etapa do capitalismo empurrou a nossa civilização para uma "Era Estética", assim como no passado tivemos uma "Era Religiosa", uma "Era Racional" e uma "Era Científica". Só o que se manifesta *visualmente*, *sensualmente*, parece agora ter realidade. O próprio corpo humano vai sendo modelado para *parecer*, o narcisismo se torna o "mal do século" etc., etc. Ora, a estética é da ordem do simbólico, da representação – é cultura, em suma. Hipótese complementar (Hobsbawm entre outros), também já mencionada, é ter ocorrido no pós-guerra uma *revolução jovem*: o capitalismo descobriu a *juventude*. Esta deixou de ser faixa etária e passou a ser estado de espírito, se ampliando para aquém (engolindo a adolescência e mesmo a infância) e para além (engolindo a madurez e a velhice). Ao falar de estética e juvenilidade, estamos falando de quê? De simbólico, de cultural, de representação, de civilização e de cultura, aspectos sempre presentes no conceito, mas recalcados. A contemporaneidade os desrecalcou:

— Cerveja também é cultura!

Parece também certo que, aumentando o tempo e o acesso ao lazer nos países ricos, aumentou com eles o consumo dos bens simbólicos, alterando *ipso facto* a noção de cultura, que passou de atividade supérflua, reflexa, a essencial e determinante. Quanto aos *desclassificados* do Terceiro Mundo, esses, na verdade, sempre tiveram "tempo de lazer" (o que não é o caso das suas classes operárias, obrigadas ao padrão industrial). Portadores de uma cultura *arcaica* – a que "não falta nada", na definição antropológica – ou híbrida, índios, negros e mestiços da América Latina, sempre *fizeram* cultura de forma essencial e "natural" (por exemplo, a religião para eles nem sempre foi "ópio do povo"). A alegria dos pobres, em nossa parte do mundo, é invejável: os pobres do Primeiro Mundo não a têm.

Outra evidência da centralidade da cultura na atualidade é o triunfo quase mundial do *esoterismo*. O sentimento de que "vivemos cercados de mistério" não é novo na história do Ocidente, mas agora a própria economia e a política batem em retirada diante dos horóscopos, gnomos e "Diários de um Mago"[356]. Por outro lado, o que leva os governos, sobretudos nos países centrais, a investirem cada vez mais em cultura, senão a sua importância crescente? E por que pensadores instigantes de nosso tempo – um Foucault, um Appiah, um Chomsky, um Rosenzvaig[357], um Jurandir Freyre – trabalham sobre a cultura, ou a partir dela, e não sobre o econômico ou o político?

Se pode, pois, admitir a *centralidade da cultura* neste começo de século. Mas e a sua *anterioridade*? Os fatos, antes de se apresentarem como fatos sociais, se apresentam como fatos simbólicos, isto a rigor não é novidade. No entanto, é como se de súbito tivéssemos aberto uma janela do tempo: podemos ver as coisas antes de acontecerem, sua projeção num plano anterior, ainda fora do campo de visão. É o caso da droga. Só ingênuos e velhacos acreditam na eficácia de campanhas antidrogas. Os bilhões de dólares investidos nelas esbarram num *fato anterior*: droga é cultura – e talvez por isso a religião, essa *anterioridade* universal, vem sendo uma das poucas *terapias* eficazes para dependentes.

---

356 *Diário de um mago* é o título do primeiro *best-seller* de Paulo Coelho.

357 Eduardo Rosenzvaig, historiador e antropólogo argentino, autor entre outros de *Etnias y árboles, Historia del universo ecológico Gran Chaco*. Havana: Casa de las Americas, 1996. Kwame Anthony Appiah é autor do instigante *Na casa de meu pai. A África na filosofia da cultura*. Rio de Janeiro: Contraponto, 1997.

Em suma, as noções, idéias e definições de cultura foram abaladas, como era inevitável, pelas circunstâncias históricas contemporâneas. Já não estamos no século 19, o que é evidente, mas também não estamos em 1950. Intelectuais e trabalhadores da cultura (o que não é a mesma coisa) têm à sua frente tarefas ampliadas e distintas das que teve a geração anterior. As transformações do sentimento e da idéia de cultura obrigam, por toda parte, a repensar as estratégias de política cultural – tanto mais que o objeto cultural, mais que uma *coisa* (superestimada pelas ideologias de dominação), tende agora a se apresentar como circuito.

O que chamamos cultura no Ocidente teve várias acepções desde o Renascimento. Foi primeiro o conjunto de obras clássicas (de *classe* aristocrática), foi depois o conjunto de coisas e atitudes refinadas de alto preço (só acessíveis à burguesia). Essas acepções permanecem até hoje no fundo do senso comum (quando se diz, por exemplo, "é preciso levar cultura ao interior do estado do Rio"). Há cinqüenta anos, o desenvolvimento da etnografia e da antropologia impôs uma nova acepção: cultura é o conjunto de bens simbólicos dos grupos humanos, as etnias. Etnia é cultura *mais* território[358]. Têm cultura, por exemplo, tanto os shonas de Moçambique quanto os suecos de Estocolmo. A antropologia, porém, refinou seus instrumentos e chegou à noção de *contexto cultural*: as etnias perdem importância para os *sentidos imateriais* que fundam os contextos, espécies de "campos-de-força" auto-referenciados. (Foi esta acepção, aliás, que permitiu a um folclorista dizer: cultura popular é tudo que não faz sentido *para nós*.)

Na noção de *contexto cultural* já está implícita a idéia de *desterritorialização*. É o que vem acontecendo na atualidade: a cibernetização da informação e da comunicação (chamada, às vezes, de *mundialização* para distinguir de *globalização*), bem como a aceleração das migrações, tendem a desterritorializar os contextos culturais. O fenômeno é mais perceptível na música: qual é o território do *rock*, da salsa, do *reggae*, da axé *music* etc.? A *circulação*, em certos casos, se torna mais importante que o *lugar*. Não é que a circulação não existisse antes. Há muitos anos,

---

[358] Max Weber: "Chamaremos grupos 'étnicos' aqueles grupos humanos que, em virtude de semelhanças no *habitus* externo ou nos costumes, ou em ambos, ou em virtude de lembranças de colonização e migração, nutrem uma crença subjetiva na procedência comum, de tal modo que esta se torna importante para a propagação de relações comunitárias, sendo indiferente se existe ou não uma comunidade de sangue efetiva". "Relações comunitárias étnicas", in *Economia e sociedade, fundamentos da sociologia compreensiva*, v. 1, 3 ed., Brasília, UNB, 1944, p. 270.

um excepcional mestre-sala da Mangueira, perguntado sobre com quem aprendera sua arte sutil, respondeu: "Com meu pai e com Fred Astaire". Ocorre que hoje um jovem sapateador norte-americano também pode *aprender* com um mestre-sala brasileiro: os lugares em boa parte foram deslocados pelos circuitos. É possível, pois, redefinir a velha palavra *cultura*: uma "rede de neurônios", com ênfase em *rede* e não em *neurônios*. Como é próprio dos circuitos e das redes, pode conectar qualquer coisa em qualquer lugar.

A definição de cultura como circuito ou rede se presta, é verdade, a idealizações e delírios. Há quem ache suficiente conectar contextos culturais para criar um "mundo novo", dinâmico e democrático. A idealização, no entanto, prestou um serviço: fez ver que, mesmo não estando envolvida alta tecnologia de comunicação, o elemento principal da cultura é a comunicação. Ela engendra a troca, que, por sua vez, engendra a *civilização*. Se redefiniu, dessa maneira, uma outra palavra gasta: civilização. O que vem a ser civilização na atualidade? Os processos e produtos sincréticos ou híbridos criados pelo intercâmbio de culturas (ou contextos culturais). Em qualquer parte do mundo pode haver civilização (ao contrário do que afirmava a ideologia do colonialismo), desde que haja intensas e continuadas trocas culturais. Para exemplificar, música sinfônica (quer gostemos ou não) é cultura, mas não é civilização, pois permanece um luxo de classe média intelectualizada; bossa-nova (quer gostemos ou não) é civilização, pois resultou de trocas entre um gênero brasileiro (samba) e outro internacional (*jazz*)[359], como mais atrás o maxixe, a primeira dança urbana carioca, casamento da polca, do *scottisch* e da mazurca (européias) com o lundu afro-brasileiro.

---

359 "O aparecimento da bossa-nova revolucionaria o ambiente musical no país, trazendo polêmicas e controvérsias que mobilizavam os meios de divulgação mais variados. Sua concepção musical bastante diferenciada do samba, em relação a sua posição estética, sua estruturação melódica e harmônica e suas características de interpretação, consolidaram a aceitação do gênero e tornaram completamente antagônicas e ultrapassadas as características e valores estético-musicais que haviam elegido o samba como o mais importante gênero musical do país. Quando João Gilberto rompia com tudo que havia dado ao samba sua estrutura – inclusive o ritmo em torno do qual ele se organizava – alargava ainda mais a distância entre a música popular e o público do samba. Os inovadores não queriam mostrar nada que parecesse com samba em suas composições". SANTOS, Regina Maria Meirelles. *Samba: comunicação, cultura e identidade nacional*. Rio de Janeiro: UFRJ, CFCH, ECO, tese de doutoramento, 2002, p. 16.

Do acadêmico ao político

As considerações que fiz nesse capítulo serviram para mostrar que o *plano anterior* não é novidade na história do pensamento ocidental. Se viu, por exemplo, como firmados em Marx (que pensou a transformação da economia liberal em monopolística), Marcuse e outros buscaram pensar sobre como a sociedade de massas liquidou as aspirações de liberdade e de satisfação embutidas na tradição ideológica ocidental. Marcuse foi dos primeiros a detectar o caráter essencialmente *psicológico* da repressão em nosso mundo desencantado. "Neste ensaio, empregam-se categorias psicológicas, visto que se tornaram categorias políticas", é a frase que abre *Eros e civilização*[360].

Debord, a seu turno, demonstrou que se pode pensar, pela esquerda, o fenômeno da sociedade do espetáculo: ela não tem lógica própria, mas a da mercadoria; a "sociedade do espetáculo" não significou a aposentadoria do velho Marx, mas a sua sobrevida, uma vez que a imagem (por exemplo) passou de lugar subordinado à produção (superestrutura) a lugar principal de reprodução da mercadoria. A imagem já não serve mais para enganar os pobres, é o próprio engano dos pobres.

É provável que o final do século 19 fique na história como o da tecnociência (com destaque para a revolução digital), da tecnocultura, da globalização e da imanência do mercado. Os três combinados mataram o que chamávamos política. Com o fim dos fundamentos transcendentais (Deus, Razão, Ciência, Marxismo, História) a Tecnologia se tornou um novo *habitat* para o indivíduo contemporâneo. Essa possibilidade estaria indicada basicamente, para alguns observadores, pela Internet, portadora de mutações (mais do que mudanças) culturais. Quanto à impossibilidade hoje do fundamento transcendental (entendido como vontade exterior à vida concreta), ela estaria indicada pela lógica sofística da tecnociência triunfante: não há qualquer Verdade além das verdades particulares, nem qualquer Ética além da fidelidade ao seu lugar social, à sua corporação, ao seu condomínio de residência e assim por diante.

Esse conjunto de crenças – mais do que idéias e conceitos – seria o dilema do nosso tempo, a sua perplexidade. Em 1934, um ensaísta liberal-conservador, Ortega y Gasset, chamava a atenção para esse *plano anterior* das idéias que são as crenças. Crenças: todas as coisas com que

---
360 MARCUSE, Herbert. *Eros e civilização*. Rio de Janeiro: Zahar, 1968, p. 27.

absolutamente contamos ainda que não pensemos nela. Caminhando pela rua não tentamos passar através dos prédios, não precisamos de que em nossa mente surja a idéia expressa "paredes são impenetráveis". A todo o momento, a vida pessoal, como a histórica, assenta em crenças semelhantes. Há, contudo, coisas e situações diante das quais os indivíduos (e as sociedades, civilizações, épocas históricas) se encontram sem crenças firmes: têm dúvida se são ou não, se são deste jeito ou daquele. Não há remédio: precisam *fazer idéia*. Idéias são, pois, as *coisas* que de maneira consciente construímos, elaboramos, precisamente porque não *cremos nelas*[361]. Daí a função ortopédica das idéias vulgares, científicas, religiosas, *ideológicas*: atuam onde as crenças se esgarçaram ou enfraqueceram. Não seriam, pois, as crenças, o *plano anterior* das idéias, a *realidade plena e autêntica* (Gasset) sobre o qual devem ser projetadas para fazerem sentido?[362]

No limite, o que não é mediatizado não existe ou existe muito pouco. Possivelmente, dentro em breve, o número do telefone, o número do fax e o *e-mail* de um indivíduo serão substituídos por uma única senha que o identificará como um nó de uma rede mundial de informações. "Quem não possuir esta senha simplesmente não existirá", previu uma analista[363]. O reducionismo dessa conclusão lembra o daqueles que nos anos 60 acabaram conhecidos como *Integrados*, crentes ingênuos e absolutos na revolução da indústria cultural, por oposição aos *Apocalípticos*, que enxergavam o fim do mundo na cultura de massa. Uns e outros se desapontaram. O reducionismo atual anda, contudo, de braço dado com um darwinismo social mal disfarçado. O que dizer dessa "mensagem" de fim de ano do segundo homem da Rede Globo de Televisão (1999)? Ela se chama, cavernosamente, *Feliz futuro*:

---

361 "É melhor método partir da situação presente, do fato inquestionável, e este consiste em que somos constituídos de um lado por crenças – venham de onde vierem – e de idéias, que aquelas formam nosso mundo real, e estas são não sabemos bem o quê". GASSET, Ortega. *Ideas y creencias*. Madri: Revista de Occidente, 8ª ed., 1959, p. 28.

362 "O que costumamos chamar realidade ou 'mundo exterior' não é a realidade primária e desnuda de toda interpretação humana, mas sim *o que cremos*, com firme e consolidada crença ser a realidade. Tudo o que nesse mundo real encontramos de duvidoso ou insuficiente nos obriga a fazer-nos idéia sobre ele. Essas idéias favorecem os 'mundos interiores', em que vivemos, sabendo desde logo que são invenção nossa, assim como vivemos o mapa de um território quando viajamos através dele". Ibidem, p. 40.

363 PACHECO, Anelise. *Das estrelas móveis do pensamento. Ética e verdade em um mundo digital*. Rio de Janeiro: Civilização Brasileira, 2001.

"Faleceu também o sonho comunista/socialista, ao desistir-se da tentativa de mudar a natureza humana e fazer-nos todos bons, generosos, solidários – tentativa essa que custou milhões de vidas humanas nos vários países que se deixaram seduzir pela utopia. Deixou-nos como herança um ressentimento fatalista contra qualquer ideologia e até a impressão de que a história acabou. A vida possível é essa que está aí: luta, competição, seleção natural, eliminação dos mais fracos"[364].

O triunfo da telecultura teria engendrado uma nova metafísica tecnológica, uma procura da verdade além dela própria. Os principais meios de comunicação de massa já não sendo, hoje, a tevê, o rádio, os jornais, as revistas, o disco, a publicidade, mas os rizomas e as redes telemáticas, uma antiga questão filosófica parece retomar: a possibilidade da verdade sofística. A retórica daqueles meios visa ao prazer e ao sucesso (retórica: arte ou técnica de bem dizer, objetivando convencer os cidadãos, de argumentar, com eloqüência no espaço público). Na Grécia, filosofia (busca da verdade) e retórica se opunham. Continuam a se opor hoje? A retórica implacável dos meios de comunicação (verdade é o que aparece como verdade, é o que convenci os consumidores de que é verdade) contém algo de bom? O telediscurso contém, de alguma maneira, possibilidades de estratégias anti-sistêmicas? Ou generalizando a pergunta: é possível uma nova Política na era da revolução digital, da globalização, do triunfo do mercado e da tecnociência? Anelise Pacheco, no livro citado (e desde que a tecnologia ofereceu um novo habitat para o indivíduo) sugere que essa possibilidade está indicada pela práxis *da generosidade*. A fórmula exige que se aceite a 1) a liquidação de todo fundamento transcendental e da lógica sofística da tecnociência e 2) a Internet como portadora de mutações culturais. A lei da abundância regeria a rede e a abundância favoreceria a generosidade[365]. Esta, ao se tornar ontológica, poderia fundar uma ética imanente nova, um imperativo moral a partir de um "eu" protéico (a rede telemática). É evidente nesta fórmula de

---

364 ANDRADE, Evandro Carlos de. "Feliz futuro", in *O Globo*, 1 jan. 2000. Evandro, reputado mesmo entre intelectuais de esquerda, foi diretor da Central Globo de Jornalismo até falecer em julho de 2001.

365 "Acentuada, dinâmica, a Internet desenvolve novos programas de compartilhamento, dissimetriza dar e receber, abre caminhos insuspeitados para a porosidade e o contato, sem respeito a barreiras de espaço e tempo. É por aí que uma nova socialidade pode emergir, de trocas não mercantis: de disponibilidades, dispositivos e disposições – identidades, ações e desejos no momento da sua máxima contração". PACHECO, Anelise, op. cit., prefácio, p. 11.

uma nova ontologia do Social, a vontade de superar o niilismo que acompanha nossa civilização desde pelo menos a morte de Deus. A revolução digital traria como seu acólito uma verdade generosa, para além da oposição binária pessoa livre *versus* pessoa assujeitada.

Um aspecto da crise atual da esquerda é a falência da política. Não o fim da história, não a derrocada do socialismo *real*, que tornou mais capitalistas que os capitalistas os ex-socialistas (sic) do leste europeu. O que faliu não foi esta ou aquela forma de fazer política. O que acabou foi a eficácia da política em orientar e conduzir ações de justiça social e, conseqüentemente, a confiabilidade dos políticos. A política parlamentar, como qualquer outra, se tornou em si uma instância conservadora. Nos estados da federação brasileira (2002), por exemplo, todas as políticas vão sendo a pouco e pouco hegemonizadas, com a conivência da esquerda, por políticas de segurança enquanto reproduzimos a tendência mundial da troca do *homem público* pelo *homem notório*. Política de segurança, no entanto, não pode ser política porque ela cria a doença de que diz ser o remédio. Quase a totalidade dos nossos presidiários não precisava estar ali, a repressão ao crime (organizado ou avulso) é uma ideologia, só nesse exato sentido é uma *política*. No apogeu da sociedade de consumo, ela se divide: os com meios e os sem meios para consumir. "Cinco malandros como consertariam a Previdência", me disse uma vez um hóspede de Bangu 3. A ética dos com e sem meios é a mesma.

Disse alguém que a psicanálise consiste em esgarçar a psique pelo *relato*, de tal forma que através dos buracos se possa ver o que está no fundo. A política, enquanto ações dos políticos, pode ser também esgarçada – deixando ver no fundo o *plano anterior* da cultura. (Tomemos, para raciocinar, dois políticos brasileiros atuais (2001) do campo progressista, Itamar Franco e Cristóvão Buarque. Cristóvão Buarque é um político excepcional no quadro brasileiro, não porque tenha uma visão sistemática do funcionamento da sociedade, outros a têm em graus variáveis, mas porque suas propostas políticas e administrativas emergem, quase sempre, do plano da cultura. Ao propor, por exemplo, um "novo conceito de riqueza", Cristóvão se opõe frontalmente às políticas econômico-financeiras em curso, de direita e de esquerda – um novo conceito de riqueza social, pelo fato de ser um conceito, só pode emergir do plano anterior ao das sociedade e da política. Cristóvão trabalha no nível superior da política, um passo à frente e sai da política. Cristóvão distende, estica o plano da política até o ponto em que esta se esgarça e deixa ver as engrenagens que a movem. Para realizar essa distensão, ele se coloca *do* lugar da cultura revitalizando, dessa forma, a política. É outro o caso de Itamar Franco, cuja excepcionalidade consiste no seguinte: sua personalidade nega qualquer excepcionalidade. Ele é do tipo "político novo" da Revolução de Trinta, que substituiu o "carcomido", da República Velha, avançado com relação à moralidade pública, à defesa do patrimônio nacional, material e cultural, sensibilidade para as reivindicações dos pobres etc. Ao contrário de Cristóvão, Itamar acredita na ação política desde que corrigida pela própria política. Para ele, as idéias e conceitos já estão dados. Um passo atrás e se torna um oligarca – seu mérito está em que, presumivelmente, nunca o dará. Já Cristóvão Buarque é um produto e um testemunho da morte da política em país periférico; Itamar Franco, a seu turno, um produto da prolongada *crise brasileira*.)

O leitor terá notado que, neste capítulo (*O plano anterior*), fiz uma "exibição" de como idéias podem ser tratadas de forma "erudita" e descompromissada com a luta política: como *res* acadêmica. Na *Ideologia alemã*, Marx advertiu para o "culto do conceito": todas as relações sociais podem se expressar na linguagem dos conceitos, cabendo aos políticos e juristas apresentá-los como *se fossem* a realidade da vida, em lugar das condições materiais de existência[366]. Proponho no próximo capítulo (*Como podem os intelectuais trabalhar para os pobres*) tratar as idéias e conceitos à nossa disposição como *res* pública. A admissão de um plano anterior, uma anterioridade efetiva aos fatos sociais, cria novas possibilidades de intervenção para os intelectuais de classe (compassivos e/ou avançados), aqueles que busquei identificar no segundo capítulo deste livro. Uma dessas possibilidades, talvez a maior, é se tornar *trabalhador da cultura*, interagindo dialeticamente com os intelectuais dos pobres.

Há ainda, contudo, uma *res* acadêmica a tratar.

---

[366] "As condições de produção dos indivíduos que até agora vinham dominando, não têm mais remédio que manifestar-se também no plano das relações políticas e jurídicas. E, dentro do regime da divisão do trabalho, estas relações ganham, necessariamente, existência substantiva face aos indivíduos. Todas as relações podem expressar-se na linguagem dos conceitos. E que estes conceitos e generalidades se façam valer como potências misteriosas, é conseqüência necessária da substantivação das relações reais e efetivas que são a expressão. Além desta vigência na consciência usual, ditas generalidades adquirem vigência e desenvolvimento especiais, por obra dos políticos e dos juristas, a quem a divisão do trabalho encomenda a missão de praticar o culto desses conceitos, vendo neles, e não nas condições de produção, o verdadeiro fundamento de todas as relações reais da propriedade". MARX E ENGELS, *La ideología alemaña*, Montevidéu, 1959, p. 408.

Épura do social

Como se prova que a cultura é um *plano anterior*, e não apenas um plano simultâneo aos outros? Considerar os fatos culturais como conteúdo e os sociais como forma não é cair no erro oposto ao da sociologia vulgar, uma vez que os fatos são vivenciados simultaneamente (ou não são vivenciados) – tal como os apresenta a ficção realista? Admitir a anterioridade da cultura não é cair num idealismo vulgar com todas as conseqüências analíticas e políticas decorrentes?

Em geometria descritiva, a projeção de um objeto tridimensional sobre os planos horizontal e vertical, se fazendo, em seguida, girar este último sobre seu próprio eixo, *rebatendo-o* sobre a terra (*linha de terra*), permite resolver *problemas* geométricos daquele objeto – esse plano único, assim criado, é a épura. As projeções que nos permitem visualizar objetos tridimensionais num único plano dependem, logicamente, de um observador (dito impróprio) situado no infinito, cujos raios visuais chegam perpendicularmente ao quadro de projeção. Chamo de *plano anterior* o que em geometria descritiva se chama *plano vertical de projeção*. Ainda não é a épura: ela só ocorre quando este *plano vertical* se coloca como continuação do *plano horizontal*, formando um plano único, se exibindo então todas as dimensões (e medidas) do objeto. A questão de saber qual o *plano anterior* (ou principal), se o horizontal, se o vertical, desaparece a uma simples rotação do vertical (rebatimento) sobre si mesmo: o objeto aparece representado por inteiro, sem necessidade de ordenarmos (ou hierarquizarmos) qualquer de suas partes.

Um fato notável, por exemplo, da atualidade é a imediata *epurização* do fato social pela mídia, apagando-o enquanto *fato social*, objeto da sociologia, e lhe dando um novo estatuto ontológico: o de épura, isto é, fato perfeitamente visível, total, unívoco, integral e simultâneo.

O objeto social se epurizou, numa palavra. A tecnocultura operou a torção, o rebatimento do plano vertical sobre o horizontal criando uma épura dos fatos sociais. Salvo pelo recurso à geometria descritiva, não há também, a rigor, originalidade nessa maneira de ver:

"*Separar o continente e o conteúdo na vida social é uma operação que dissolve a Forma Social como tal e não nos dá senão uma Forma 'abstrata' ou 'formal'. No fundo temos como Durkheim e Simmel duas operações redutoras que pertencem simplesmente a dois níveis diferentes: uma – a de Durkheim – no nível 'físico', outra – a de Simmel – no nível 'lógico'. A forma social perde aí a sua realidade, pois é uma forma real que possui a sua materialidade, uma materialidade social. A dissociação entre continente e conteúdo nos extravia, porque não existe continente social separável do conteúdo salvo por uma abstração que destrói a unidade do continente e do conteúdo, sem a qual não existe realidade social. Essas duas 'abstrações' têm contudo uma verdade parcial que encontra o seu valor quando elas são situadas em seu nível e em seu conjunto relativamente às formas sociais reais"*[367].

Aquela analogia é que me levou a denominar este capítulo de *O plano anterior* e este livro de *Épuras do social*.

---

367 LEDRUT, Raymond. *La forme et le sens dans la société*. Paris: Librairie des Méridiens, 1984, p. 38. Ver também B. Latour (*Nous n'avons jamais été modernes, essai d'anthropologie symétrique*. Paris: La Découverte, 1991) e, sobretudo, Maurice Godelier ("Système, structure et contradiction dans Le Capital", *Tempes Modernes*, nº 246, 1966, novembro) e, no Brasil, Milton Santos (*A natureza do espaço*. São Paulo: Hucitec, 1996).

4
COMO PODEM OS INTELECTUAIS TRABALHAR PARA OS POBRES?

"Palavras sem obras são tiro sem bala, atiram mas não ferem."
Antônio Vieira

"De fato, na política, a utilização da lei estatística como lei essencial, operando de modo fatalista, não é apenas um erro científico, mas torna-se também um erro prático, em ato; por outro lado, ela favorece a preguiça mental e a superficialidade pragmática."
A. Gramsci

"Chamarei de política qualquer coisa que me preocupa."
Maio de 68

A reforma do Estado brasileiro

Como um espectro, uma proposta de Reforma do Estado rondou no ano de 1996 a Esplanada dos Ministérios em Brasília. Os servidores de baixa qualificação temeram perder, numa penada, suas conquistas funcionais. Ministros e chefes passaram a enfrentar, diariamente, a natureza concreta da Reforma que, paradoxalmente, era o seu espectro. Não enfrentavam a sua natureza abstrata que, entretanto, era a sua realidade: Reforma do Estado é um conceito, a que só se chega pensando "política". De um lado, se afligiam os servidores; de outro, se irritava o governo. As propostas que este mandou ao Congresso ou tentou "vender" à sociedade traziam a marca da impaciência e da derrota anunciada.

Esquematicamente, o pensamento do Governo era:

CRISE DO ESTADO → CRISE DO APARELHO DO ESTADO → PROPOSTA DE REFORMA.

A maior parte das críticas e objeções então feitas pela imprensa, em assembléias de classe, seminários e reuniões partidárias, foi ditada pelo corporativismo empedernido, mas não todas. O governo se defendeu como pôde e embora nem sempre levasse a melhor – é comum os governos terem mais razão do que parecem ter – conseguiu salvar as suas premissas. Essas são um aspecto do que se convencionou chamar *pensamento único*, espécie de doença infantil da globalização que, num certo momento, atacou redações de jornais, repartições públicas e departamentos universitários, de Moscou a Brasília.

O principal do *pensamento único* é a crença no "capitalismo democrático" – uma "tranqüilidade sistêmica" que se alcançaria pelo casamento entre democracia política e economia de mercado, podendo se juntar (não necessariamente) eqüidade social. Depois disso, restariam apenas as disputas políticas entre métodos de governo, personalidades e programas[368].

O que é neoliberalismo? *O neoliberal sonha um mundo higiênico: um ecúmeno de economistas e atuários de jogadores na bolsa de gerentes de supermercado de capitães de indústria e latifundiários de banqueiros...*[369] Este retrato poético de Haroldo de Campos tem alguma verdade, mas é um clichê. José Guilherme Merquior, que foi guru de sujeitos tão diferentes como Fernando Collor e Reis Veloso (em comum apenas serem da direita política), só usava a expressão no plural, separando enfaticamente *new* de neo[370], mas onde a expressão tem de fato concretude é no seu nascedouro, a política norte-americana dos anos 70. William Scheneider[371], analisando um grupo de parlamentares que emergiu nas eleições americanas de 1974, classificou-os como tecnocratas desapaixonados e não-ideológicos, interessados em idéias e crentes na "cultura da solução de problemas". Com isso marcavam distância dos liberais tradicionais apenas preocupados com grupos de interesses, ainda crentes na "cultura da advocacia". O grupo acreditava que o New Deal estava superado (e não por acaso os primeiros neoliberais brasileiros insistiram na

---

368 CAMPOS, Roberto. In *Veja*, ano 32, n° 46, 17 nov. 99.

369 CAMPOS, Haroldo. "Circum-lóquio (*par non troppo allegro*) sobre o neoliberalismo terceiro-mundista", *Folha de S. Paulo*, 12 jul. 1998.

370 O livro que Merquior dedicou ao tema foi escrito em inglês: *Liberalism, old & new*, Boston, Twane Publishers, 1991. "A survey, even one as necessarily sketchy as this one, of the three-century-old story of the liberal idea shows above all the striking *variety* of liberalisms: there are several historical types of liberal creed and, no less significant, several kinds of liberal discourse. Such diversity seems chiefly derived from two sources. In the first place, there are different obstacles to liberty, the bugbear of Locke – absolutism – was obviously no longer that of Mill or, again, that of Hayek. Second, there are different concepts of freedom, allowing a periodical redefinition of liberalism", p. 149. E ainda: "The liberal sociologists can also be read as responding to the new liberal-neoliberal dichtomy. While Aron was essentially a critic of totalitarianism, sharing many a liberal assumption or prescription, Dahrendorf's writing on liberty grew in reaction to the neoliberal neglect of egalitarian claims", p. 148.

371 "Compreensão do neoliberalismo", in *Diálogo*, n. 1, v. 23, 1990.

revisão de um antigo "pacto social"). Seu lado "democrático" era a crença de que conflitos de interesses são "parte normal" da vida política, não precisam ser tratados como "luta de classes". Acreditavam basicamente poder fundir tradição liberal com valores de pragmatismo, eficiência e boa administração: fazer "as coisas funcionarem". Bem, que coisas queriam fazer funcionar? Aquelas que os liberais sempre haviam querido: oportunidades iguais e justiça econômica. John F. Kennedy, seu guru assumido, dera o pontapé inicial, em Yale, 1962:

"Os principais problemas internos do nosso tempo não se relacionam com choques básicos de filosofia e ideologia, mas com formas e meios... com soluções sofisticadas para problemas complexos e obstinados. O que hoje está em jogo em nossas decisões econômicas não é uma espécie de grande batalha entre ideologias rivais que haverão de inundar o país de paixão, mas sim a administração prática de uma economia moderna"[372].

O que se chama neoliberalismo hoje no Brasil é o conjunto de medidas de governo saídas de uma crença: o mercado pode resolver tudo e o Estado deve ser mínimo. São neoliberais a prioridade da reforma tributária (nos termos do Consenso de Washington), as políticas de câmbio flutuante e juros altos, a desregulamentação e flexibilização das leis trabalhistas, as privatizações de empresas estatais etc. Contudo, e sem prejuízo de outras propostas do governo e "princípios filosóficos" liberais antigos, eis em síntese a fórmula neoliberal: administração prática de uma economia moderna. É também a noção-chave do tecnoburocratismo, o segundo paradigma da política contemporânea.

Onde o "capitalismo democrático" funciona? Na América do Norte, na União Européia, na Austrália e no Japão – se goza aí de liberdade política, o sistema econômico é eficiente, o padrão de vida alto. Esse lado luminoso da humanidade se contraporia ao obscuro dos ex-comunistas (que o marxismo-leninismo teria atrasado, com sua falta intrínseca de liberdade política, sua ineficiência econômica e sua pseudo-eqüidade social); à África, presa da "intranqüilidade sistêmica"; e à América Latina, que pode apresentar (com exceção de Cuba) democracia política, mas não eficiência econômica (nenhum dos seus países tem renda anual *per capita* acima de 10 mil dólares) nem diminuição dos bolsões de pobreza.

---

372 Idem, ibidem.

Um dos corolários do "capitalismo democrático" seria, após a queda do Muro de Berlim, o "fim da história": a humanidade tem agora à sua disposição um único sistema dotado de "sustentabilidade" e "universabilidade", encerrando uma procura milenar. Mesmo a social-democracia não passaria de uma vertente envergonhada do "capitalismo democrático", sustentável porque não se baseia na opressão, mas na persuasão; e "universalizável", porque pode ser adaptado a todas as culturas e civilizações.

Ora, uma premissa do "capitalismo democrático", em países do nosso tipo, é o diagnóstico da crise do Estado: ele acumula em progressão aritmética, enquanto as demandas sociais crescem em progressão geométrica. Outra premissa diz respeito ao aparelho do Estado: a administração pública burocrática está falida:

"No plano administrativo, a administração pública surgiu no século passado conjuntamente com o Estado liberal, exatamente como uma forma de defender a coisa pública contra o patrimonialismo. Na medida, porém, em que o Estado assumia a responsabilidade pela defesa dos direitos sociais e crescia em dimensão, foi se percebendo que os custos dessa defesa podiam ser mais altos que os benefícios do controle. Por isso, neste século, as práticas burocráticas vêm sendo substituídas por novo tipo de administração: a administração gerencial"[373].

O plano Diretor da Reforma do Aparelho do Estado, que o governo Fernando Henrique pôs em movimento (novembro de 1995), depois de discussão interna na Câmara da Reforma do Estado, bem como o anteprojeto Organizações Sociais enviado ao Congresso (abril de 1996), entre outros, assentam sumariamente nas premissas acima – diagnósticos e propostas podem ser tomados, pois, como um bloco visando a desengessar o aparelho do Estado, aumentando o seu poder de transferir renda para a base da sociedade, de forma a diminuir as nossas desigualdades sociais.

A crise do Estado

Uma parte do diagnóstico é consensual: a crise do Estado brasileiro se deve à sua perda do crédito e à poupança pública negativa. Já não vivemos no tempo de Getúlio, *pai* de apenas 45 milhões de brasileiros,

---

[373] Plano Diretor da Reformado Aparelho do Estado. *Presidência da República, Câmara da Reforma do Estado*, Brasília, DF, 1995, p. 20.

com suas Voltas Redondas e seus institutos de aposentadorias e pensões. A outra parte do diagnóstico, contudo, é um divisor de águas entre esquerda e direita hoje.

O Brasil, como já ponderei em outras partes deste livro, é um caso de nação inconclusa. Os elementos característicos da nação – mercado nacional, forças armadas, centralização política, projetos nacionais, cidadania etc. – se apresentaram aqui há menos de cem anos, apenas 1/5 da nossa existência a contar do estabelecimento da colonização. O mais grave desses fatores, que engole sistematicamente os projetos de desenvolvimento econômico e social, é, ao que tudo indica, a falta de acesso da população ao patrimônio territorial. No campo, e um pouco menos na cidade, os brasileiros que aqui vivem não têm relação de apropriação com o território que aqui está.

Conseguirá algum dia a reforma agrária, sempre adiada, desatar esse nó? Se o conseguir, teremos a democracia rural, indispensável ao acabamento da nação. Pode o País queimar essa etapa – a conclusão da nação – e proceder como o Estado norte-americano ou o francês, por exemplo, em que a crise fiscal e a poupança pública constituem os problemas principais? As reformas que os dois governos FHC tentaram implementar, executivamente ou por via parlamentar, fracassaram sistematicamente ou se implementaram pela metade. Isso se deve, provavelmente, à sua falta de ética, um aspecto não negligenciável da crise do Estado brasileiro – ética, aqui, não na acepção vulgar de honestidade; mesmo governos decentes na gestão da *res publica*, como presumivelmente foram os de Fernando Henrique Cardoso, procederam sem ela. O Estado brasileiro é antiético no sentido original, grego, quase esquecido: ética como fidelidade aos costumes da *sua casa*, ou da sua circunstância. Ora, a crise do Estado brasileiro parece provir, em grande parte, daí: não conseguimos até hoje pensar o Brasil *desde* o lugar do Brasil[374]. Não conseguimos sequer, por exemplo, no campo da luta política, produzir a crítica da modernidade, transplantada dos Estados Unidos e Europa, distinguindo-a de modernização.

---

374 Um exemplo dessa dificuldade, no campo da teoria musical, é a definição geralmente aceita de sincopação. "Musicólogos nacionais adotam definições acadêmicas que vêem na sincopação o 'irregular', a exceção à regra. Não percebem as conseqüências paradoxais no caso brasileiro, que o que é 'irregular' no samba brasileiro seja aquilo que o caracteriza, o mais comum, simplificando: a regra. O paradoxo só pode ser desfeito se considerarmos que a síncope não é um conceito universal da música, mas sim uma noção criada a partir das necessidades de prática musical clássica ocidental e, como tal, de validade restrita". SANTOS, Maria Regina Meirelles, op. cit., p. 38.

A Ilusão da Modernidade

A ilusão que tem o senso comum sobre o que é moderno vem, para começar, da origem latina da expressão: *hodiernos*, dos nossos dias, atual. Nem tudo que é atual, porém, é moderno no sentido que lhe dão os cientistas sociais e já agora muitos políticos e administradores. Modernidade é o *ethos* da megamáquina ocidental e que tende, a essa altura, não sem resistência, à planetarização. O Brasil não alcançou sequer o primeiro estágio dela, a de civilização industrial, cuja renda se acumule principalmente pela relação com o mercado nacional. Todo crescimento industrial brasileiro se fez para atender a uma parcela mínima da população – os cerca de 30% belgas da *Belíndia* – com o abandono do resto.

Nosso padrão de acumulação acarretou, em conseqüência, uma modernização perversa e sem saída. Fomos levados a confundir nível de consumo com nível de vida, seduzidos com "aparelhos de última geração" enquanto nossa ciência se sujeitava à importação de pacotes e de "caixas-pretas". Nos habituamos a desdenhar os processos em favor dos produtos. Nossas políticas econômico-financeiras passaram a colocar a integração internacional acima da integração nacional e a decorrência foi partirmos a nossa sociedade em duas ou três, precisamente o contrário das modernas sociedades industriais.

A integração nacional não parece ser tarefa tecnoburocrática, ainda que – façamos justiça – não seja incomum a presença de tecnoburocratas com propósitos distributivistas nos últimos governos. Na verdade, ela ultrapassa o campo da engenharia econômica, ou mesmo da economia política, interessadas exclusivamente nos fatores de produção e sua objetivação, que são os produtos e os desempenhos. A ética (no sentido grego) das políticas públicas, a atualização do "pacto federativo", a extensão da cidadania, a territorialidade, a afirmação da identidade (ou originalidade) nacional, a universalização da educação elementar (ler, escrever e contar) são alguns pré-requisitos indispensáveis à conclusão da nação. Ocorre que esses e outros pré-requisitos, diferente do que se pensa, estão agora situados no plano da cultura, devendo ser *epurizados*, isto é, projetados nele para mostrarem a sua *anterioridade* e depois "rebatidos" num plano único a fim de aparecerem em sua integridade e múltiplos detalhes. Deveriam, por conseguinte, constituir matéria de política cultural.

Por outras palavras, a *epurização* dos problemas sociais e políticos permitiria encontrar o *lugar* e o *destino* do Brasil, à semelhança do que, por exemplo, Fernand Braudel buscou fazer para a França e Immanuel Wallerstein para os Estados Unidos. "O excepcionalismo – chega a dizer o último – é o tutano dos ossos de praticamente todas as civilizações que nosso mundo tem produzido"[375]. A procura da excepcionalidade brasileira bem pode ser tarefa de um pensador formidável ou de pensadores acadêmicos, mas os *trabalhadores da cultura* é que deveriam assumi-la, convencendo os governos a *terceirizá-la* (por assim dizer), através dos órgãos de cultura. *Trabalhadores da cultura* – podemos agora definir – são os intelectuais que, de preferência no interior do aparelho do Estado ampliado, trabalham para os pobres. Uma de suas tarefas é conduzir a reforma do aparelho do Estado.

Se pode argumentar que a inconclusividade da nação, a ser verdadeira, não afeta as propostas de reforma do aparelho do Estado. É o argumento pragmático: não importa o diagnóstico, opere-se o doente. Ocorre que, hoje, os governos só têm à sua disposição meios democráticos de ação, como, por exemplo, o convencimento dos servidores públicos – e não se vê como consegui-lo nas atuais condições de despreparo "intelectual" e desinteresse da maioria do funcionalismo, sem falar da resistência corporativista de seus órgãos de classe. Reforma do aparelho do Estado, se entendida como simples substituição da "administração pública burocrática" pela "gerencial", é uma *imposição democrática*. Talvez possa ser feita, mas estaremos diante do velho dilema: democracia imposta é democracia?

Uma saída para esse impasse seria, como disse, *projetar* aquelas reformas pretendidas num plano social anterior e mais vasto, embora circunscrito: o plano da cultura. Tanto as suas premissas quanto as propostas decorrentes terão assim, no futuro, a possibilidade de alcançar hegemonia na sociedade em geral, a começar pela *classe* dos servidores públicos de que afinal dependem.

A nação inconclusa

Os elementos característicos do Estado-nação, como principiamos a dizer acima, se apresentaram no Brasil com retardo. O mais grave desses retardos, o que engole sistematicamente os projetos de desenvolvimento

---

375 WALLERSTEIN, Immanuel. *The politics of the world-economy*. Cambridge: Cambridge University Press, 1988, p. 2-3.

econômico e social, é a *desterritorialização primitiva*. A posse da terra funda a democracia rural, a apropriação do território funda a nação – esta diferença tem escapado, em geral, aos observadores da nossa história social. Os pobres no Brasil não descendem, como na Europa, de expropriados dos meios de produção, mas de escravos e servos, o que significa *despossuídos*. O que definia o escravo (negro ou índio) era, antes de tudo, a não-posse do seu próprio corpo – e a ocupação do território do corpo é o fundamento do que, no Ocidente, chamamos pessoa humana. Não era muito diferente com o que chamamos servo, fosse índio ou mestiço.

O conceito de nação nasce aí pelo século 15, na Europa Ocidental, para designar uma realidade nova: a unificação sob o mesmo rei dos povos de mesma língua. Era, portanto, um conceito político e cultural. Logo, porém, se viu que era também um conceito econômico, pois abarcava o conjunto de transações econômicas feitas na mesma moeda – o mercado nacional. Demorou um pouco mais perceber que havia no conceito um quarto elemento. Nação não era só Estado + língua + mercado. Era também território. Como se formaram, em geral, as nações modernas, aquelas que deram origem ao conceito? Um povo qualquer, vindo de fora, submeteu ou aniquilou os nativos e, em seguida, dividiu o território entre si. Os nativos, quando permaneceram livres, ganharam fatias do território, se tornando camponeses; quando subjugados, se tornaram servos da gleba, uma espécie de extensão da terra: possuir a última era possuir os primeiros.

Teria sido esse o caso do Brasil? Até certo ponto.

Para começar, o poder do Estado (encarnado no rei, príncipe, imperador, presidente da república) só se afirma nos últimos sessenta anos (1/8 da história do Brasil). A construção do Estado nacional, em sua forma atual, começa com a Revolução de Trinta. E as Forças Armadas, sem as quais não há soberania e poder nacionais, nasceram durante a guerra contra o Paraguai, há apenas cem anos (1/5 da *história do Brasil*). A unificação lingüística é também recente, o português escrito e falado no Brasil na melhor das hipóteses não chega a duzentos e cinqüenta anos (1/2 da nossa existência). A literatura de fins do século 19, a partir de Machado de Assis, é que engendra a *norma culta* que se vai reconhecer como língua brasileira, substituindo de vez a língua-geral (tupi-guarani), que falamos nos dois primeiros séculos e meio (numa proporção de 3/1 para o português), ao mesmo tempo que se ultimava o recalcamento das línguas africanas e variações dialetais populares[376].

Se passarmos ao terceiro fator constitutivo da nação, o mercado nacional, veremos que, na configuração atual, é igualmente tardio, tem a idade do Estado nacional, cerca de sessenta anos. A Revolução de Trinta foi, ao mesmo tempo, causa e conseqüência do mercado nacional, pois só então o governo central adquiriu o monopólio do meio circulante, bem como o controle do seu câmbio, pondo-o a serviço de políticas de *desenvolvimento*. Ao mesmo tempo, só então o Estado brasileiro fez aquilo que os monarcas europeus já tinham feito no século 15: quebrar as barreiras alfandegárias internas, abrir vias de comunicação em todo o território, unificar os sistemas de pesos e medidas e, enfim, montar aparelhos de arrecadação de impostos.

O quarto elemento componente do conceito (territorialização) é o mais problemático. Por quê? O território é a base física da entidade nação. Poder do Estado, língua comum, mercado nacional são, num certo sentido, abstrações. Território (de *territorium*, que pertence à terra) não. Território é o lugar concreto de onde emana a existência. Se pode falar, por exemplo, de *território do corpo* – lugar em que habitam a fala, as sensações, o desejo, a mente etc. *Ser escravo,* aliás, era precisamente isto: não ser o dono do *território do próprio corpo*. Uma nação só existe, portanto, quando a população que vive (ou chegou) num local se apropria da terra e a converte em território. Ao fazer isso, deixa de ser população e se converte em povo. Território, por outras palavras, é a terra apropriada pela população que, ao fazê-lo, se transforma a si em povo.

Foi esse o caso do Brasil? Não. Temos aqui a anomalia histórica de *povo* e *população* conviverem no mesmo espaço. Por pouco, no começo da colonização, não reproduzimos o modelo europeu de territorialização: os portugueses exterminaram os índios do litoral e dividiram a terra entre si. Converteram a terra em território e se fizeram a si próprios povo – mas isso valia apenas para os portugueses donos de terra e de escravos. A originalidade brasileira foi a importação em seguida de milhões de criaturas que seriam população mas nunca se alçariam à condição de povo, os africanos escravizados. Eram, no seu continente, donos do ter-

---

[376] A televisão é que vai realizando hoje o que deveria ter feito a escola: impor um dos falares (o do Sudeste) aos demais.

ritório do seu próprio corpo; aqui, perderam essa propriedade. E obviamente não ganhariam também – *até hoje* – a propriedade da terra. Esse fato escapa ao senso comum, mesmo de políticos e reformadores sociais: os sem-terra de hoje descendem de *desterritorializados primitivos*[377] (ou *despossuídos*) e só excepcionalmente de camponeses expropriados, como na Europa. Em compensação, os proprietários de terra e os empresários capitalistas descendem dos sesmeiros iniciais, os europeus que dividiram a terra entre si, auferindo a "renda da terra", que não cria valor mas se subordina ao capital, que o cria – sendo, portanto, o pré-capitalismo e seu grupo dominante, o latifundiário-oligarca, subordinados dialeticamente ao capitalismo e ao empresário-capitalista[378]. A rigor, aqueles e seus assalariados é que são o *povo* brasileiro. Inventamos no Brasil uma coisa única: a população brasileira *está aqui*, mas *não é daqui*.

E quanto ao conceito de cidadania? Na sua definição clássica, ele pressupõe a existência da cidade. Cidadão é o que participa, através de direitos e deveres, da vida da cidade. Esse fenômeno político, como se sabe, nasceu na pólis grega, mas sua designação aparece na baixa Idade Média européia, quando as cidades começam a prosperar no interior ou na periferia dos feudos. Um país pensado como grande *cidade* tem *cidadãos*. Um direito exemplar: eleger governantes pelo voto; um dever: pagar impostos que viabilizem o governo comum. Seria fácil e simples se a cidadania não exigisse, além disso, a *consciência* da cidadania. Só se pode ser cidadão por intermédio da *ideologia* – isto é, um sistema de crenças e costumes não impositivo, que estimule o ingresso e a permanência na cidadania, "saber votar", saber cantar o hino nacional, reconhecer os símbolos nacionais (bandeira, armas da República etc.), respeitar os "vultos históricos", acreditar (em nosso caso) na fertilidade infinita do solo brasileiro, no "melhor futebol do mundo", coisas assim. Quem consegue internalizar a maior

---

377 *Desterritorializados primitivos* para distinguir dos de hoje que, ali mesmo onde moram, freqüentemente não sabem onde estão: "Dentro do atual sistema da natureza, o homem se afasta em definitivo da possibilidade de relações totalizantes com o seu próprio quinhão de território". SANTOS. Milton. *Técnica, espaço, tempo*. São Paulo: Hucitec, 1997, p. 19.

378 "Portanto, como diz o próprio Marx, 'a transição do capital à propriedade da terra' deve ser compreendida de duas maneiras, uma dialética, outra histórica. [...] No que diz respeito à transição dialética, ela deve ser entendida da seguinte maneira: o capital cria uma forma peculiar de riqueza, o valor baseado no trabalho. Mas também existe o 'valor dos agentes naturais' (terras agricultáveis, quedas d'água, minas etc.), que não são produtos do trabalho, mas que 'são objeto de apropriação, tendo por isso valor de troca, entrando assim nos cálculos de produção'". ROSDOLSKY, Roman. *Gênese e estrutura de O Capital de Karl Marx*. Rio de Janeiro: Contraponto/Eduerj, 2001, p. 46.

parcela dessa ideologia está pronto para ingressar na cidadania, participando de bom grado do sistema de direitos e deveres; quem só internaliza uma parte acabará meio cidadão ou não-cidadão. O que permite a uma pessoa fazer isto? Primeiro que tudo, a territorialização. Não basta que você *esteja aqui*, nascido aqui por acaso. É preciso que *seja daqui*, que a *terra* seja sua ou, ao menos, o seu corpo seja seu. Desse jeito a *terra* e o corpo se transformam em território e você em povo, capaz, pela ideologia, de se tornar cidadão. Parece, igualmente, que a escola "pública, universal e gratuita" é indispensável à cidadanização. Na escola é que se aprendem história, geografia, civismo, boas maneiras, respeito às autoridades, disciplina de trabalho, pontualidade (embora, na prática, se possa ser impontual), a cantar os hinos, hábitos de higiene etc., etc. Na escola, embora não se trate disso explicitamente, é que se aprende a pagar impostos e a votar. A escola dispensa os sistemas de repressão das situações históricas excepcionais (a ocupação estrangeira, tirania, domínio colonial, escravismo etc.). A cidadania é, pois, causa e efeito da conclusão da nação. Numa nação inconclusa como a brasileira, ela é uma falta, um sintoma e uma meta a ser alcançada, entre outros meios, pela reforma agrária e a escola pública universal e gratuita.

Em que pese a validade dessas considerações, freqüentes entre cientistas sociais, há uma pergunta incômoda: é possível e desejável a conclusão da nação nas circunstâncias de hoje?[379]

Da maneira como concebemos nação cinqüenta anos atrás, seguramente não, pois é certo que a idéia de nação se redefine sem cessar. Naquele momento, os estudos sobre "cultura brasileira", "identidade nacional" etc. partiram de uma voga nazifascista e visaram a criar consentimento ao poder do Estado capitalista periférico (como tipicamente foi o Estado Novo). Não é que Gilberto Freyre, Sérgio Buarque, Dante Moreira Leite e outros se filiassem à visão nazifascista. É que a agenda intelectual, naquela fase, se elaborou no bojo de uma revolução (a de Trinta) que não passou de capítulo da ascensão burguesa-industrial ao controle do Estado, finalmente alcançado com Vargas. Essa ascensão percorreu inúmeros "caminhos" políticos, psicossociais, ideológicos, simbólicos etc.

---

379 A principal dessas circunstâncias é o imperialismo dos EEUU: "Estado, Business Roundtable [associação dos executivos das empresas norte-americanas] e *mass-media* norte-americanos formam um todo ideológico (um amálgama de fins econômicos, políticos e culturais) visceralmente antitético a qualquer reivindicação de soberania nacional". SODRÉ, Muniz. *Reinventando @ cultura*. Petrópolis: Vozes, 1996, p. 71.

Foi quando nasceu, então, a idéia de "cultura brasileira". Ela não é um *fato*, um ser objetivamente existente, mas uma configuração ideológica, um artifício para dissimular (este, sim, fato objetivo) que a união dos brasileiros se dá por meio de uma atroz exploração social.

No mundo globalizado, o Estado-nação serve para garantir a especialização mundial do trabalho e, portanto, ainda que conquistado por forças anticapitalistas, não pode abandonar essa função, sob pena de se atrasar na produção e distribuição de bens materiais (atraso quantitativo e tecnológico) ou ser isolado implacavelmente do fluxo internacional – o que conduziria ao heroísmo cubano[380]. Esse o único sentido em que se pode falar em vitória final do sistema capitalista, embora repila a qualquer mente informada aceitar a vitória final de qualquer coisa. Outro problema: como fica, diante daquela função já predeterminada, o objetivo "progressista" de concluir a nação? Concluí-la para no final desempenhar uma triste função? Ocorre que há muitos fatores em jogo, boa parte incontroláveis, num processo de construção nacional como o nosso. A integração, que permitirá corrigir algumas de nossas desigualdades, deve deslocar a nossa posição no mercado mundial e conseqüentemente nos jogos e disputas interestatais (entre Estados-nações) globais. Por outras palavras, nossas mudanças não se darão num quadro mundial estático, mas em movimento, inclusive por pressão da integralização de um país do nosso tamanho e peso demográfico. Nesse prognóstico há, é claro, uma dose de otimismo e de vontade – mas pelo menos esta última é um fato objetivo (desde que consigamos, naturalmente, passar da teoria à prática).

Por outro lado, questões antigas – como o chamado "pacto federativo", a soberania e o autonomismo das *nações* indígenas, por exemplo – têm hoje formulações muito diferentes do que no tempo de Vargas, ou mesmo da última ditadura militar. Outras novas, criadas no âmbito interno ou externo, às vezes nos dois concomitantemente, deslocaram de tal sorte as idéias de nação, nacionalismo, desenvolvimento nacional etc., que pensadores fecundos dos anos 50 (os *isebianos*, por exemplo) parecem falar de outro país. Quando se fala em *concluir a nação* não é, pois, no sentido antigo.

---

[380] Isto quer dizer, a rigor, que não há "governo de esquerda", como vão compreendendo muitos eleitores de Lula (2004). No governo, todo partido de esquerda tenderá ao centro. É o destino da *democracia*.

Como podem os intelectuais trabalhar para os pobres?

Vamos indicar três dessas questões, uma antiga, as outras duas recentes, que empurraram a idéia de nação para o que chamo, neste livro, *plano anterior* (ou *plano vertical de projeção*), dando cores vivas ao diagnóstico de nação inconclusa.

Um tema surrado capaz de ilustrar, no plano concreto e no teórico, a crise da nação, é o da falência da *história do Brasil*. A expressão designava uma "flecha do tempo", uma linha histórica que, vinda da colonização, atravessava a expansão territorial, a Independência e a República até chegar aos dias atuais. Talvez já não haja um só historiador convencido da *realidade* dessa linha – até aí o problema é teórico. Ocorre que essa linha (tão imaginária e vã como a de Tordesilhas) é que organiza o discurso dos políticos, as coleções de museu e os manuais didáticos. Tocamos aqui em um problema concreto da falência do nosso ensino de história (ou de estudos sociais) nos níveis fundamental e médio: sua chatice e impostura[381].

É possível salvar o ensino da *história do Brasil*? Se continuarmos a tratar a sua falência como conjuntural e pedagógica, circunscrita ao Setor de Currículos do Ministério da Educação, não o salvaremos. Ela é heurística, diz respeito ao abalo que a "ciência da história" sofreu em nosso tempo, e ideológica, decorrente da *crise brasileira*. A idéia de nação brasileira – para a qual convergiriam os fatos e etapas das histórias regionais – não se sustenta enquanto *Estado-nação*, mas apenas como um *fato de comunicação*, uma identidade que se afirma no plano da cultura ou não se afirma. As mídia impressa e eletrônica já não podem ser demonizadas: a idéia de nação que elas instauram com o noticiário apocalíptico, as matérias mundo-cão e o bricabraque dos telejornais, é ilusão e realidade ao mesmo tempo, para mim como para qualquer menino de escola em Porto Alegre ou Manaus. Ou o ensino da história incorpora criticamente esse *estilo estético*[382] do fim do século, retornando ao *status* de *gênero literário*, que já teve, ou morre de vez, *disciplinada* no interior do seu método: na atualidade de nossa civilização, nenhuma forma de saber escapa ao contágio das outras.

---

[381] Anos atrás li a resposta de uma estudante à pergunta "por que você não gosta de história do Brasil, se é a *sua* história?" "É que me dá a sensação de estar sendo enganada. Se todos aqueles caras, Cabral, José Bonifácio, Caxias, Getúlio, foram grandes homens, como é que o Brasil hoje é essa m......?"

[382] A expressão é de Michel Maffesoli. *A contemplação do mundo*. Artes e Ofícios: Porto Alegre, 1995.

Outra questão, esta recente, é posta pela chamada *visão sistêmica* da comunidade mundial – maneira de ver que a toma como um sistema integrado e, como tal, tendente ao equilíbrio e à harmonia entre os Estados nacionais[383]. É uma visão idealizada, sem dúvida, mas estribada num fato histórico: a planetarização e cibernetização das relações internacionais, e mesmo as intranacionais, que passaram a ser descritas com ajuda de categorias como *entropia, homeostase, input, output, feedback* e outras. Logo se vê que a visão ou teoria sistêmica é o correspondente sociológico da tecnoburocracia – e ambas se afirmaram como "conteúdo de idéias" da economia e comunicações globalizadas. Não se trata, pois, de negá-las *in limine* (a *visão sistêmica* e sua irmã gêmea, a tecnoburocracia) mas de relativizá-las, *viajando* nas possibilidades de conservação ou de mudança social que oferecem. O "ultrapassado" Mao Tsé Tung escreveu em alguma parte do livrinho vermelho que o comunismo, para ele, não era uma filosofia ou visão generosa, mas um martelo para dar na cabeça dos inimigos do povo. A Internet não deletou o martelo.

Os primeiros profetas da "aldeia global" anteviram para o século 21 uma consciência coletiva pairando sobre a terra, densa *sinfonia eletrônica* em que as nações viverão em uma *teia de sinestesia espontânea*[384]. Ora, quem diz sinfonia (do grego *sun*, com, e *phônê*, som) diz combinação de sons diferentes, e quem diz sinestesia diz encontro de sensações (*aisthêsis*) distintas. No futuro, esgotadas as possibilidades de nações econômicas e mesmo políticas, estas poderão sobreviver como vozes e sensações peculiares. Ao administrador de *mentalidade objetiva* essas considerações cheiram a profetismo. Mas esse é o efeito mais objetivo da globalização, a conseqüência mais lógica da *teoria sistêmica* que muitos adotam: a desterritorialização. Por outras palavras, a nação deixaria de ser geopolitizada para ser culturalizada.

A questão, como se vê, é saber até que ponto ainda se pode falar de nação. As noções de projeto nacional, imperialismo[385], dependência e outros – e ainda que se desconte o que há de idealizado na *teoria sistêmica*

---

383   Ver entre outros: LUKMAN, Niklas. *Sociedad y sistema: la ambición de la teoria.* Barcelona: Ediciones Paidós Ibérica, 1990; IANNI, Octávio. *Teorias da globalização.* Rio de Janeiro: Civilização Brasileira, 1995.

384   Marshall McLuhan e Bruce R. Powers. *The global village.* New York: Oxford University Press, 1989.

385   "O imperialismo acabou. E por que acabou? Porque o Estado não é mais a alavanca da economia. A economia venceu o Estado. Os Estados Unidos não precisam de força para invadir. Eles invadem pela cabeça". CARDOSO, Fernando Henrique, *in Veja*, ano 32, nº 51, 1999. A entrevista é anterior às invasões do Afeganistão e Iraque.

– já não dariam conta integral do que acontece no mundo. No plano interno, não passa de um constrangimento econômico (o mercado nacional), sonoro (o hino, por exemplo) e visual (como a bandeira), que não inclui as "expressões vitalistas" da sociabilidade popular[386].

Não seria mais possível concluir a nação no plano econômico (como base para sua integração cultural), pois o que há agora são *economias-mundo*, na expressão de Wallerstein:

"Uma economia-mundo é construída por uma rede de processos produtivos interligados, que podemos denominar cadeias de mercadorias, de tal forma que, para qualquer processo de produção na cadeia, há certo número de vínculos para adiante e para trás, dos quais o processo em causa e as pessoas envolvidas dependem. Nesta cadeia de mercadorias, articulada por laços que se cruzam, a produção está baseada no princípio da maximização da acumulação do capital"[387].

Desse jeito, se vale a intuição de Wallerstein e até que se firmem outras categorias e explicações, os pensadores de esquerda se vêem forçados a arquivar algumas de suas convicções. A própria mudança social, sua pedra de toque, teria se tornado, para alguns, um subproduto do *shopping center global*[388].

O Estado não é "de esquerda", é certo, mas não é também "de direita". Ele não se move pelo desejo de mudar ou conservar, como os partidos políticos, os movimentos sociais e as ONGs. Sua função, num país como o nosso, é, incansavelmente, jogar renda para cima, qual um Robin Hood ao contrário, e sua *tarefa histórica* seria concluir a nação burguesa. Se a revolução tecnológica na comunicação e a mobilidade transnacional do capital tornaram essa tarefa impossível, lhe cabe redefinir os conceitos e categorias com que opera e, em seguida, redimensionar os seus objetivos. Sobre essa redefinição e esse redimensionamento é que ór-

---

386 "Porque é bastante viável a hipótese de que, junto a setores ponderáveis do funcionamento social contemporâneo, opere uma lógica de cultura mais 'sofística' do que 'platônica', isto é, uma lógica que assume abertamente a ilusão como via para a experiência do real, em oposição à seriedade da razão institucionalizada. As expressões vitalistas que colocam em primeiro plano o ócio, a diversão, o gozo do momento presente, sempre constituíram-se, e assim permanecem, como práticas correntes em amplos setores da vida social". SODRÉ, Muniz. *Reinventando @ cultura*. Petrópolis: Vozes, 1996, p. 35.

387 WALLERSTEIN, Immanuel, op. cit., p. 2-3.

388 "Dissolvem-se [na atualidade] as características de rigidez do sujeito e do objeto sob pressão de extrema mobilidade e aleatoriedade tanto dos novos modelos de funcionamento da vida social (postos sob a égide do capitalismo financeiro) quanto de velocidade e 'desrealização' operados pelas novas tecnologias de informação". SODRÉ, Muniz, op. cit., p. 56.

gãos de cultura – agências de poder que operam no *plano anterior* (plano vertical de projeções) – deveriam ser os primeiros a falar.

Os serviços que o Estado prestou ao desenvolvimento capitalista são fáceis de ver. Legalizou e proibiu, sucessivamente, formas de trabalho escravo, criou e estabeleceu legislação para o trabalho livre, impôs limites aos deslocamentos geográficos da força de trabalho, reprimiu sistematicamente os inconformados com a *ordem* e assim por diante. Pode fazer isso utilizando alguns poucos instrumentos, materiais e simbólicos, impositivos e consensuais, legais e ilegais: a jurisdição territorial (soberania), a organização e controle das relações de produção, a cobrança de impostos, o monopólio da força etc. No tempo histórico que conhecemos (salvo por períodos e sob regimes excepcionais) nenhum desses instrumentos foi usado com *neutralidade*, mas para acumular capital. Num fastigioso "me-engana-que-eu-gosto" (o interesse público, a governabilidade etc.), o Estado socializa prejuízos e privatiza lucros. O caso brasileiro não tem sido diferente. Francisco de Oliveira mostrou que para se construir o pretenso mercado auto-regulado dos neoliberais, que dispensaria tudo o mais a não ser os próprios critérios de lucratividade, se faz necessário muito Estado, muitos recursos públicos[389].

Em suma, a *teoria sistêmica*, a que vêm aderindo, com ou sem consciência, os responsáveis pelas máquinas do Estado em todo o mundo, trouxe à tona problemas que só os órgãos de cultura têm competência para enfrentar – e que não podem ser tratados como insumos ou *inputs*. É o caso, por exemplo, da *ocidentalização* do mundo. A tendência vem das grandes navegações no século 15: os europeus, com seus cavalos e pólvora, é que chegaram aos outros continentes, e não o contrário. Nos

---

[389] "O que torna o fundo público estrutural e insubstituível no processo de acumulação de capital, atuando nas duas pontas de sua constituição, é que sua mediação é absolutamente necessária pelo fato de que, tendo desatado o capital de suas determinações autovalorizáveis, detonou um agigantamento das forças produtivas de tal forma que o *lucro capitalista é absolutamente insuficiente para dar forma, concretizar*, as novas possibilidades de progresso técnico abertas. [...] O fundo público, portanto, busca explicar a constituição, a formação de uma nova sustentação da produção e da reprodução do valor, introduzindo, mixando, na mesma unidade, a forma valor e o antivalor, isto é, um valor que busca a mais-valia e o lucro, e uma outra fração, que chamo antivalor, que por não buscar valorizar-se *per se*, pois não é capital, ao juntar-se ao capital, sustenta o processo de valorização do valor. Mas só pode fazer isso com a condição de que ele mesmo não seja capital, para escapar, por sua vez, às determinações da forma mercadoria e às insuficiências do lucro enquanto sustentação da reprodução ampliada. A metáfora que usaria vem da física: o antivalor é uma partícula de carga oposta que, no movimento de colisão com a outra partícula, o valor, produz o átomo, isto é, o novo excedente social". OLIVEIRA, Francisco de. *Os direitos do antivalor*. Petrópolis: Vozes, 1998, p. 31 e 53.

últimos cinqüenta anos, ocidentalização se tornou, enfim, sinônimo perfeito de modernização. Se difundiu a crença de não haver modernização sem cópia da maneira ocidental de estar no mundo, o que decretaria a morte "para sempre" – como diziam as sentenças de morte da Coroa portuguesa – da história e da geografia. Diversos pensadores, aqui e fora, vêm mostrando, contudo, que, nos interstícios da ocidentalização do mundo, se abrigam fragmentos de outros processos civilizatórios, com seus valores e sentidos, capazes de temperar, e mesmo desviar, os rumos do hegemônico: a "gaiola de Weber" já não é inexorável:

"Como as pessoas não acreditam mais que o indivíduo importante seja o sujeito indiscutível da história, elas têm procurado a proteção de grupos. O novo tema geocultural já foi proclamado: é o tema da identidade, identidade que se cristalizou em um conceito vago chamado 'cultura' ou, para ser mais exato, 'culturas'. O novo tema apenas cria um novo dilema na agenda geocultural"[390].

Cultura tornou-se também, pois, sinônimo de identidade grupal, se apresentando como solução objetiva para a crise do individualismo: um problema não surge sem sua solução implícita.

Caberia aos órgãos federais de cultura, em primeira instância, e aos estaduais e municipais, em segunda, explorar as possibilidades escondidas sob a capa da modernidade triunfante. É uma tarefa política ambiciosa, mas a única capaz de justificar, aos olhos da sociedade, as verbas (magras) que esses órgãos consomem – abrindo, ao mesmo tempo, possibilidades de ação dos intelectuais interessados em trabalhar para os pobres.

Ministérios da Cultura?

Em 1996, a Câmara da Reforma do Estado encarregada por Fernando Henrique Cardoso de discuti-la e aprová-la constou de cinco ministérios, do Estado Maior das Forças Armadas e da Secretaria-Geral da Presidência da República. Por que o Ministério da Cultura não integrou aquela Câmara?

No discurso de posse (01/10/95) o Presidente sugerira, indiretamente, que um Ministério da Cultura serviria para promover a identidade cultural, "cimento das nações", e os nossos valores e estilo próprios, tão

---

[390] WALLERSTEIN, Immanuel. *Capitalismo histórico e civilização capitalista*. Rio de Janeiro: Contraponto, 2001, p. 139.

indispensáveis à construção da cidadania, segundo ele, quanto os direitos individuais. Talvez não fosse mera retórica, mas o Ministério da Cultura nunca – e não parece diferente no governo Lula (março de 2004) – foi chamado a integrar o que se convencionou chamar Núcleo Estratégico do Estado. Excluído da formulação de políticas, cobrado por produtos que não consegue oferecer, minguado de verbas e repartido em setores narcisistas, o MINC tem servido para pouco ou nada. Além do mais, a tecnoburocracia, de que são reféns os países modernos ou em modernização, busca exercer o monopólio das diretrizes políticas, relegando as instituições da cultura a promotoras de eventos e/ou informantes do estado psicossocial da população, credoras permanentes, dessa forma, das migalhas do orçamento. Se cria para os trabalhadores da cultura – intelectuais e técnicos dos órgãos de cultura – a compulsão de justificar, a cada passo, a sua função e seus pedidos de verba.

Não é de estranhar, portanto, a ausência do MINC nas discussões sobre a Reforma do Estado. O MINC não está aparelhado para oferecer a ela qualquer contribuição, uma vez entendida como assunto técnico-administrativo. As razões da sua exclusão derivam de uma visão conservadora da crise do Estado brasileiro, o que induz, por sua vez, a propostas tecnoburocráticas da reforma do aparelho do Estado.

No entanto, em sua curta vida, a política cultural brasileira já teve um momento de força e criatividade: o da gestão Aloísio Magalhães (1979-82) na Secretaria de Cultura, mais tarde Ministério. Não apenas seu titular desfrutou de prestígio junto à Presidência, como suas ações foram reconhecidas, até certo ponto, como importantes na estratégia de governo. É que, então, houve condições para se ir além das definições formais de política cultural ("fortalecimento e ampliação do estímulo às atividades artísticas e culturais" como patrimônio, cinema, bibliotecas, intercâmbio, vídeo, Casas de Cultura, museus etc.). Foi Aloísio, com efeito, o introdutor em política cultural das idéias contemporâneas de *bem cultural, paradesenvolvimento, metadesenvolvimento, contexto cultural*[391], *processo civilizatório* e outras. Que isso tivesse ocorrido sob o regime militar, apenas assinala o velho descompasso latino-americano entre democracia e processo cultural – chegou a dizer um cínico que entre nós as

---

391 Vide MAGALHÃES, Aloísio. *E Triunfo? A questão dos bens culturais no Brasil*. Rio de Janeiro: Nova Fronteira – Fundação Nacional Pró-Memória, 1985.

coisas só andam se a economia fica com a direita, a política com o centro e a cultura com a esquerda[392].

Aloísio Magalhães definiu mais de uma vez o que entendia por bem cultural: vários momentos, vários hábitos, vários costumes podem caracterizá-lo e lhe dar nascimento. Não é uma coisa estática, necessariamente fixa, mas depende de algumas constantes que possam ser identificadas, algo que tenha sido reiterado na trajetória do país. Aloísio distinguia o *bem em criação* do *bem já estabelecido* (ou vertente patrimonial): o primeiro devia ser protegido pelos órgãos de cultura, o segundo (as belas-artes, o livro, o pensamento etc.) repartido socialmente. O bem cultural, na sua definição, extrapolava "o belo e o velho": o gesto, o hábito, a maneira de ser das nossas comunidades se constituem no nosso patrimônio cultural. Evidente que as excelências, as sínteses maravilhosas, expressas nos objetos de arte, no prédio extraordinário de pedra e cal são pontos de representações de nossa cultura mas, em verdade, essa cultura é um todo, um amálgama muito mais amplo e rico, cujo extrato dá o perfil e a identidade da nação. A idéia de bem cultural andava no ar há tempo, o mérito de Aloísio foi convertê-la em diretriz política e "vendê-la" com sucesso ao último governo militar, conseguindo dele os meios institucionais – o Centro Nacional de Referência Cultural, a Fundação Nacional Pró-Memória, entre outros – que a viabilizaram.

Assim também a idéia de *paradesenvolvimento*. Enquanto o *metadesenvolvimento* – a expansão e desempenho dos grandes complexos empresariais – atua de cima para baixo e do centro para a periferia, o *paradesenvolvimento* cuidaria de incorporar ao desenvolvimento do país pequenos índices do espaço territorial, "etapa indispensável para que o metadesenvolvimento não se desvincule da realidade nacional, acarretando a perda de identidade cultural e eventualmente afetando mesmo a soberania nacional". Com essa idéia de *paradesenvolvimento*, função primordial da política cultural, Aloísio pretendia inserir a Secretaria da Cultura do MEC (embrião do MINC atual) no núcleo estratégico do Estado. Não conseguiu.

A terceira idéia *transformadora* daquele momento não era também, a rigor, novidade para intelectuais: *processo civilizatório*. Pressentida por

---

[392] Parece ter sido Ulisses Guimarães.

Rodrigo Mello Franco, entre outros, quando se fundou o Instituto do Patrimônio Histórico, nos anos 30, se torna com Aloísio Magalhães um horizonte da política cultural: passa de noção acadêmica a (digamos) insumo. Numa prática abandonada em seguida, os órgãos nacionais de cultura, em especial a Fundação Nacional Pró-Memória, começaram a investir seus recursos nas *zonas limítrofes* das culturas existentes no espaço brasileiro – os contextos culturais variados que nos singularizaram – fossem elas urbanas ou rurais, de origem européia, ameríndia ou africana. Os bens culturais passaram a ser identificados pela sua durabilidade no tempo, não pela sua procedência erudita ou popular, na suposição de que por apresentarem continuidade temporal acabariam por se projetar no futuro. A tarefa do Estado seria tão-somente identificar, preservar e dar a conhecer esses bens a outras culturas com que interagiam. A interação nessas circunstâncias, e ainda que Aloísio Magalhães pouco usasse a expressão, é o que se convencionou chamar processo civilizatório.

Não importam aqui as razões da inércia que se seguiu à administração Aloísio Magalhães. A globalização nos seus dois aspectos, o econômico e o comunicacional, bem como o caráter neoliberal dos últimos governos empenhados, em grau variável, na dinamização tecnoburocrática do aparelho do Estado, favoreceu o recuo da idéia de cultura, assim como da função dos órgãos encarregados de implementar políticas culturais.

Se ficarmos com o diagnóstico da proposta neoliberal do governo Fernando Henrique (1996) – não superada até aqui pelo governo Lula (2004) – a crise do Estado é fiscal, a do seu aparelho é de eficiência[393] e o MINC, portanto, para nada, ou pouco serve. É um luxo. Se fizermos outro diagnóstico, porém – a crise do Estado é a sua incapacidade de concluir a nação e a do seu aparelho a insuficiência da fórmula tecnoburocrática – o MINC terá um papel decisivo a desempenhar. É o instrumento melhor de que dispõe o Estado para encaminhar aquela tarefa, desde que aceite a redefinição e ampliação do campo da cultura e se reestruture internamente para isso. Uma *nação inconclusa*, como é o nosso caso, forçada a se globalizar e cibernetizar rapidamente, ao mesmo tempo que necessita completar certas tarefas – como a reforma agrária – necessita de um antídoto contra a uniformização decretada por aquelas circunstâncias históricas. Tomemos, de novo, o caso da

---

[393] Em 2002 mudou um pouco a proposta do governo, o diagnóstico nada.

cidadania. A imagem é de um balão que se infla sem cessar. Ocorre que a matéria de que é feito o balão vem mudando desde Vargas. Cidadania hoje passa pelo desejo e a representação, pelo sentido e o símbolo. A própria idéia de nação, como já dissemos, extrapola o plano geopolítico, tão desterritorializada que foram algumas de suas partes pela "nova ordem mundial". A *Constituinte-cidadã*, de 1988, reconheceu mesmo alguns novos direitos decorrentes dessa mudança subsumindo, por exemplo, os conceitos antropológicos de cultura e processo civilizatório:

"Art. 215. O Estado garantirá a todos o pleno exercício dos direitos culturais e acesso às fontes da cultura nacional, e apoiará e incentivará a valorização e a difusão das manifestações culturais.

§ 1º O Estado protegerá as manifestações das culturas populares, indígenas e afro-brasileiras, e das de outros grupos participantes do processo civilizatório nacional".

Cidadania enfeixa hoje diversos novos direitos: à informação, ao entretenimento, à diferença étnica e cultural e correlatos. Ressalta nela a "questão do negro" que, tomada apenas como "questão racial", não passa de sintoma da patologia do "branco", espécie de esquizofrenia brasileira. Contudo, o negro importa, e importa muito, enquanto anterioridade e enigma do nosso processo civilizatório[394]. Ele é uma das anterioridades – talvez a principal – da nossa maneira de ser. Ora, enfrentar e decifrar esse enigma bem seria tarefa para os órgãos de cultura, capaz de justificar diante da sociedade a sua existência e as verbas (magras) que recebe a cada ano.

Está claro que o MINC não poderá realizar qualquer dessas novas tarefas se continuar exaurindo suas forças e recursos com as atuais (2004) – belas-artes, audiovisual, museus, casas de cultura etc. É preciso reestruturá-lo para atender a essas áreas convencionais e às novas – informática, comunicação, etnias, entretenimento, processo civilizatório etc. – bem como as intermediárias de patrimônio, livro e outras. Poderia se tornar,

---

394 Quando o artigo constitucional manda o Estado proteger as manifestações das culturas indígenas e afro-brasileiras é objetivando, textualmente, zelar pelo processo civilizatório nacional. As Disposições Transitórias, no art. 68, por exemplo, deram ao MINC a oportunidade de realizar esse objetivo, uma vez que "comunidade" é um "sentimento", um "desejo", uma idéia e uma crença, *anteriores* à ocupação material da terra, competência, portanto, de um órgão federal de cultura. Reza esse artigo: "Aos remanescentes das comunidades dos quilombos que estejam ocupando suas terras é reconhecida a propriedade definitiva, devendo o Estado emitir-lhes os títulos definitivos".

em suma, Ministério da Cultura e Artes. Nas atuais circunstâncias é impossível a um ministro se encarregar sequer de pensar tantos setores e departamentos em que o seu órgão se divide. Seja ele quem for continuará "enxugando gelo", enquanto o MINC se afastará mais e mais do Núcleo Estratégico do Estado[395].

As questões teóricas

Que problemas teóricos se precisariam resolver antes de iniciar a gestão cultural num eventual governo de esquerda (ou de frente de esquerda) nas atuais circunstâncias brasileiras? (Quando se diz *teórico*, de modo algum se quer dizer intelectual, abstrato, sem sentido prático. Quer se dizer *político*, uma vez que sem teoria não há política. Nesse sentido, a prática dos *trabalhadores de cultura* e *produtores culturais*[396], por exemplo, será sempre teórica.)

O primeiro problema é: *o que vem a ser uma política cultural de esquerda?* Aparece, em seguida, o problema dos recursos humanos: *como se apresenta, por exemplo, o corpo de funcionários dos órgãos de cultura, quais as suas condições atuais e potencialidades para executar essa (ou qualquer outra) política?* Em terceiro lugar, o problema dos *recursos propriamente econômicos* (orçamento, financiamento, patrocínio etc.). Embora só o primeiro surja como problema teórico, os outros dependem da resposta à primeira questão[397].

Muitos intelectuais *classistas* acreditam que se o Ministério da Cultura e

---

395 Ainda que a reestruturação do MINC demande estudos específicos de legislação e administrativos, fiz certa ocasião (1996) uma sugestão de ordem geral. Para tratar das questões *nacionais* e *contemporâneas* na sua anterioridade (como a própria reforma do Estado, por exemplo), o MINC fundaria um núcleo permanente de política cultural, capacitado a promover estudos, pesquisas, debates, cursos e publicações. Lembrei haver um modelo à disposição no interior da própria administração federal, sem falar das *assessorias* e "programas" de ONGs, institutos partidários, fundações, centros de pesquisa etc. Hoje esquecido, o ISEB (Instituto Superior de Estudos Brasileiros), enquanto existiu, foi competente no seu propósito declarado: teorizar o desenvolvimentismo do governo Kubistchek. Subordinado diretamente ao Gabinete Civil da Presidência da República, o ISEB dividia-se em *cadeiras*, manteve biblioteca especializada, publicou e deu cursos em nível que hoje chamaríamos de pós-graduação *lato sensu*.

396 *Produtor cultural* (agenciador de projetos culturais) é uma profissão da "economia da cultura". Parece neutra, mas é a antítese do *trabalhador da cultura*. É uma privatização da política cultural.

397 O que é ser *de esquerda?* De esquerda é quem não desistiu de ser de esquerda. Conta-se que quando o cadáver de Caio Graco – um dos irmãos romanos que se bateram até à morte pela reforma agrária, 150 a.C. – ia ser atirado ao Tibre, uma velha profetizou: "Tua descendência povoará a Terra!".

as secretarias estaduais e municipais de cultura acabassem, a cultura acabaria. Têm uma visão burocrática da cultura. Já o tecnoburocrata crê no seguinte: sem mercado não há cultura. Para dar existência à cultura seria preciso, portanto, torná-la competitiva, o que se consegue aplicando as "normas universais de gestão": eficiência, competitividade, modernização, informatização, custo/benefício etc. Ora, a idéia de que a cultura deve gerar dinheiro como qualquer outra atividade, é a naturalização da cultura, a sua capitulação diante da tecnoburocracia e, em última análise, do que chamamos neoliberalismo. A idéia de que é um produto a transformaria num diálogo entre produtores e consumidores, fazendo coincidir perfeitamente cultura e ideologia do capitalismo tardio. Podemos imaginar que política cultural decorreria dessa visão racionalista[398], pois temos exemplos próximos e recentes. Destituída do seu caráter transformador, apenas serviria à reprodução, no plano das idéias e da arte, da dominação social. Uma política assim, quanto mais bem-sucedida, quanto mais recursos tiver à sua disposição, mais classista e injusta será.

Se pode opor outra visão a essa. Cultura seria, para começar, um conjunto de significados que atribuímos ao mundo. Assim como "mercadoria", é uma abstração. Não há um objeto, um ente mercadoria. Tudo pode ser mercadoria, desde que levado ao "mercado" (outra abstração), adquirindo um significado (valor de troca) diferente do que tinha antes. Capitalismo é o sistema social (ou modo de produção) que tendeu, nos últimos quinhentos anos, a impor o significado mercadoria a todos os objetos e entes. O capitalismo não é bom nem mau: é apenas o triunfo da mercadoria e a sua extensão a todos os atos humanos[399]. Se é assim, uma maneira de negar o capitalismo é atribuir aos objetos e entes outro significado que não o de mercadoria. O amor, a arte, a religião, a infância, a droga (por exemplo) são outros tantos significados que atribuímos ao mundo, com algo em comum: negam o significado mercadoria. Por definição são anticapitalistas (embora o capitalismo possa também lhes atribuir o signifi-

---

[398] "O mundo burguês é um mundo laico e profano, um mundo desencantado de onde os deuses se exilaram, mas a ideologia burguesa conserva os traços de uma visão teológica do real onde a Providência inteligente e boa dirige o mundo *ex machina*, elege os justos e pune os injustos segundo os desígnios que são os seus e não dos escolhidos nem dos condenados. No mundo burguês a Providência chama-se racionalidade". CHAUÍ, Marilena. *Cultura e democracia*. São Paulo: Cortez, 7. ed., 1997, p. 50.

[399] Apesar disso, Wallerstein faz a seguinte pergunta: "A civilização capitalista tem sido pior ou melhor que os sistemas históricos anteriores? [...] A civilização capitalista não tem sido somente uma civilização bem-sucedida. Acima de tudo, tem sido uma civilização sedutora. Tem conseguido seduzir até suas vítimas e oponentes". Op. cit., p. 118 e 119.

cado mercadoria, como se vê no caso do narcotráfico ou no *marketing* do Dia das Mães). *Fazer cultura* seria, nesta visão, o exercício de atribuir significados outros, que não o de mercadoria, aos objetos e entes.

Não há previsão para o fim da competição atual entre cultura e mercadoria, mas apenas a ameaça de os responsáveis pelos órgãos de cultura tomarem a economia de mercado como *fim da história,* no sentido de nada haver além dele e, nas suas ações e projetos, contribuírem para a transformação da cultura no seu contrário – em mercadoria. Lucro da cultura é um contra-senso. A realidade, nesse caso, é o lucro (ou renda), cultura é a ficção que ele engendra. O lucro (ou renda) empresta à cultura a sua irrealidade. A economia, desde as Cruzadas, transformou o mundo, mas o transformou apenas no mundo da economia: o inferno na terra. A cultura não é o céu sobre a terra mas, no começo do século 21, se converteu em arma eficaz contra a mercantilização do mundo.

Além da identificação entre cultura e mercado, outros perigos ameaçam uma política cultural que se pretenda de esquerda. O *elitismo*, para começar. Este não é a valorização do que pertence às elites, elevação ingênua do lixo ocidental à categoria de criações superiores do espírito – essa é a sua forma branda. Como chamar agora de arte um quadro de Picasso vendido a cem milhões de dólares? A ausência de sentido de uma peça de Beckett (por exemplo), sua incompreensibilidade e irracionalismo, em algum momento já produziram no espectador estranhamento diante do mundo, mas não na atualidade incompreensível e irracional criada pela extensão da forma-mercadoria – nessas circunstâncias a arte moderna já não é crítica, mas apologética, pouco se diferencia dos filmes de espionagem norte-americanos[400]. O elitismo é a idéia de que a cultura é um conjunto de produções superiores do espírito (as produções artísticas, como quadros, por exemplo, e intelectuais, livros, por exemplo), que o Estado deve proteger e difundir – a Paidéia da tradição clássica.

Esse pré-conceito de classe *não pode* compreender as criações do espírito como formas de comunicação, o que sempre foram mas, sobretudo, o que se tornaram neste começo de século[401]. *Não pode* também

---

400 "A estagnação e a falta de perspectiva da arte moderna correspondem à estagnação e à falta de perspectivas da sociedade da mercadoria que esgotou todos os seus recursos. A glória da primeira passou juntamente com a glória da segunda. Não será mais só a arte que decidirá se a arte tem ou não um futuro e em que consiste este futuro". JAPPE, Anselm. *Guy Debord*. Petrópolis: Vozes, 1999, p. 252.

401 Quando se diz, por exemplo, que hoje literatura é, antes de tudo, comunicação, é que o livro é uma *mensagem*, um objeto a que se pode fazer três perguntas: 1) as intenções do remetente, 2) as estruturas comunicacionais objetivas da mensagem, 3) as reações do receptor aos dois itens anteriores. Sendo o livro um sistema de *signos lingüísticos* é, ao mesmo tempo, um sistema de significantes e significados.

compreender que há cem anos (mais ou menos), com o surgimento da sociedade de massas, os meios de comunicação se tornaram um organizador (mediador) das relações sociais. Arte, idéias e crenças já não são o que eram no tempo de Rodin ou de Picasso: um espetáculo para humilhar as massas, fazendo-as acreditar que eram inferiores pela incapacidade de criar e fruir a "grande arte" e a "filosofia superior" originadas na Grécia. Arte, idéias e crenças (a *superestrutura* de Marx) são hoje o lugar em que se produz, predominantemente, a realização da mercadoria (mais-valia), a acumulação de capital e, em última instância, a exploração de classe. Hoje, as massas são autoras da sua própria exploração: o espetáculo é de todos para todos.

O problema do Teatro Municipal do Rio de Janeiro, por exemplo, que sai caríssimo aos cofres do Estado e aproveita a não mais que três mil assinantes, não é que ele é *de elite*, é que a telenovela das oito cumpre a sua *função espetacular* com muito mais vantagem e menor preço: integrando as massas a cada noite, humilhando-as com sua própria cumplicidade. O teatro convencional, o do *palco italiano*, pode também ser visto assim, mas, como espetáculo passivante, o pobre está fora[402]. Os que estão fora – o pobre, o preto, o "paraíba", o cafona etc. – garantem o essencial do teatro (a função de espelho social em que corpo e espaço se relacionam) e mantêm o espetáculo de corpos grotescos e espaços desmedidos do carnaval (por exemplo). Com a tecnocultura o pobre é posto para dentro e se torna co-autor de sua humilhação – e não seria esta, aliás, a natureza da *morte do teatro*, mil vezes anunciada? Como essas pessoas que passeiam nas ruas de camiseta com marcas de produtos, os telespectadores pobres saboreiam a própria mercantilização de seus corpos.

Um perigo embutido no elitismo é o *anacronismo*, que consiste em desconhecer as mudanças históricas que redefiniram o conceito de cultura. Da mesma forma, o *catastrofismo* que consiste em considerar barbárie qualquer expressão cultural da contemporaneidade e chorar a morte da

---

[402] O que chamamos teatro já chegou ao Brasil em *crise*. "Sob o influxo da imprensa e das Grandes Navegações, o teatro brasileiro é filho do encontro (choque, colisão) do europeu com uma alteridade radical. Os corpos e espaços das culturas indígena e negra produzem misturas e hibridizações, processos deflagrados nas lutas com e contra os modelos do homem branco. Daí a proliferação de monstros e diabos que tomam conta do palco de Anchieta para subverter-lhe o projeto de catequese". GADELHA, Carmem. *Corpora (investigação sobre poética do espetáculo)*, tese de doutorado, ECO, UFRJ, 2002, p. 6.

"cultura", da literatura, da arte, dos bons costumes, da boa educação etc. E enfim, o *sociologismo*, que consiste em pensar a cultura como mero reflexo das relações de produção.

Uma política cultural que pretenda ser inovadora (no sentido que a esquerda política dá a esse termo) deveria evitar, igualmente, *o corporativismo*, que consiste em acreditar que o primeiro compromisso de um governo avançado é com a corporação dos artistas e intelectuais. A cada campanha eleitoral, nos três níveis, se repete o mesmo espetáculo: artistas e intelectuais se reúnem em fóruns para apresentar reivindicações aos candidatos. Não distinguem *corporação* de *partido* nem este de *Estado*. Se alguém lhes diz que expressam uma velha idéia de direita, garantem que não há mais "esquerda" nem "direita", só o que querem é mais verbas para seus teatros, mais patrocínios para suas exposições e assim por diante.

As corporações existem para reivindicar proteção aos seus membros – nada de errado com isso. Os partidos, porém, existem para outra coisa: lutar pelo poder e conservá-lo quando chegam a ele sendo, portanto, uma esfera intermediária entre as corporações e o Estado. Deveriam, desse jeito, representar o poder de "todas as corporações" (partido fascista) ou de "toda a sociedade" (partidos democráticos, socialistas etc.). Quanto ao Estado, ele existe para distribuir ou concentrar renda (é um "transferidor de renda", para cima ou para baixo)[403]. Assim, o compromisso de um governo democrático (popular e/ou trabalhista, socialista, por exemplo) não seria com artistas e intelectuais, *enquanto corporação*, mas com os pobres. Toda a sociedade "faz cultura", mas os pobres a fazem em condições economicamente adversas. Aceitas essas premissas, o objetivo principal de uma política cultural de um governo de esquerda seria, pois, transferir renda, sob a forma de bens culturais, para os pobres.

Antes, de redefinir o conceito específico de cultura, é preciso saltar ainda uma armadilha: o *passadismo*. A idéia de que bens culturais merecem preservação por terem sido produzidos no passado é um entendimento conservador do que vem a ser *bem cultural*.

---

403 É preciso distinguir também *programas de governo* de *estratégias de governo*. Programas são expressões de reivindicações particulares e/ou corporativas e se estabelecem pela oitiva à sociedade. Estratégias são a adequação dos programas partidários a objetivos políticos. Os programas podem ser publicizados; as estratégias nem sempre. Apenas as estratégias podem livrar os políticos da vala comum dos programas. Os programas são casuísticos; as estratégias são teóricas, isto é, ligam os movimentos sociais a políticos.

Há muito caducou a sua identificação com o "monumento de cal e pedra" (como, por exemplo, as igrejas de Ouro Preto). Bem cultural é qualquer coisa (produto material ou processo simbólico) que vindo do passado se projete no futuro ou presente. Por outras palavras é qualquer coisa com *significado coletivo* que tenha permanência no tempo. Certas expressões de gíria, por exemplo, são bens culturais tão marcantes quanto palácios da burguesia cafeeira do vale do Paraíba: criadas num passado distante, seguem em uso até hoje (e provavelmente seguirão em uso por um certo tempo). Não é o grau de passado que identifica o bem, são o *significado comunitário* e a *permanência*. Funciona como as atiradeiras (bodoque ou funda) de menino: para atirar a pedra à frente tem que se dar um recuo. O bem cultural, artístico, histórico ou etnográfico será sempre *contemporâneo*. (Uma idéia recente sobre Patrimônio é a da sua esquizofrenia. Patrimônio seria uma função masculina, consiste em guardar, tomar conta, preservar. Ocorre que a coleta e guarda de um bem cultural – uma máscara de bumba-meu-boi, por exemplo – é a sua morte. Ele só vive em *matrimônio* com outros bens, o que precisamente lhe confere o caráter de bem cultural. Cultura seria, pois, como escrevi em certa altura deste livro, nesses termos, uma função feminina, oposta a *patrimônio*.)

Afastados esses e outros perigos, se pode propor uma definição funcional, talvez inovadora, de cultura e de política cultural. Ela exclui, desde logo, a definição de cultura como "conjunto dos produtos culturais" e descarta os esforços de intelectuais *progressistas* para convencer a burocracia financeira da lucratividade da cultura. *Cultura é todo e qualquer fato social desde que projetado em épura, situação em que se tornarão visíveis e mensuráveis suas partes e seu todo de fato tridimensional. É uma forma de comunicação, um circuito, que pode estar em todo lugar e em lugar nenhum, capaz, na atualidade, de organizar parte das relações sociais e, portanto, de ensejar ações do Estado em favor dos pobres.*

Ações em favor dos pobres

O Estado, em qualquer circunstância, é autoritário. Só se pode ter uma polícia, uma moeda, uma lei e assim por diante. Se pode colocar o Estado a serviço da democracia em qualquer de suas formas – a burguesa, a socialista, a populista... – mas por definição ele não pode ser democrático. No que se refere à riqueza, como já disse, funciona como um *transferidor de renda*, para cima ou para baixo. Em política cultural se vê isso: nossas políticas culturais sempre alocam suas verbas em rubricas tradicionais (teatro, museus, patrimônio, música *clássica* e *popular*). Como inverter a mão? Uma política que apenas faça *render* mais os produtos culturais é insuficiente para inverter a tendência conservadora, pois onde estiver a mercadoria aí estará a dominação encarnada. Só uma política que estimulasse *processos* ao invés de produtos, *circuitos* ao invés de lugares, a *centralidade* e a *anterioridade* de tudo, ao invés da produção de objetos de cultura, seria inovadora. Uma tal política permitiria ao Estado, quem sabe, *transferir* renda para os pobres.

Na procura de uma política cultural de esquerda (comandada por *trabalhadores da cultura*) devemos considerar ainda a *crise* do Estado contemporâneo. Os Estados atuais não concentram renda, como os antigos. Enquanto a demanda social cresce a progressão geométrica, sua capacidade de atendê-la (quando cresce) é a progressão aritmética. Quem acredita que um governo pode, por exemplo, sanear todas as valas negras da capital ou construir um centro cultural em cada município? Se pode, é claro, aumentar a dotação para a cultura no orçamento dos estados mas, enquanto se tomar cultura como *produto* e/ou *criações superiores do espírito*, os órgãos de governo (quando bem-intencionados) lembrarão o pobre Sísifo, carregando para o alto da montanha, por toda a eternidade, a pedra que tornará a rolar.

Pode ser diferente? Sempre pode ser diferente, salvo para os convertidos ao *pensamento único* ou unanimidade burra. Há o recurso à crítica pontual, semelhante à guerrilha mas, provavelmente, a "apagada e vil tristeza" da política só se poderá enfrentar com formas novas de radicalidade. Em janeiro-fevereiro de 2001, por exemplo, rebeliões e tentativas de fuga sacudiram os sistemas prisionais de Rio, São Paulo e Minas. Foram a resposta radical dos campos de concentração para pobres não domesticados em que se tornaram nossas prisões, o resultado anunciado da substituição de políticas sociais por "políticas de segurança", chantagem de direita a que se renderam muitos partidos e intelectuais de esquerda. Onde prosperam *políticas de segurança* morrem todas as outras. Ganhar votos da classe média com promessa de "mais segurança" é uma radicalidade, a do poder, pois só se consegue isso com mais e mais repressão. Qualquer das nossas penitenciárias lembra fornalhas de gente. Queima junto a última utopia da classe média: o malandro simpático, o favelado boa-praça, a crioulinha contente, babá ou cozinheira. A exploração social aumentou, dos anos 50 para cá, só que a juventude pobre não continuou domesticada – por trás das grades de segurança máxima nos espia com toucas ninja. A cadeia é uma universidade antiburguesa[404], lá se juntam os filhos insubmissos dos pobres.

Que pode o intelectual de classe – classificado pela profissão de pensar sistemático – fazer pelos desclassificados dos campos de concentração? Subtrair armas do arsenal das classes e entregá-los aos lutadores dos campos de concentração: que usem contra nós a teoria dos Direitos Humanos, a Constituição, a desmitificação da ordem, da política e da cultura. Consciente do caráter conservador de qualquer política, ele praticará então (como diziam os intelectuais de Weimar) suicídio social.

Conta Tucídides que durante a guerra do Peloponeso houve um dramático enterro de soldados em Atenas. O fantasma do aniquilamento rondava a cidade. Muitos, em desespero, queriam arriscar tudo numa batalha. Péricles fez, então, um discurso insólito:

"Intervimos todos, pessoalmente, no governo da pólis, quer pelo nosso voto, quer pela apresentação de propostas. Pois não somos dos que pensam que palavras prejudicam a ação. Pensamos, ao contrário, que é perigoso passar aos atos antes que a discussão nos tenha esclarecido sobre o que se deve fazer".

É semelhante a situação da cidade brasileira. Sitiados por miséria e crime, nosso ofício e enterrar mortos, enquanto as autoridades de classe (sic), à direita e à esquerda, fazem o antidiscurso de Péricles: palavras atrapalham a ação. Esse discurso da ação obedece a uma lógica simples: o *ethos urbano gera violência que tem de ser reprimida pelos órgãos de segurança*. Esta lógica está subsumida a outra, menos simples: *as desigualdades sociais urbanas (de renda, de qualidade de vida, de educação etc.) geram diversos problemas (entre eles a criminalidade) que têm de ser resolvidos pelo governo*. A lógica simples e a lógica menos simples

---

[404] Ou talvez burguesa. Eis o que ensina um especialista (James Wygand, presidente da Control Risbas, ex-presidente da Kroll – uma das maiores empresas do mundo em investigação e segurança): "Pode ser que existam alguns criminosos por necessidade, mas estes são ladrões de pequenos crimes, que roubam para sobreviver no dia-a-dia. [...] O criminoso faz uma análise de mercado, determina onde vai investir tempo, recursos e trabalho. Ele pesquisa, procura novos métodos para fazer melhor aquilo. Ninguém faz isso por necessidade básica de sobrevivência, porque a barriga está roncando de fome. São empreitadas comerciais". Revista *Veja*, ano 32, nº 46, 17 nov. 1999.

são variantes do mesmo *discurso da ação*, a primeira expressando uma consciência de direita, a segunda de esquerda – como o albatroz na véspera da tormenta, o homem de ação surge no horizonte ao alvorecer de toda crise[405].

É possível contrapor a esse *discurso da ação* um *discurso da palavra* (no sentido de Péricles)? Nas atuais circunstâncias da cidade brasileira, do país e do mundo é difícil. Faz parte do *pensamento único* a certeza de que os problemas estão já pensados, o que importa agora é agir. No entanto, nessa mesma incapacidade que tem o *discurso da ação* de aceitar as *palavras* reside a sua inferioridade heurística e, em última instância, o seu conservadorismo. O receio de Péricles era que, movidos pela dor, os cidadãos partissem do cemitério para o campo de batalha – tal como os presos brasileiros que partem, a todo custo, para o confronto com as tropas especiais que os sitiam em nome da Justiça. Para ele, ao contrário, não se tratava de denegar a ação, mas de reencaminhá-la pela palavra: "não somos dos que pensam que palavras prejudicam a ação". Eis em suma a lição de Péricles: a ação não compreende a palavra, mas a palavra compreende a ação[406].

Imaginemos, por exemplo, um candidato a prefeito em qualquer de nossas cidades, disposto a contrariar a mesmice das campanhas eleitorais, a trocar o discurso da fala pelo da palavra[407]. Ele começaria *palavreando* (sic) uma política de desenvolvimento social para o seu município. Seja qual for essa política, ele deve apresentá-la como função intransferível do poder público. O crescimento social (aumento de população, ampliação da rede urbana, diversificação de padrões de acumulação etc.) tem um caráter espontâneo, corresponde ao que chamamos dinâmica social, ao passo que desenvolvimento social seria a ordenação desse crescimento pelo poder público, visando a sistematizar os seus fatos.

---

405 "Na história, tão pronto começa a aparecer o homem de ação e a falar-se dele e cortejá-lo, é que sobrevém um período de rebarbarização. Como o albatroz na véspera da tormenta, o homem de ação surge no horizonte ao alvorecer de toda crise". ORTEGA y GASSET, José. *En torno a Galileo*. Apud KUJAWSKI, Gilberto de Mello. *A crise do século XX*. São Paulo: Ática, 1988.

406 Palavra tem aqui o sentido grego original de comparação, alegoria sob a qual se esconde algum ensinamento ou verdade: *parabolê*. Não é o sentido de fala, imitação. Os políticos, em geral, só têm o dom da fala – falam o mesmo que os livros didáticos, as exposições de museus, o senso comum. A palavra, nesses casos, vira círculo vicioso: um reproduz a fala do outro.

407 Fala é a palavra publicizada e estandartizada. "A palavra [então] torna-se um clichê, governa o discurso ou o texto: a comunicação, desse modo, afasta o desenvolvimento genuíno da significação". SANTOS, Milton. *Técnica, espaço, tempo*. São Paulo: Hucitec, 1997, p. 22.

Como podem os intelectuais trabalhar para os pobres?

Como as demais funções do poder público, o desenvolvimento social deve ser planejado. Se entende por planejamento mais do que um exercício técnico e quantificador. Planejamento é um ato político que decorre de uma certa concepção do natural, do social, do político, do humano e assim por diante. O começo do planejamento está, portanto, antes dessa região em que se elegem as prioridades (o político). Está no *plano anterior* (plano vertical de projeção) dos conceitos e das categorias (a das *palavras*, no dizer de Péricles) e é, portanto, um exercício teórico. É perigoso, como discursava o estadista ateniense, passar aos atos antes que a discussão nos tenha esclarecido sobre o que se deve fazer. Além do mais, assistimos hoje no Brasil ao esgotamento das políticas assistencialistas, pragmáticas por definição[408]. Os cofres do Estado não suportam – tanto quanto o setor moderno, capitalizado da sociedade – inversões sem retorno na área dita informal, descapitalizada e miserável. Num beco sem saída, o poder público no Brasil está condenado a revisar os fundamentos da sua ação, a buscar, portanto, no *plano anterior* a renovação das políticas que empreende.

Serve de exemplo a idéia de crise brasileira. Não é que esteja na competência do intelectual de classe, ou qualquer outro, resolvê-la. Quando se buscam soluções para a crise, o resultado é mais crise. Ninguém resolve a crise, pois ela não passa de uma maneira de ser, um conjunto de impasses que nos constitui em cada momento e cuja superação, unicamente, conduzirá a novo momento histórico; superação contida desde logo, aliás, como possibilidade, no âmbito desses mesmos impasses[409]. É que a crise brasileira não existe em abstrato, mas concretamente em nosso cotidiano, nós a vemos ao olhar da janela, ao parar no sinal, ao entrar num hospital ou num campo de concentração para pobres indomáveis.

---

408 Como o *Fome Zero*, do governo Lula (2004).

409 "Pode-se descrever uma crise sistêmica como a situação em que o sistema chegou a um ponto de bifurcação, ou ao primeiro de sucessivos pontos de bifurcação. Ao se afastarem de seus pontos de equilíbrio, os sistemas chegam a essas bifurcações, onde múltiplas soluções para a instabilidade, por oposição a uma única, se tornam possíveis. Nesses pontos, o sistema vê-se diante de uma escolha entre possibilidades. A escolha depende tanto da história do sistema como de força imediata dos elementos externos à sua lógica interna". WALLERSTEIN, Immanuel. *Capitalismo histórico e civilização capitalista*. Rio de Janeiro: Contraponto, 2001, p. 135.

Do Poleiro Sideral

Em algum lugar, Marx se perguntou por que os pobres trabalham para nós. A resposta pareceu clara: por necessidade, religião, moralidade, hábito, medo do cárcere etc. Já a minha pergunta (*como podem os intelectuais trabalhar para os pobres*) implica um mal-estar, uma má-consciência antiga (ver o capítulo *Histórias*) e talvez um imperativo ético.

Por que intelectuais como eu querem trabalhar para os pobres? Para começar, *eu desejo* trabalhar para os pobres para que os pobres continuem a trabalhar para mim. Há um *lucro* específico tanto em defender causas universais – já se disse que o intelectual é o advogado do universal – quanto dos pobres, espécie de mais-valia representacional recolhida pelas universidades, as ONGs, os institutos de pesquisa, as editoras de ciências humanas, a UNESCO etc. A compra de trabalho com trabalho é uma forma pré-histórica de troca que sobrevive no interior do mercado capitalista, dando ao intelectual a impressão de que paga os serviços prestados pelos pobres com idéias e cultura. Para essa forma desaparecer, e com ela aquela *boa-consciência*, será preciso que o intelectual de classe (crítico ou compassivo, aliado do capital, do trabalho ou do não-trabalho) se negue em face do intelectual dos pobres. Numa palavra, que se suicide enquanto tal. Em que *lugar* fará isto? No Estado ampliado de hoje, espécie de *publisfera* criada pelo encontro dialético da reprodução capitalista privada (que engendra *valor*) com a reprodução estatal (que engendra *antivalor*).

Economistas demonstraram que, pelo menos desde a Revolução de Trinta, o capitalismo brasileiro se reproduz por meio da criação de dois tipos de valor – o privado, que engendra o lucro direto dos empresários, e o público, que engendra o seu lucro indireto, espécie de antivalor. Francisco de Oliveira, por exemplo, utiliza a metáfora do átomo: a colisão de uma partícula de carga positiva com outra de carga negativa é que lhe dá origem. Em nosso sistema, o encontro do valor (privado) e do antivalor (público) é que tem sido o motor da reprodução capitalista (criação do excedente social apropriado pelos capitalistas). A filha e secretária de Getúlio Vargas conta que, durante o Estado Novo, ele encerrou impaciente uma reunião com empresários: "Ainda por cima tenho que ensinar vocês a serem capitalistas?!". Mesmo que seja folclore, é revelador: o Estado brasileiro, em face do capital, lembra o vivo-carregando-o-morto do Boi-bumbá.

Figura 1

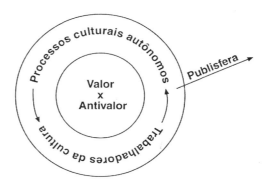

Esse fenômeno – o financiamento dos negócios pelos fundos públicos[410] – não é exclusivo do Brasil, mas um traço do sistema capitalista em toda a sua história e geografia. A novidade está em que, nas condições de hoje, é impossível dispensar os fundos públicos na reprodução do sistema. O Estado já não serve ao capital só pela manutenção da ordem e a desregulação dos negócios *quando eles precisam*, como antes. O progresso técnico e científico da atualidade que engendra, por sua vez, um assombroso excedente social, não pode mais ficar a cargo do lucro capitalista privado, mas do conjunto de inversões direta ou indiretamente produtivas a que chamamos fundos públicos. Essas considerações ganham interesse quando saem da economia e passam ao plano da luta pelo poder – ao plano político.

Para começar, o Estado (provedor dos fundos públicos) se coloca hoje como *anterior* ao jogo econômico. Ao contrário do que parece, ele já não é a guarda pretoriana do lucro privado depois que este se acumulou (exceto nas situações especiais de ditaduras). Ele é agora o seu *Fiat*, o seu motor principal. Essa *anterioridade* do Estado se casa com a sua ampliação – do Welfare State para cá ele só tem feito crescer. Como o

---

[410] Os principais fundos públicos são os recursos para ciência e tecnologia, os subsídios para a produção (garantindo, por exemplo, a competitividade das exportações e a atualização dos setores de ponta), os recursos dos bancos e empresas estatais, as intervenções no *open market*, a valorização dos capitais através da dívida pública etc. Não se pense, contudo, que o fundo público é apenas a expressão dos recursos estatais destinados a sustentar ou financiar a acumulação de capital, ele é um *mix* da lógica privada e da pública (Francisco de Oliveira).

Estado acumula cada vez menos renda (proporcionalmente), parece um contra-senso que se venha ampliando. Do ponto de vista contábil, de fato, todos os Estados (ricos ou pobres) se debatem em "crises fiscais" decorrentes, em parte, da própria desterritorialização dos negócios: os ganhos fiscais se internacionalizaram, mas o financiamento da reprodução do capital e do trabalho (a Previdência Social é só um exemplo) continuou tarefa dos Estados-nação. Por outro lado – está aí o contra-senso – esses Estados-nação ganharam uma responsabilidade histórica que não tinham antes, mesmo o Estado dito keinesiano (do Bem-estar Social). Ampliação, portanto, da sua responsabilidade social, isto é, política. Através dos fundos públicos – massa de recursos econômicos mobilizados por um arsenal de instrumentos regulatórios – o Estado regula e/ou desregula, mercantiliza e/ou desmercantiliza, sem cessar, o fluxo da riqueza. Com isso, e ainda que continue um transferidor de renda para cima, foi se descolando do capital, ganhando autonomia relativa. Relativa e oportuna, uma vez que acaba repondo para os adversários sistêmicos do capital uma velha opção: lutar pela destruição liminar do Estado democrático-burguês ou, tirando partido das novas circunstâncias, lutar para torná-lo um instrumento de socialização da riqueza.

Essa obviedade (o capitalismo e o Estado já não são os mesmos) sugere que o intelectual de esquerda já não será também o mesmo. Brecht escreveu em algum lugar que de nada serve partir das coisas boas de sempre, mas sim das coisas novas e ruins. O Estado tem agora nova função, o que significa novas contradições com o sistema econômico do capital, um novo *front* como se diria nos anos 60. Aí, transformado em *trabalhador da cultura* (visto que a cultura aparece agora como *plano anterior* dos fatos sociais) o intelectual-para-os-pobres passa a estimular *processos culturais autônomos*, acabando por realizar sua máxima potência e finalidade: desaparecer enquanto tal.

Por outras palavras, se a esfera do privado "revelou-se insuficiente para de alguma maneira processar o conflito na sociedade burguesa"[411], está aberta uma nova frente de combate para a esquerda – a *publisfera* – e, em particular, para o intelectual crítico que, superando a compassividade, deseja trabalhar para os pobres. Ele poderá se converter em trabalhador da cultura estimulando, no interior da esfera pública, processos culturais autônomos. Fará isto através do que ficou conhecido, no antigo

---
411 OLIVEIRA, Francisco de. *Os direitos do antivalor*. Petrópolis: Vozes, 1998, p. 65.

vocabulário político (nos anos 60, a militância de esquerda ainda usava o termo), como sovietes: conselhos locais de trabalhadores. Há, no entanto, um termo afro-brasileiro corrente que diz com vantagem o que se quer: *quizomba*. Voltarei a isso adiante.

Quanto à especulação de Francisco de Oliveira sobre a publisfera (como eu a chamei) a acompanho até certo ponto. Me afasto quando ele acredita que "o processo de produção desse movimento [colisão do valor e antivalor gerando o novo excedente social] [...] é o processo de luta de classes"[412]. A não ser que classe seja aí força de expressão, mas não é. Oliveira, como tantos outros analistas, parece "descansar" na estratificação por classe. Penso que, no caso brasileiro, ao ingressar na esfera pública a luta de classes se transforma em *luta de ordens*. Os rumos e o teor dessa luta em torno da produção e distribuição da riqueza nacional são precisamente um dos fatores (ou indicações) de nossa estratificação preferencial por ordens. Ordens são *classes* de poder que se manifestam no controle do Estado e, por via dele, na disputa pela renda – ou, numa fórmula simplificada, são alocações de indivíduos por meio de instituições do Estado (jurídicas, políticas, educacionais, religiosas etc.)[413]. Por outras palavras, ordem é um *campo de força* constituído de poder-privilégio-prestígio, este o seu significado. Nada indica que numa nova conjuntura (o *mix* de valor e antivalor atual) essa forma de estratificação se torne secundária diante de outras. Voltamos à questão da eficácia da teoria da luta de classes para explicar um grande número de fatos (caso em que seria "correta") ou não (caso em que exigiria complementação ou substituição). Que as ordens se tornam mais nítidas que as classes na *publisfera* agora criada, é o que parece também indicar o seguinte impasse teórico da especulação de Oliveira: onde ficaria a *contradição*, indispensável à existência do social, se o *mix* que engendra agora a reprodução capitalista já não assenta na mercadoria trabalho e sim, basicamente, nos fundos públicos? Desapareceria o proletário como o entendíamos até aqui?[414] Fica patente neste ponto cego, mais uma vez, a insuficiência da teoria de estratificação por classe.

---

412 Idem, ibidem, p. 53.

413 "As *vilas* [no período colonial] se criavam antes da povoação, a organização administrativa precedia ao afluxo das populações. Prática que é modelo da ação dos *estamentos*, repetida no Império e na República: a criação da realidade pela lei, pelo regulamento". FRANCO, Maria Sylvia de Carvalho. *Homens livres na ordem escravocrata*. São Paulo: Instituto de Estudos Brasileiros, 1969, p. 231.

414 Este impasse da análise de Oliveira foi detectado também por Fernando Henrique Cardoso e Reginaldo Prandi.

Novas configurações históricas exigem novos conceitos e novas formas anti-sistêmicas de luta. Estas não são, necessariamente, originais, têm por detrás de si longa acumulação de esforços esparsos, fragmentados, algumas vezes anárquicos e que, no entanto, possuem aquela natureza. Assim, a práxis que denomino trabalhadores da cultura, a se realizar no interior do Estado ampliado de hoje (publisfera), pode ser alcançada por meio de uma forma de organização arcaica que o léxico popular denominou *quizombas*. Quizomba: reunião festiva para fazer qualquer coisa, iniciar um trabalho, fechar uma tarefa cansativa, planejar uma ação de interesse comum ou simplesmente *quizombar*. O que se insinua nesse termo (voz quimbunda adulterada pelo preconceito na pejorativa *quizumba*, confusão, briga) é o trabalho *não-produtivo, vivo*, que não deixa *resto*, manifestação da Alegria arcaica.

Na Páscoa de 1950, um jovem dominicano subiu ao púlpito da Notre Dame, Paris, e anunciou: "Deus está morto".

Estranheza, raiva, tentativa de linchamento foram reações imediatas. No dia seguinte, com ampla cobertura da mídia, ei-los (o falso dominicano e os indignados fiéis) transformados em "atores" de um contra-espetáculo para um grande público – a que, unicamente, não se poderia acusar de indiferente. Pelo menos duas leituras se podem fazer daquela provocação: uma ótima "pegadinha" da tevê brasileira domingo à tarde; uma formidável quizomba da Internacional Letrista[415]. O espírito da coisa, explicaram os jovens situacionistas (quizombeiros), é que o "mundo inteiro deve, primeiro, ser desmontado e, depois, reconstruído, não mais sob o signo da economia, mas sob o da criatividade generalizada". Ou mais precisamente: "A construção de situações começa além do desmoronamento moderno da noção de espetáculo. É fácil ver a que ponto está ligado à alienação do velho mundo o princípio mesmo do espetáculo: a não-intervenção"[416].

As *situações* inventadas pela Internacional Situacionista (vanguarda à esquerda de Baudelaire, do surrealismo, do dadaísmo e dos movimentos pela autogestão econômica) são análogas às quizombas afro-brasileiras. A força peculiar da Internacional Situacionista foi não se iludir com a Arte, seus militantes se tornando rapidamente *trabalhadores da cultura* (obviamente não usavam esta expressão). Pela prática de *situações* como

---

415 Dela derivou a Internacional Socialista, de Guy Debord.
416 Apud JAPPE, Anselm, op. cit., p. 19.

a da Notre Dame, seu criador, Debord, se excluía deliberadamente da intelectualidade, embora tivesse "cultura" bastante para uma "carreira"[417]. A exclusão teve a ver com sua megalomania e personalidade egótica, mas decorreu principalmente de uma prática-teórica: seu suicídio real foi uma imagem (no mundo invertido do espetáculo) do suicídio simbólico. "Aventureiro é quem faz as aventuras acontecerem, não mais aquele a quem as aventuras acontecem", era seu lema. Ele o conduziu, por exemplo, a uma proposta de *novo urbanismo* como construção de *situações*. O novo urbanismo nasceria de uma *psicogeografia*: mapa das ambiências urbanas sobre os estados de espírito da população. Se a poesia desapareceu dos livros, sepultando ali sua graça e emoção, seria encontrada na "forma das cidades" e dos rostos. Sua beleza seria agora "de situação": aventureiro é quem faz as aventuras acontecerem.

Como se vê, a práxis *quizomba*, uma das muitas desenvolvidas pela experiência popular brasileira de organização do trabalho – pois, em última instância, o problema principal da formação social capitalista é o da organização do trabalho –, ao retomar uma tática de antigas vanguardas de esquerda, se abre como possibilidade de ação aos intelectuais-para-os-pobres. Se poderia mesmo falar aqui de uma *nova* utopia: conversão de energia mecânica (cultural) da ordem do povo em energia cinética (política) por meio de situações-quizombas.

Uma das técnicas da psicogeografia situacionista foi a *deriva*, passagem apressada através de variadas ambiências, passeios de mais ou menos um dia durante os quais o situacionista "se entregava às solicitações do lugar e dos encontros". Com maior conhecimento desses locais se poderia, depois, *escolher* as *solicitações* a atender, visando no final à construção do *Urbanismo unitário* – conjunto de ambiências propícias à criação de novas situações (sensações), ao invés da mera expressão das antigas. Ora, psicogeografia foi o que Nei Lopes (por exemplo) fez recentemente do subúrbio carioca num livro aparentemente inconseqüente (a inconseqüência neste e como em outros de seus textos e letras é ironia):

"Vambora, leitor! Vambora, leitora! Pois vocês estão convidados a viajar comigo pelos trilhos do Rio e conhecer o Guimbaustrilho. Numa viagem tão atemporal quanto bem-humorada. De trem, no bonde que não existe

---

417 Debord mostrou conhecer bem os filósofos que realmente importavam no seu tempo (Kant, Hegel, Sartre, Marx). Da mistura que em geral constituem as vanguardas – ignorância, preguiça, megalomania – Debord só não escapou da última.

mais, de ônibus, de kombi, de van, e até mesmo a pé. Indo da Central à Baixada e à Zona Oeste. Percorrendo os bairros bacanas da Zona Norte. Visitando lugares, história, costumes, tradições e personagens dessas outras margens do Rio. Desse Rio que escorre seu samba, sua macumba, sua cultura entre os trilhos da Central, da Leopoldina e do Metrô. Trilhos às vezes de asfalto, chamados Brasil, Automóvel Clube, Suburbana ou Rio-São Paulo. Trilhos esses que muitos bondes também já cruzaram. E onde o Guimbaustrilho também fez muito sucesso. Vambora! Do comecinho"[418].

Nos anos 60, Sérgio Porto (Stanislaw Ponte Preta) compôs uma sátira dura e gaiata da "burrice" do compositor de samba-enredo, o "Samba do crioulo doido". A expressão sobreviveu até hoje, sinônima de ignorância pretensiosa e confusão mental mas, no fundo, apenas informa sobre o filisteísmo e obtusidade do intelectual *culto*: ele crê que a estapafúrdia seqüência de fatos apresentada na escola como história do Brasil expressa alguma verdade universal (a evolução política, o desenvolvimento cultural, a formação nacional etc.) e ri da insólita colagem feita a cada carnaval – colagem da colagem – pelos compositores de Escola. Na sátira de Sérgio, "o Tiradentes casa com a princesa Leopoldina que já é estação também". Sérgio não alcança compreender o alfa e ômega do espetáculo que é a separação, isto é, o fato de os indivíduos se encontrarem nele como "separados" (de outros indivíduos, de seus próprios interesses e emoções), verem e ouvirem sem ser vistos ou ouvidos. O espetáculo é o único a falar.

Assim vivem as massas, mas não (o intelectual Sérgio Porto não podia vê-lo) os intelectuais dos contextos urbanos negros que na arte do samba recuperam a unidade – uma vez que o samba, mais que uma arte musical, é uma maneira de estar-no-mundo. Samba-de-crioulo-doido é o que, há cinqüenta anos, a vanguarda situacionista chamava de *afastamento* (e que, no entanto, Sérgio Porto só podia ver como "burrice" e criticar como sátira). A técnica do *afastamento* consiste, sumariamente, em desviar, subtrair, seqüestrar o texto de outro para *dizer* o que se quer: era uma vez o culto da originalidade burguesa e seu fundamento, a propriedade privada do pensamento e da criação.

Walter Benjamin não foi o único a ter a idéia de uma obra só de

---

418 Interessante a origem de Guimbaustrilho: "O 'Guimbaustrilho', meus camaradinhas, é a aglutinação (com supressão do 's' final) da expressão "guimba aos trilhos". E esse era o nome de um jogo em que os praticantes, enquanto esperavam o trem na plataforma da estação, lançavam, nos trilhos, baganas ou guimbas de cigarros com filtro, vencendo aquele que primeiro conseguisse que seu 'projétil' caísse de pé". LOPES, Nei. *Guimbaustrilho*. Rio de Janeiro: Dantes Editora e Livraria, 2001, p. 8 e 211.

citações, o equivalente a um legítimo samba-de-crioulo-doido. Esta sedução pelo texto do outro (*seducere*: desviar do caminho, trocar de direção) se baseia na crença de que elementos para uma vida autônoma estão já contidos na alienação presente, a "bela vida futura" assenta na "apagada e vil tristeza" da vida atual. Este o conservadorismo dos intelectuais dos pobres, sua vantagem sobre as vanguardas e os revolucionários políticos: para montar o futuro não sabem se valer senão dos podres materiais da cultura burguesa, suas lições de história, sua moral, religiosidade, seus sonhos e pesadelos. O dadaísmo (por exemplo) também empregava textos de outros, *dizia* através de fragmentos, mas não ia além, se esgotando na pura negatividade[419]. Em *A sociedade do espetáculo*, Debord pratica o afastamento em diversas passagens que o leitor de filosofia reconhece; mas, num outro pólo, a Casa da Flor, de Seu Gabriel, na região dos lagos fluminense, realiza também um formidável afastamento: ajuntamento de restos para dizer outra coisa.

As alminhas brasileiras voam para brigar por nós

Para chegar às proposições deste livro, viu o leitor, tive de esclarecer, primeiro, o que chamo de pobres. Recorri, de preferência, à literatura de ficção, que arquiva desejos e afeições (*Os pobres*), mostrando a sociedade como "por um vidro transparente" (Blau Nunes). Tive também de entrar em acordo com os leitores sobre o que é um intelectual propriamente dito nas condições brasileiras (*Os intelectuais*). Intelectual é qualquer homem, qualquer profissional dito liberal, qualquer membro do grupo de prestígio especializado no saber "universal" (intelectual propriamente dito) que, através dele, "pensa" os pobres, rejeitando-os ou acolhendo-os[420]; e, enfim, qualquer ideólogo orgânico do seu grupo social. Sugeri a classificação destes últimos, no caso brasileiro, em categorias: o pedante, o de classe, o dos pobres, o da ordem do povo. O intelectual da ordem do povo resultará da negação do mais avançado de classe, o intelectual crítico e/ou compassivo, pelo dos pobres, e vice-versa, uma possibilidade (não mais que

---

419 "Enquanto a *colagem* dadaísta se limita a uma desvalorização, o afastamento baseia-se numa dialética de desvalorização e revalorização [...] negando 'valor da organização anterior da expressão'". JAPPE, Anselm, op. cit., p. 48.

420 Não posso esquecer a seguinte quase anedota sobre a prepotência do intelectual universalista. No século 19, o Dr. John Lightfort, de Cambridge, descobriu a data da Criação: 23 de outubro de 4004 a.C., às 9 horas da manhã. Precisamente a hora e o dia em que começavam as atividades acadêmicas em Cambridge.

isso) aberta pelas circunstâncias da história contemporânea e brasileira. Para me fazer entender, revisitei Cipriano Barata, Pompéia, Rui, Mário, Lima Barreto, Milton Santos, Adoniran Barbosa, Arthur Bispo, Carolina Maria de Jesus, Paulo da Portela e outros. O leitor notou que, à exceção de Rui, trabalhei com intelectuais da minha afeição.

Aquelas circunstâncias históricas é que discuto nos capítulos seguintes (*O plano anterior* e *Como podem os intelectuais trabalhar para os pobres*). A primeira delas é a ampliação do campo da cultura que se tornou, como o anteciparam Marcuse e outros, um plano anterior. A peculiaridade de nossa época, o que a distingue das anteriores, é que os fatos sociais parecem acontecer primeiro como cultura. Significaria isto que as criações do espírito engendram com antecedência os fatos materiais? Um empedernido idealista diria que sim. Não é o meu ponto de vista. O plano anterior tem, para mim, materialidade: a mutação histórica contemporânea que tantos analisaram, aliás, em geral, de forma idealista. Já a torção do plano anterior sobre si mesmo, sua epurização, não é um fato objetivo, mas mental, uma categorização, um recurso que nos permite apreender o fato social na sua integralidade. Antecedentes desta idéia não são raros na literatura sociológica. A noção de "fato social total", por exemplo, é um dos conceitos-chave da obra de Marcel Mauss (1872-1950):

"Nesses fenômenos sociais 'totais', como nos propomos chamá-los, exprimem-se, ao mesmo tempo e de uma só vez, toda espécie de instituições: religiosas, jurídicas e morais – estas políticas e familiais ao mesmo tempo; econômicas – supondo formas particulares de produção e de consumo, ou antes, de prestação e de distribuição, sem contar os fenômenos estéticos nos quais desembocam tais fatos e os fenômenos morfológicos que manifestam essas instituições"[421].

Minha idéia de plano anterior está contida, da mesma forma, no método de Mauss, cuja aplicação lhe permitiria, por exemplo, encontrar princípios de moral e de economia anteriores aos fenômenos do dom e da dádiva nas "sociedades primitivas" que estudou[422].

---

421 MAUSS, Marcel. *Sociologia e antropologia*. São Paulo: EPU/EDUSP, 1974, v. II, p. 41.

422 Lévi-Strauss criticou Mauss por não ter buscado ainda mais atrás (o que o levaria ao estruturalismo, como queria) a chave dos fenômenos antropológicos. O esquema de Mauss era: *Concreto Figurado* (observações e documentos etnográficos sobre o *potlatch*, *kula* etc.) – *Abstrato* (troca-dom) – *Concreto Pensado* (*Potlatch*, *kula* etc. redescritos como modalidades da troca-dom).

Como podem os intelectuais trabalhar para os pobres?

Os fatos culturais e sociais se dão ao mesmo tempo, a sua epurização é que torna isto evidente e, *ultima ratio*, o que permitirá uma renovada ação dos intelectuais que, tendo superado o pedantismo, a compassividade e a classidade, se dispuserem a trabalhar para os pobres. Os intelectuais propriamente ditos, que se dizem de si intelectuais (obtendo, ao cabo, consentimento social e renda correspondente para desfrutar dessa condição), o que de melhor podem fazer pelos pobres é negar-se diante dos intelectuais deles. Esta tese, insólita para o senso comum, não é nova na história do pensamento e da arte (está implícita, por exemplo, em Feuerbach, Hegel, Marx e Freud; e explícita nas diversas vanguardas artísticas e literárias, de Baudelaire e Joyce ao pós-modernismo). Não pode haver cultura – na verdade apenas uma *habilidade humana de comunicação* – nas condições de divisão do trabalho, especialização e separação atuais, a não ser como impostura e simulação[423]. Chamei essa negação de suicídio, atitude extrema que exige a concordância com pelo menos três idéias básicas expostas neste livro:

1) pobres (desclassificados) não são uma classe, obviamente, mas um estamento da ordem do povo;
2) pobres produzem seus próprios intelectuais;
3) intelectuais da ordem do povo são um vir-a-ser, uma potência a se realizar pela mútua destruição do *intelectual avançado de classe* e do *intelectual dos pobres*.

Este intelectual novo (da ordem do povo) foi pensado, entre outros, por Antonio Gramsci que, no entre-guerras, projetou uma ação política para intelectuais de esquerda (semanário *L'Ordine Nuovo*): a educação técnica estreitamente ligada ao trabalho industrial. Seu objetivo era desenvolver um novo intelectualismo, livre do motor externo e momentâneo dos afetos e paixões que é a eloqüência (pedantismo), e com inserção ativa na vida prática. Gramsci, como qualquer intelectual propriamente dito, se moveu no interior de um bloco de classes. Seu objetivo final não declarado era, contudo, *suicidar* o intelectual da classe trabalhadora (um dos *classificados* possíveis) para fazer surgir o *dirigente* (especialista + político). O *dirigente* de Gramsci, livre agora do partido em que ele o concebeu, nada mais é que o meu *trabalhador da cultura*.

---

423 Holderlin a seu amigo C.L. Neuffer, em 1794: "Dane-se! Se for necessário, quebraremos nossas pobres liras e faremos o que os artistas apenas sonharam!".

Figura 2

Trabalhador da cultura será, assim, a práxis do intelectual de classe que se dispõe a trabalhar para os pobres. Como tal, ele se empenhará em estimular a emergência e o desdobramento dos *processos culturais autônomos*[424] (a gíria, o pagode de raiz, os folguedos ditos folclóricos, o

---

[424] Processos culturais autônomos brotam todo o tempo. Um exemplo. No começo dos anos 80, no "quintal" do bloco carnavalesco Cacique de Ramos (subúrbio do Rio), meia dúzia de jovens experimentou vestir o samba tradicional com nova roupagem rítmica – banjo, tantã e repique-de-mão. A dupla invenção, de técnica e de formato (reunião em fundo de quintal) se alastrou, passando a designar um novo subgênero: *pagode de fundo-de-quintal* ou, simplesmente, *fundo de quintal*, posteriormente apropriado pela indústria fonográfica. Este é o tipo de processo cultural autônomo que o intelectual de classe aprecia. Mas há outro que, tanto quanto à direita, o horroriza: a agressão organizada e "criativa" aos monumentos da burguesia e do Estado. Esta agressão, no entanto, é semelhante à dos luditas na infância da Revolução Industrial. Na sociedade do espetáculo, dividida em organizadores do espetáculo e organizados por ele, a pichação é uma recusa ao papel passivo de ver e ouvir. Doravante o *show* não continuará sem mim, parece dizer o emporcalhador de monumentos. O urbanismo contente gostaria de ficar fora da "luta de classes", mas essa luta hoje foi transferida para o território, o lugar, a cidade, o lazer e o *habitus*. Só intelectual convicto de valores universais chora pela conspurcação de seus prédios e estátuas. O pichador é um proletário contemporâneo: tendo perdido o controle sobre sua própria vida, sai toda madrugada com seu *spray* (equivalente ao pé-de-cabra dos antigos gatunos) para recuperá-lo.

rap, a rádio pirata, o grafitismo, a escola de samba antiga e assim por diante), liderados por intelectuais dos pobres cujo objetivo é ingressar no bloco dos classificados (como proletário, semiproletário, classe média ou burguesia), suicidando-se também, desse jeito, como tal. Na tentativa de conceituar com precisão processos culturais autônomos, recorri à história do samba – uma forma de sociabilidade, mais que um gênero musical – discutindo a intelectualidade do "fundador" das escolas de samba, Paulo da Portela.

O *intelectual de classe* que não quer, ou não pode, se tornar trabalhador da cultura, só será útil quando exercer o papel de mitólogo[425]. Desfazedor de mitos, lhe cabe também "trazer de volta a esperança que foi desterrada dos corações dos homens" (Bourdieu). Contudo, é um desperdício de energia. (Me lembro agora do velho atrevido que me deu uma lição, em São Luís: "Você estudou e nada tem a dizer pra nós?!"). É que as possibilidades de empreender ações deliberadas em favor dos pobres – num movimento social, num partido de esquerda, num órgão de governo, na *publisfera* – nunca foram tão amplas. Em política cultural, por exemplo, isto não significa "fazer cultura" com os instrumentos do Estado, como até aqui, mas utilizá-los como "corda de bloco" – protegendo, apenas protegendo, processos culturais autônomos que brotam sem cessar da dinâmica social, livres, no seu nascedouro, do Estado e do Mercado. Como esses processos produzem todo o tempo seus próprios intelectuais fica, desde logo, derrocada qualquer pretensão de os *intelectuais classistas* (de qualquer tipo) falarem por uma inteligência unívoca da sociedade, usurpando a função de porta-vozes dos pobres.

Antes de tudo, os intelectuais que não nutrem ilusões sobre a universalidade do conhecimento devem, pois, se tornar *trabalhadores da cultura ampliada* – como, prefigurando o futuro, o foram, incompletamente, um Graciliano Ramos, um Mário de Andrade e, na atualidade, um Ariano Suassuna. Dissemos *cultura ampliada*, mas estaria melhor *cultura redefinida*. Há um aspecto quantitativo na questão: cultura abarca hoje muitíssimo mais do que "alta filosofia" e "belas-artes". O aspecto principal, contudo, está na qualidade da definição, uma vez que a antropologia, a teoria crítica e, mais que tudo, as mudanças históricas solaparam os sentidos

---

425 Primeira descoberta do mitólogo: a observação mais "natural" a respeito do mundo depende de códigos sociais (Barthes).

antigos. A propriedade normativa, diferenciadora, do termo cultura é que a instituiu como instrumento (ou artifício) de poder. Na própria origem do termo (*colere*, cultivar a terra, *cultura anima*, cultivar o espírito) se tratava de separar o que elevava o espírito em direção à "harmonia oculta do mundo" daquilo que não elevava. Quem escolhia entre as diferentes possibilidades, a que realizava a elevação? Amos, políticos, filósofos e professores, não por coincidência papéis superpostos.

Naquela definição, cultura e educação, cultura e ensino aparecem indissoluvelmente casados. Como a relação amo-escravo atravessou os séculos, por sob as formações sociais medievais e modernas, variando para reafirmar a sua permanência, o sentido clássico de cultura (*cultura anima*, a ser produzida pela educação) sobrevive no senso comum[426]. É ele que garante tanto o valor *natural* dos amos quanto o prestígio social da escola. Esse valor, transformado em valor de troca e esse prestígio são, portanto, ideológicos (como se vê, por exemplo, na ilusão vulgar brasileira, alimentada por políticos e formadores de opinião, de que o "caminho para sair da pobreza é a educação"). Civilização, Ilustração, cultura de escol, cultura humanística, educação superior, progresso, racionalidade, excelência, sublimação de pulsões etc., conceitos elaborados sucessivamente pela modernidade capitalista ocidental, não passam de variantes da idéia clássica de cultivo do espírito e sua transmissão sistemática a crianças (educação) e a bárbaros/selvagens (civilização). Na sonda americana Voyager I, que acaba de penetrar (2003) no espaço interestelar (nenhum engenho humano foi tão longe), quando se pensou em representar a "alma humana" para outras possíveis civilizações planetárias, só houve uma unanimidade entre cientistas e técnicos do projeto: representá-la através da música sublime de Bach, Mozart, Stravinsky e Beethoven. O monopólio da alma pelo Ocidente é um dos seus mitos de fundação.

Os intelectuais classistas (passivos ou compassivos, contentes ou iracundos) são como demonstrou Gramsci, há muito tempo, funcionários da dissuasão e convencimento (visando ao consenso) dos trabalhadores e dos pobres. Seu prestígio funcional está a serviço da dominação social. Sua ininterrupta continuidade histórica, enquanto grupo, forja as formas intelectuais e os códigos que lhe dão a impressão de autonomia – eis a origem e o significado da sobrevivência do pedantismo, do esteticismo e

---

[426] *Cultura anima* ou o que os sofistas chamavam antes *Paidéia*.

da eloqüência, doenças infantis da intelectualidade[427]. É preciso não esquecer que, em graus variáveis, todos os homens são intelectuais e a categoria identificada em particular por esse nome não passa, no seu conjunto, de uma tropa de sapadores dos exploradores dos pobres.

Contudo, se todos os homens são intelectuais, se poderia pensar que a pergunta deste livro não faz sentido. Não é assim. Se há um grupo específico que leva o nome de intelectuais, intelectuais propriamente ditos, fazendo do pensamento e das artes seu ofício, para esses se põe e repõe sem cessar o dilema de servir ao capital, ao sistema de classes que ele criou, ou aos pobres. (Dentre as impressões que me moveram a escrever este livro há uma justificação de um torturador da Operação Bandeirante, o mais sinistro dos porões da ditadura, descansando dos pegadores da máquina de choque: "Sou pago para desorganizar. Vocês organizam, eu desorganizo. Não sou um monstro. Sou um desorganizador".) Eis a habilidade específica dos intelectuais-para-os-pobres: promotor de jornadas, festivais, encontros, publicações, eventos – *sovietes*, se diria há cinqüenta anos, *situações*, quizombas, se poderia hoje dizer – formas novas e formas antigas de organização que façam interagir a cultura *culta* e a cultura dos pobres. Pois a questão principal, que se põe e repõe a cada geração de brasileiros, é a da metamorfose da população brasileira em povo (Octavio Ianni). Nessa metamorfose, a população levará consigo elementos originais seus (os *processos culturais autônomos*) enquanto adquirirá os críticos, engendrados pelo pensamento sistemático e a arte de vanguarda.

Intelectuais classistas, se querem trabalhar enquanto intelectuais para os pobres, devem agir entre as *classes*, nos seus interstícios, alimentando o "espírito de cisão" – para Georges Sorel a base de todo socialismo[428]. Reveladores de fraturas, o ufanismo, o discurso inflamado, o elogio, a homenagem lhes estão proibidos, uma vez que essas formas mascaram a verdade do homem – recusando o prêmio Nobel, Sartre citou Flaubert: "As honras desonram".

---

[427] "O modo de ser do novo intelectual não pode mais consistir na eloqüência, motor exterior e momentâneo dos afetos e das paixões, mas numa inserção ativa na vida prática, como construtor, organizador, persuasor permanentemente, já que não apenas orador puro – mas superior ao espírito matemático abstrato; da técnica-trabalho, chega à tecnociência e à concepção humanística histórica, sem a qual permanece 'especialista' e não se torna 'dirigente' (especialista + político)". GRAMSCI, Antonio. *Cadernos do cárcere*. Rio de Janeiro: Civilização Brasileira, 2002, v. 2, p. 53.

[428] SOREL, Georges. *Reflexões sobre a violência*. Petrópolis: Vozes, 1987.

Intelectuais classistas avançados e/ou compassivos podem ajudar, numa palavra, os pobres a serem povo, escapando da atração por serem massa. É sua tarefa denunciar sem descanso a trama que gera a pobreza, não deixando que a vítima apareça aos seus olhos e aos dos outros como culpada, expondo-lhe o travejamento até subtraí-la ao estado de natureza e de espetáculo. A indústria de entretenimento infantiliza (de *infans*, seqüestro da fala) os pobres, rebaixa-os ao nível mental de crianças de onze anos (na estimativa generosa de Adorno). Se pode ser *infans* pela idade, pela dominação econômico-social ou por ambas. O principal quadro do programa da Xuxa, durante anos, foi a subida do "baixinho/a" ao palco para repetir com ela: "Um beijo pro papai, um beijo pra mamãe, outro pra você". Suprema realização da criança! Enquanto isso, na outra ponta, professores universitários reprovam alunos por não repetirem no exame a interpretação que lhes ditaram. Excelsa realização acadêmica! Quem pode lutar contra a infantilização dos pobres senão os intelectuais de classe? Os intelectuais dos pobres não o podem: acossados pela indústria cultural, dependentes dela para sua profissionalização, não conseguem vê-la como abstração, mas apenas como prática. Há exceções, é claro, como no passado um Paulo da Portela, hoje um Nei Lopes, mas isso só ocorre quando o intelectual é híbrido, quando busca fecundar a sua condição de porta-voz dos pobres com elementos da ordem moderna, prenunciando o que neste livro denomino intelectuais da ordem do povo.

O que chamo trabalhador da cultura, como o leitor percebeu, é o intelectual do povo em potência. Ele se aproxima e se afasta do intelectual ou artista de vanguarda, que constitui – com o intelectual crítico e o compassivo, que tantas vezes despreza – as avançadas da civilização capitalista. Se der um passo adiante, confraternizando com as avançadas do *exército* dos pobres, alcançará, num grau máximo de consciência, a negatividade que o suprimirá[429].

É bem o caso entre outros, como disse, de Nei Lopes (sambista, poeta e historiador) que após um começo *culto* (nos anos 60 publicou poesia *de protesto*) e busca de "reconhecimento intelectual" – essa forma sutil e infamante de dominação – conseguiu mixar conteúdos e formas

---

[429] Em 1925, os surrealistas declaravam: "1) Não temos nada a ver com a literatura. Mas somos muito capazes, se necessário, de nos servir dela como todo mundo. 2) O surrealismo não é um meio de expressão novo ou mais fácil [...]. 3) Estamos decididos a fazer uma Revolução". Apud JAPPE, Anselm, op. cit., p. 82.

da cultura popular aos da ordem moderna. A Nei Lopes mais do que a Paulo da Portela se ajustaria a definição de "traço entre duas culturas". A mixagem que o "libertou" – em letras de sambas e textos historiográficos – assenta na prática de sambista, expressa uma sociabilidade circunscrita e eletiva mais do que um *maneirismo*. A letra deste ex-advogado é elaborada sem deixar de ser direta e, referenciada ao contexto popular (seu samba-de-breque é crônica de pobres), ironiza os valores do mundo dos brancos e pedantes[430]. Nei está, de fato, um passo à frente da média de compositores populares – ele domina o código culto, conjugando samba (gênero musical e forma de sociabilidade) e prática intelectual *pura*. É um híbrido, que ironiza (no sentido socrático de contra-ideologia) suas duas metades. É um aglutinador de pobres negros suburbanos e intelectuais propriamente ditos. Fundou com Candeia e outros o Grêmio Recreativo de Arte Negra e Escola de Samba Quilombo (1975), indicando um caminho para a crítica da indústria cultural e da alienação do sambista. A Quilombo, que durou pouco, foi uma *situação*, um *escândalo*, uma *quizomba*. Enfim, Nei ensaiou, como disse, uma espécie de "urbanismo lúdico" (*Guimbaostrilho e outros mistérios suburbanos*[431]), viagem de trem da Central a Santa Cruz em que, sob o manto diáfano da história e geografia, faz surgir a nudez forte da vida autêntica.

Os que desejam trabalhar para os pobres podem, enfim, levar aos intelectuais dos pobres uma consciência anti-sistêmica, abstrata, ao mesmo tempo que recebem delas uma consciência encantada e pícara, concreta, contribuindo desse jeito para destruir as duas consciências – condição para nascer o intelectual da ordem do povo (por oposição às ordens moderna e oligárquica). O que singulariza a "cultura superior" é a autoconsciência: a virtude dos seus representantes é a responsabilidade social. Nesse sentido, é tarefa do intelectual avançado de classe transculturar as teorias progressistas (anti-sistêmicas) da civilização que o capitalismo histórico criou, como a dos Direitos Humanos (por exemplo), possibilitando aos intelectuais orgânicos dos pobres oferecerem também a sua versão dessas teorias – mostrando o seu atraso histórico ou descom-

---

430 Nei Lopes é um pesquisador metódico. Publicou, entre outros, *O negro no Rio de Janeiro e sua tradição musical: partido-alto, jongo, chula e outras cantorias*. Rio de Janeiro: Pallas, 1992; *O samba na realidade: a utopia da ascensão social do sambista*. Rio de Janeiro: Codecri, 1981; *Zé Kéti: o samba sem senhor*. Rio de Janeiro: Relume Dumará/ Prefeitura do Rio de Janeiro, 2000.

431 LOPES, Nei, op. cit.

passo existencial. Juntando-se aos intelectuais de classe que querem trabalhar para os pobres, aqueles vão engendrar os intelectuais da ordem do povo. Estes é que devem se tornar, pela prática de estimular processos culturais autônomos no interior da publisfera, trabalhadores avançados da cultura.

No final de *Viva o povo brasileiro*[432], João Ubaldo leva três pobres ladrões a umas ruínas onde vão repartir um roubo. Nonô, o mais bobo, reivindica um baú afanado a um general. Espiando lá dentro, vê o futuro: corrupção, desgraça, crueldade. O baú começa a tremer, as ruínas, os matos, a praia, o mundo se inunda de sangue. As alminhas brasileiras deixam, então, o seu Poleiro Sideral e voam para brigar por nós. São ingênuas, pobrezinhas, pequititinhas, têm muito que aprender. Os três ladrões correram da velha canastra que mostrava, como uma televisão, o futuro no presente. Caiu um temporal, todos os que ainda estavam acordados levantam-se para fechar suas janelas e aparar a água que viria das calhas. Ninguém olhou para cima e ninguém viu, no meio do temporal, o Espírito do Homem, erradio mas cheio de esperança, vagando sobre as águas sem luz da grande baía.

---

432 RIBEIRO, João Ubaldo. *Viva o povo brasileiro*. Rio de Janeiro: Nova Fronteira, 1984.